망치로 신-학하기

'말씀'이 말이 되게 하기 위하여

망치로 신-학하기

'말씀'이 말이 되게 하기 위하여

정재현 지음

들어가면서

"아직도 신을 믿습니까?" "여태껏 교회에 다니십니까?"

농담 삼아 하는 질문이기도 하지만 본디 농담에 아무 뜻이 없어서야 농담일 수도 없다면 이 물음이 뜻하는 바를 그저 웃어넘길 수만은 없어 보인다.

세속화로 향하는 탈종교화의 기치를 내걸었던 근세가 서구의 역사였다면, 한국에 전래된 그리스도교의 그리 길지 않은 세월은 오히려 '조국 근대화'와 함께 엮어진 역사였다. 그런데 그런 한국의 근대화와 함께 급성장의 물결을 탔던 한국 그리스도교가 이제는 다소 정체되어 갈 뿐 아니라 그리 길지 않은 세월에도 불구하고 적지 않은 문제들을 우리 사회에 일으켜 왔으니 이를 되돌아보는 것도 때늦은 일이 아닐 수 없다.

물론 그리스도교회가 한국 사회 발전에 이바지한 바가 결코 과소평가되어서는 안 될 것이며, 또한 공과 함께 과에 대한 자기반성의 목소리들도 이미 상당하다는 점도 지나쳐서는 안 될 것이다. 그러나 교회 현장에서 나타나고 일상의 삶으로 입증되는 한국 그리스도교의 현실은 겉으로 드러나는 몇 가지 문제들을 진단하고 처방하는 방식의 구호적인 개혁만으로는 역부족일 만큼 넓고 깊은 무게를 지니고 있다. 반만년 역사에 유래 없는 격동의 20세기를 보내고 새로운 천년을 맞이하는 이 시점에서 한국의 정신문화적 상황은, 특히 개화 이후 잦은 장단의 급속한 변화를 겪은 복잡한 사회라는 씨줄과 이웃 문명권들과의 비/의도적인 교류를 통해 다양하게 엮어져 온 유구한 역사라는 날줄이 얽혀 있기에 처방은 고사하고 진단을 위해서도 살펴야 할 것들이 한둘이 아니기 때문이다.

그리스도교가 태동하고 전개되어 온 서양의 문화풍토는 이천 년이라는 세월과 함께 '초록은 동색'이라고 할 만큼 사고방식에서 생활양식에 이르기까지 그리스도교 신앙에 대한 반응 또는 반동에 의해 지배되어 왔었다. 따라서 서양의 그리스도교 문화에서, 예를 들어 '종교다원주의'와 같은 주장이 새삼스럽게 파격을 일으키는 것은 너무도 당연한 것이었다. 그러나 앞서 말한 이유 때문에라도 우리의 사정은 사뭇 다를 수밖에 없다. 그럼에도 불구하고 때로 심심치 않게 이 땅에서도—기왕 들게 된 사례로 살핀다면—종교 간 관계에 관한 논의에 대리전이라도 치르는 듯 거품 물고 싸우는 꼴은 우스꽝스럽다 못해 차라리 서글프다. 우리 사회는 다양하고 복잡한 종교문화의 씨줄과 날줄의 얽힘으로 인해 이미 '다종교현상'을 보임에도 불구하고 수입한 종교다원주의 논의를 마치 우리 자신의 사명인 양 재연해야 할 이유가 도대체 무엇인지 묻지 않을 수 없기 때문이다. 오히려 '같은' 종교라고 해도 이름만 같을 수도 있고 '다른' 종교라고 해야 이름만 다를 수도 있으니 그야말로 '이름주의'에 빠져 있는 것이 우리네 종교적 실상이 아닌가를 물을 일이다. 물론 이름주의가 종교에만 해당되는 것이라기보다는 한국 사회 전체를 지배하고 있으니 차라리 우리의 일상에서 '이름만으로 다 통하는 주술성'뿐 아니라 '이름만으로 알아서 기는 파시즘'의 작태들이 종교의 실상을 오히려 그렇게 이름주의로 드러내게 한 것이 아닌가 되돌아볼 일이다.

그러나 이러한 문제를 드러내주는 것이 어찌 다종교 상황에서의 어설픈 종교다원주의 논쟁뿐이겠는가? '조상의 얼을 오늘에 되살려'라는 구호를 아직도 신주로 모시는 듯 서구문화를 배경으로 전개되었던 고전신학에서부터 근세신학은 물론이거니와 지금도 '선조 동네'에서 새로이 일어나는 최근의 신학에 이르기까지 그대로 계승하고 종사해야 한다는 사명감에 불타고 있는 것이 우리의 현실이 아닌가 한다. 그러기에 말이 되지 않는지도 모르고, 뜻이 통하지 않는데도 개의치 않으면서 이름으로 모든 것이다 된다는 듯 암호 같은 교리의 이름으로, 유명하다는 서구신학자들의 이름으로, 그들의 이야기를 번역하여 베껴놓고서 신학한다고 하고 있는 것이 우리의 모습이 아닌가 한다. 그러나 어찌 이뿐이겠는가? 심지어 '하나님', '예수 그리스도', '성령' 등과 같은 표현도 그저 주문 외우듯이 이름만 외쳐댈 뿐이어서 삶의 말로 풀어질 수 있는지를 되묻지 않을 수 없다. 그야말로 '오직 예수의 이름으로만'이라고 하다가 '이름만의 예수'로 둔갑하고 있지 않은가를 묻지 않을 수 없는 것이다. 우리에게 있어 믿음과 삶이 따로 노는 이유가 바로 여기에 있으니 그 이름을 벗기고 나면 남는 것이 거의 없을 지경이기 때문이다. 자세한 이야기는 앞으로 하겠지만 이처럼 서구신학과 이에서 비롯된 교회의 언어들은 우리 안에서 대체로 이름만으로 자리잡고 있는 것으로 보인다.

그렇다면 이제 우리가 이 땅에서 해야 할 일은 무엇인가? 그렇게 이름만으로 선포되어 왔던 복음의 '말씀'을 참으로 말이 되게 해야 한다. 즉, 그리스도교와 신학의 고유한 언어가 일상적인 말로 기꺼이 풀어질 수 있도록 뜻이 통하게 해야 한다. 이런 언어들은 끼리끼리만 알아먹다가 끼리끼리도 헷갈리는 암호 같은 '주술'로 전락했는데, 주술이라는 것은 말이 안 될수록, 뜻이 없을수록 효과가 큰 것이니 오늘날 교회 안에서 읊조려지는 '은혜'라는 것이 거의 여기에 해당하지 않을까 한다. 한국에서 그리스도교회가 가라앉아가고 있다면 이러한 이유도 적지 않은 몫을 하고 있을 터인즉, '맨 정신'으로 사는 교회 밖의 사람들에게 주술일 수밖에 없는 '은혜'라면 이제 한국의 그리스도교회는 우선 이름의 주술효과로부터 깨어나야 한다. 말하자면 이름이라는 종교적 우상을 신학적 망치로 깨부수어야 한다. 같은 이름으로 뒤덮인 다름들이 남들뿐 아니라 이미 자신 안에서도 거대한 똬리를 틀고 있다는 것을 꿰뚫어봄으로써 이름의 같음이 엮어 온 것이 실상 환상이고 허상이며 결국 우상임을 이제는 까발려야 한다. 그리고 이제는 이름 없이도 믿을 수 있어야 한다. 믿음은 이름 외우기가 아니라 오히려 이름 없이도 그렇게 사는 것이기 때문이다. 게다가 그러한 이름의 우상주의를 떠받치고 있는 권위주의와 집단주의가 결국 우리를 억누르는 종교적 파시즘을 엮어냈다면 그러한 작태에 대해서도 이제는 혁명의 기치를 쳐들어야 할 때이다.

그리고 비로소 여기서 우리는 굳이 이 땅에서 지금 신학을 해야 할, 더욱이 하지 않으면 안 될 이유를 좀 더 분명히 다듬게 된다. 서구신학의 어제와 오늘이 참고로서의 의미를 지니고 있음은 두말할 나위가 없지만 이제는 우리의 문제와 직접 마주하고 씨름하면서 우리의 신학하기를 도모해야 할 것이다. 그렇다고 21세기의 한반도를 살고 있는 우리들에게 얼마나 자리 잡고 있을지 의아스러운 조상의 전통 사상들을 뒤져서 서구 그리스도교 신학과 이리저리 이어대고 견주는 일은 그간의 작업들이 입증하듯이 그리 크게 의미 있어 보이지 않는다. 오히려 지금 여기 우리의 삶을 엮어내고 있는 심성과 관습 등으로 이루어진 문화를 쪼개고 묶음으로써 우리 자신을 먼저 읽어내고 나아가 바야흐로 '말씀'이 말이 되고 뜻이 통하는 사건으로 일어나도록 더듬고 다듬어야 할 것이다.

이처럼 이 땅에서 말이 되는 신학하기를 위해 본 연구는 다음과 같이 세 부분으로 엮어가고자 한다. 제1부에서는 그리스도교의 학문적 작업인 신학이 형성되는 과정과 전개되는 실상을 그 배경인 서구사상과 문화의 구도에서 구조적이며 역사적으로, 그야말로 씨줄과 날줄의 얽힘으로 개괄한다. 그리고 이러한 구도 안에서 신과 인간 및 그 관계에 대한 이해를 뼈대로 하는 신학을 구성하는 방식에 관해 살피고자 한다. 이를 통해서 역사로부터 배우지 못한 무리들에게는 역사가 반복된다는 원리를 교훈 삼아 지금을 살아가는 우리의 미래를 위한 과제를 전망할 기본적인 틀을 엮을 것이다. 이를 위해 서구사상에서의 신학에 대한 동양문화적 비판과 대안 제시의 가능성을 함축적으로 더듬을 것이다.

제2부에서는 제1부에서 마련된 분석과 구성의 기본적인 틀을 사용하여 구체적으로 현대 서구신학에서 논의되는 신학방법론에 관해 비판적으로 분석하고 구성적으로 대안을 제시하고자 한다. 선택할 수 있는 것들이 적

지 않으나 20세기 후반의 논의들 중에서 '말씀'이 말이 되게 하는 일련의 시도들에 대해 진화적 계보를 그릴 수 있으리라는 판단으로 나름대로의 흐름을 꿰고자 할 것이다. 이를 통해서 서구신학계에서의 최근 흐름도 우리 자리에서의 문제의식을 공유할 뿐 아니라 서로 주고받을 수 있는 소중한 통찰의 지혜를 담고 있음을 확인할 수 있으리라 기대한다.

마지막으로, 제3부에서는 앞의 두 부분이 각각 이모저모로 토대가 되고 연관이 되지만 명실 공히 우리 자리에서 신학한다는 것에 관한 본격적인 고민을 토로하는 마당으로 삼고자 한다. 여기서는 구체적으로 신학하기의 자세와 방법을 위하여 앞서 논의된 틀을 기본으로 하고 그 안에 담길 얼 및 그러한 얼을 구체적으로 드러낼 꼴, 그리고 그 얼과 꼴을 얽혀 낼 현실적인 길에 관해 더듬으면서 다듬고자 한다. 그리고 이로써 지금의 언제와 여기라는 어디서를 살아갈 수밖에 없는 우리에게 맞갖은 신학하기를 시작하는 데에 조금이라도 이바지할 수 있다면 또 몇 그루의 나무를 베어 낸 죄의 대가를 가늠할 수 있지 않을까 스스로 위로하고자 한다.

끝으로, 사업적 전망을 초월하여 이 책을 선뜻 만들어주신 도서출판 한울의 김종수 사장님과 함께 수고하신 분들께 감사의 말씀을 드리고자 한다. 아울러 이 땅에서 말이 되는 신학하기를 위해 함께 고민을 나누어준 연세대학교의 학생들, 특히 원고를 읽고 여러 조언을 해준 김화영 조교와 파일 정리에 도움을 준 박상언 조교에게 감사를 표한다. 또한 이 대목에서 자신의 내조에 대한 감사의 말을 꼭 넣으라고 은근히 압박하는 아내 미현, 그리고 늦은 밤에도 아빠를 기다려 맞아주는 딸 나영과 아들 준영에게도 고마움을 전한다.

2006년 여름 연세대학교 연구실에서

정재현

차례

1

신-학하기 위한 틀을 매/만지고

신학이란 무엇인가? 단도직입적인 물음에 우리는 이런저런 대답을 할 수 있다.[1] 많은 신학개론서들도 이 물음으로 시작하여 나름대로 신학에 대한 정의를 내리면서 책의 서두를 장식한다. 그런데 흥미로운 것은 다른 학문들과 비교했을 때 신학은 유달리 그 자체에 대한 정의들이 각양각색이라는 점이다. 이를 확인하는 데에 많은 시간과 학문적 능력이 필요한 것도 아니니 여기에 그 예들을 굳이 열거할 필요도 없겠다. 그렇다면 도대체 왜 그런가? 바로 대답하지 않더라도 물을 필요는 있을 것 같다.

어쨌든 신학이란 분명히 '신(神)'과 '학(學)'의 결합이다. 그런데 이 말은 단순한 말장난은 아니다. 그것은 오히려 둘 사이의 관계를 들여다본다는 것이요, 더 나아가 둘 사이의 거리에 새삼 주목한다는 것이기 때문이다. 신학이 그렇게 얽히어 하나의 단위로 간주되어 온 문화사도 우리의 수명에

---

1) 예를 들면, 김균진은 『기독교 조직신학』(연세대학교 출판부, 1999)에서 신학의 정의와 연구 대상에 대해 다음과 같이 말한다: "한마디로 신학은 신에 관한 학, 즉 하느님에 관한 학문을 뜻한다. …… 대학교에 신학 외의 다른 학문 분야, 예를 들어 법학, 의학이 설립됨에 따라서 신학이라는 개념은 이들 학문 분야와 구별되는 하나의 특별한 학문 분야, 즉 기독교의 진리 전체의 연구를 목적으로 삼는 학과를 뜻하게 되었다. 이리하여 신학은 좁은 의미의 신론에 머물지 않고 기독교의 진리 전반을 포괄하는 넓은 의미로 사용되기 시작했다(11～12쪽). …… 종합적으로 말하여 신학은 계시, 성서, 하느님, 창조, 인간과 세계, 예수 그리스도의 구원, 성령, 교회, 종말의 문제를 연구대상으로 삼는다. 나아가서 신학은 하느님이 그 속에서 활동하신 교회의 역사와 이 교회의 여러 가지 실천을 연구대상으로 가진다. 또한 기독교의 변증과 선교를 위하여 그 시대의 문제들과 사조와 종교들을 연구하지 않을 수 없다. 한마디로 말하여 신학은 예수 그리스도 안에서 일어난 구원의 사건과 관계된 모든 것을 연구의 대상으로 가진다."(같은 책, 20쪽).

비하자면 결코 짧지 않기 때문에 이 둘의 결합 배경과 연유, 과정을 거슬러 더듬는다는 것은 더욱 시도하기조차 난감한 일처럼 보이기도 한다. 그리고 바로 이런 이유로 이런 형성배경에 대한 이해가 없이는 신학을 하늘에서 뚝 떨어진 '완제품'이나 땅속에서 불쑥 솟아올라 온 '자연물'처럼 간주하려는 유혹을 떨치기가 쉽지 않다. 이러다 보니 오늘날 우리에게는 유구한 서구 이천 년사를 유산으로 하는 문화전통에 근거하여 과거의 신학을 복습하고 약간의 해석과 비판을 가하는 것으로 우리 시대에 부응하는 신학을 수립할 수 있다고 생각하는 통념이 형성되어 있다. 그러나 곧 살펴보겠지만 사실상 '신'과 '학'의 결합 자체가 하나의 특수한 사건이었으며 그러한 사건이 일어나기까지에는 유구한 몸부림이 펼쳐져 왔었다.

'신'에 연관하여 인간이 할 수 있는 행위는 여러 가지가 있다. 종교라는 것이 가장 원초적이고 기본적인 틀이겠지만 그러한 종교가 취하는 본능적인 표출방식으로서의 예술도 인간이 신과 관계를 가지는 주요한 영역임에 틀림없다. 아울러 예술이 영상적 상상력을 토대로 하는 상징성을 본성으로 한다면 그러한 상징성을 문자적으로 정태화하려는 시도가 신화로 나타났다고 할 수 있다. 나아가 신화가 채택한 언어의 공감대를 넓히기 위해 개념화가 요청되었다면 여기서 비로소 초월자를 향한 일련의 더듬기를 배경으로 학문이 등장했다는 것은 역사가 말해주고 있으며, 여기에 신학도 예외일 수는 없다. 이렇게 본다면 '신'과 '학'의 결합으로서의 신학이라는 것은 인간이 신과 관련하여 개진할 수 있는 많은 행위들 중 하나일 뿐이다. 종교, 예술, 신화 등과 같은 고유한 양식들을 통해 인간은 이미 신과의 유구한 관계를 엮어 왔고 그 흐름의 끝자락에 소기의 목적을 위해 학문이 성립된 것이기 때문이다. 그렇다면 과연 신학은 '신'과 '학'이라는 별개 항목의 결합이라는 사건이고 따라서 결코 완결된 명사가 아니라 언제든지 긴장이 일어날 수도 있는 동사일 수밖에 없다. 따라서 '신'은 결코 '학' 안에 가두어질 수도 없거니와 그리 되어서도 안 된다. 만일 그렇게 된다면 '신'은 더 이상 신이 아니며 '학'이 결국 신의 자리를 대신하게 될 것이다.

따라서 신학하기를 위해 염두에 두어야 할 것은 신학을 이루는 '신'과 '학' 사이의 거리이다. 아울러 그 거리는 어떠한 노력으로도 결코 좁혀질 수 없다는 점이 강조되어야 한다. '신'이 이미 그러하고 또한 '학'이 그런 것이다. 그러니 신학을 한답시고 신에 대해서 이러쿵저러쿵 읊어댈 수 있는 특권이라도 지닌 양 착각하는 어리석음이 이제 더는 세습되지 않아야 한다. 그렇다면 인간이 신학이라는 이름으로 신에 대해서, 신과 관련해서 할 수 있는 것은 무엇인가? 그것은 바로 '신'과 '학' 사이의 거리를 진솔하게 음미하는 데에서 시작되어야 한다. 다시 말하면 인간이 하는 '학'에 대해 겸허한 반성과 질펀한 비판에서 출발해야 한다. '학'을 되돌아볼 겨를도 없이 '신'에 무작정 뛰어드는 것이 마치 신적인 권위를 부여받는 것인 양 착각하는 무리들이 적지 않으나 이러한 작태야말로 예쁘게 표현해 '인간의 신격화'라는 오류일 따름이다. 그러나 인간이 마치 신이 되기라도 한 듯이 신에서 출발해서 어쩌자는 것인가? 아니 도대체 인간이 신에서 출발한다는 것이 가능하기나 한가? 그럼에도 불구하고 신학의 많은 이야기들이 신론에서 시작되고 있으니 '학'에 대한 반성은 고사하고 인간 자신에 대한 주제 파악조차 실종된 상황이다. 그런데 더욱 가관인 것은 이것이 오히려 '신의 이름으로' 옹골차게 부추겨지고 있다는 것이다.

그러나 신학하기의 출발은 결코 신일 수도 없고, 신이어서도 안 된다. 역사상의 많은 비극들이 이렇게 잘못된 출발점에서 비롯되었다고 해도 과언이 아니다. 그것이 비극인 것은 인간이 신으로 둔갑함으로써 신에 대한 신성모독은 물론이거니와 인간에 대한 억압으로 이어졌기 때문이다. 그런데 인간의 해방을 위한다는 신과 종교가 도리어 인간을 억압하는 역사의 원인이었다면, 이는 인간이 신과 맺은 관계에 대해서부터 돌이켜봐야 한다는 점을 가리킨다. 따라서 우리의 연구는 이 문제에 대해 그야말로 원점에서부터 다시 훑어내려 옴으로써 오늘날 우리 자리에서 어떻게 신-학[2]을 하고 신-학하기를 살아갈 것인가를 탐구하고자 한다.

이를 위해서 제1부에서는 구체적으로 다음과 같은 방식으로 논의를 엮고자 한다.

첫째, 앞서 잠깐 언급한 대로 '신'과 '학'이 유구한 흐름을 거쳐 만나기까지의 과정을 역사적으로 살필 것이다. 인간이 신과 맺는 관계는 결국 유한성을 넘어서는 가치추구의 몸부림이라고 할 수 있을 터인즉, 가치의 계보적 진화과정을 기본구도로 하여 시원으로부터 현재에 이르기까지 일목요연하게 추림으로써 '신'과 '학' 사이의 거리를 넉넉히 조망하고자 한다.

둘째, 그러한 과정을 거쳐 드디어 만나게 된 '신'과 '학'이 엮어낸 신학이 어떻게 스스로를 펼쳐내 왔는지를 살피고자 한다. 논의의 방식은 다양할 수 있겠지만, 학문적 가치의 핵심인 '참'을 향한 인간의 물음과 대답의 관계를 기본구도로 하여 신학사를 분석하고자 한다. 말하자면 신학의 역사를 이루는 각 시대별 특성을 형식적 차원에서 분석함으로써 시대를 넘어서는 체계적·공시적인 구도를 추려낼 것을 목표로 한다. 그리고 이를 토대로 그 안에서 구체적으로 배태되는 신관과 신앙관의 변천과정에 대해 사상사조들의 연속성과 불연속성을 중심으로 하는 통시적 접근을 모색한다. 특별히 인간의 정신요소론적 분석을 기본구도로 신학사 전체를 훑어가는 방식을 취하여 사유방식의 변천과정을 조망할 수 있는 계기로 삼고자 한다. 아울러 각 시대를 특징짓는 구도가 펼쳐내는 인간관과 세계관을 간략하게 비교/대조의 방식으로 살핌으로써 체계라는 씨줄과 역사라는 날줄을 한데 엮어 입체적 분석과 비판, 그리고 제안의 근거로 삼고자 한다.

셋째, 서구신학사에 대한 위와 같은 분석을 토대로, 우리 자리에서의 신-학하기를 위한 수정·보완적인 제안을 도모할 것이다. 여기서는 공시적·통시적 구도의 입체적 얽힘을 시도하고, 이를 우리 문화에 익숙한 통전적이고도 역설적인 접근으로 다시 추리고 읽어냄으로써 더욱 포괄적이면서도 해방적인 방법론을 엮어낼 것이다. 이러한 제1부의 논의가 제2부에서

---

2) '신'과 '학' 사이의 거리에 주목하고 그 긴장을 싸안으면서 신학 작업을 수행하고자 한다는 뜻으로 '신-학'이라는 표기를 사용하고자 한다.

개진되는 서구신학 방법론에 대한 분석과 비판을 위한 기본적인 틀이 될 뿐 아니라 나아가 우리 자리에서 신-학하기를 위한 길을 모색하는 제3부에 대한 예비적인 뜻을 지님도 물론이다.

제1장 신학의 형성: '신'과 '학'이 만나기까지

사람에게 죽음이 없었다면 아마도 그 너머의 초월적인 것을 굳이 추구할 이유가 없었을지도 모른다. 그러나 죽음을 겪으면서 사람들은 죽음 저편의 영원하고 무한한 그 무엇을 그린다. 그리고 그런 그 무엇은 우리에게 죽음으로 체험되는 한계를 넘어서는 '힘'으로 등장한다. 그러한 힘에 대한 갈구를 원초적인 의미에서 '종교'라고 한다면 바로 이러한 이유로 인간은 일찍이 스스로를 '종교적 인간'이라고 불렀다.[1] 원시사회나 현대사회를 막론하고 비록 모습을 달리할지언정 종교가 예외 없이 원초적으로 자리 잡고 있다는 사실은 바로 이를 입증한다. 말하자면 비교종교학의 차원에서 하등종교이든 고등종교이든, 또한 원시종교이든 현대종교이든, 역사의 모든 구체적인 종교들은 힘에 대한 숭배(dynamolatry)를 특징으로 하는 역현성(力顯性)을 공통요소로 지니면서 보편적으로 산재하고 있다.[2] 그런데 그러한

1) 엘리아데도 "종교적 인간이 존재하고자 하는 갈망, 실재에 참여하려는 갈망, 힘으로 충만해 있고자 하는 갈망을 갖고 있음을 이해하기란 어렵지 않다"라고 말한다. 멀치아 엘리아데, 『성과 속』, 이은봉 옮김(한길사, 2004), 50쪽.

2) 바흐는 다음과 같이 설명한다: "최근에 종교의 비교연구의 결과로 '힘'이라는 개념이야말로 여러 민족과 사회에 퍼져 있는 종교들의 중심개념임이 밝혀졌다. 이 힘이라는 개념은 종교체험과 일상생활이 만나는 접촉점, 곧 '초월의 내재성'을 제시하였다고 볼 수 있다. 힘의 드러남이 현상 세계 안에서 어떻게, 언제, 어디서 일어나는가에 대해서는 종교에 따라서 각기 다른 개념들을 지니고 있지만, 이 힘이 체험될 수 있는

힘은 한편으로는 우리로 하여금 가까이 다가가도록 하는 '이끌림의 신비(mysterium fascinans)'를 지니지만, 다른 한편으로는 그 힘의 뜻을 거스르기라도 하면 벌을 받을까 하는 '두려움의 신비(mysterium tremendum)'도 지니고 있다.[3] 이러한 이끌림과 두려움이라는 상반된 성질을 한데 엮어 '거룩함[聖]'이라고 한다면 원초적인 힘에 대한 인간의 체험은 바로 이 '거룩함에 대한 외경(畏敬)'에서 시작했다고 하겠다.

그런데 죽음을 겪으면서 체험하게 된 거룩함이라는 것은 인간이 작위적으로 의도하거나 조작할 수 있는 것은 아니었다. 오히려 그 막강한 힘은 홀연히 나타났다가 사라짐으로써 외경심을 일으키는 것이었다. 말하자면 거룩함이란 이처럼 일상의 영역을 넘어서는 비일상성의 특성을 가지고 예측불가성으로 자리한다. 그런데 죽음 너머의 힘을 구함으로써 초월의 평안을 줄 것으로 기대되었던 거룩함의 체험이 바로 이러한 예측불가성으로 인하여 여전히 불안을 자아내게 된다면 그러한 거룩함에 대한 원초적이고 심지어 원시적인 체험에만 머무를 수는 없었다. 여기서 바로 비일상적일 수밖에 없는 거룩함에 대한 일상화를 시도하게 되는 것은 너무도 당연하다. 말하자면 거룩함 체험을 반복하고 재현할 수 있게 함으로써 예측가능성을 확보하고 이로써 예측불가성에 의한 불안과 공포를 극복하려는 것이다.

그렇다면 거룩함의 비일상성이 지니는 예측불가성은 어떻게 다듬어지는가? 이러한 노력의 첫 단계로 그러한 거룩함을 어떤 방식으로든지 형상화하려는 시도로서 '아름다움[美]'의 추구를 들 수 있다. 말하자면 힘의 홀연한 나타남으로서의 거룩함이 일상적일 수 없었으니 이를 일상 속에서 필요에 따라 일으키고자 아름다움이라는 가치를 통해 거룩함을 향한 상승을

형태로 드러난다는 사실을 인정한다는 점에서는 보편성을 띤다." 요아킴 바흐, 「종교의 보편적 요소들」, 김승혜 편저, 『종교학의 이해: 종교연구 방법론을 중심으로』(분도출판사, 1986), 125쪽.

3) 루돌프 오토, 『성스러움의 의미』, 길희성 옮김(분도출판사, 1995), 4장, 6장 참조.

도모하게 되었던 것이다. 여기서 '예술'이 나타나게 되는데, 구체적으로 음악이나 미술 등 '아름다움에 대한 동경(憧憬)'으로서의 예술은 결국 거룩함의 일상화를 위한 수단적인 의미를 지니고 시작되었다고 해도 무리가 아닐 것이다. 시대를 막론하고 많은 종교들의 풍악과 의례, 건축이나 장식 등에서 볼 수 있듯이 음악이나 미술 등의 예술적 영역이 가장 기본적인 표현방식으로 채택되었다는 것은 이를 말해준다. 이제 인간의 삶에서 힘과의 만남으로서의 종교가 가장 원초적인 체험이라면 이에 대한 일상적 상징화의 가장 기본적인 방식으로서의 예술도 또한 종교와 불가분리의 관계에 있게 된 것이다. 물론 이때 종교란 제도화 이전의 원초적 차원일진대 이 경우에도 동서고금을 막론하고 예술적 표출을 취하지 않은 종교가 없다는 것이 이를 증명한다.

그런데 음악이나 미술 등과 같은 예술의 형식은 아름다움을 향한 상징적인 표현에 의존했는데, 상징이라는 것이 다의적이고 포괄적인 만큼 아무래도 모호성을 지닐 수밖에 없었다. 다시 말하면 예술적 상징화라는 것이 그 넓이와 깊이에서 그만한 가치를 지니지만 바로 그러한 이유로 다의적 모호성에 의한 임의성이라는 한계를 지닐 수밖에 없었던 것이다. 그러나 거룩함에 대한 일상화로서의 아름다움이 시공적으로 제한된 범위에서만 임의적으로 공감되고 만다면 이는 오히려 거룩함으로 체험되는 '힘의 축소화'를 초래하는 자가당착이 될 뿐이었다. 따라서 이러한 문제를 극복하기 위해 그러한 다의적 모호성을 지닌 상징화로부터 다소 소통가능성이 높은 언어화로의 요구가 일어나게 되었다. 물론 예술적 상징도 넓은 의미에서는 언어라고 할 수 있겠지만 '힘의 축소화'라는 모순을 넘어서기 위해서는 공감가능성을 확대할 수 있는 틀로서 문자언어를 요구하게 되었던 것이다. 여기서 예술의 상징성을 어느 정도 여전히 간직하면서도 공감의 영역을 넓히기 위해 등장한 문자언어가 바로 '신화'다.[4] 물론 고금동서를 막론하

4) 멀치아 엘리아데, 『성과 속』, 이은봉 옮김(한길사, 2004), 1-2장 참조.

고 신화라는 것이 신의 의인화인가 인간의 신격화인가라는 논란의 여지를 지니고 있기는 하지만 '착함[善]에 대한 공경(恭敬)'이라는 방식으로 아름다움의 궤적을 거쳐 거룩함을 향하려는 노력들을 공통적으로 지니고 있음은 부정할 수 없다. 말하자면 신화는 그 다양한 전개에도 불구하고 대체로 권선징악과 같은 도덕적 주제를 취했는데 원시종교/예술의 단계로부터 문화적 진전을 이룬 종교들이 신화적인 형태의 교훈적인 경전들을 갖게 된 것도 이러한 맥락에서 이해될 수 있을 것이다.

그러나 기왕 소통가능성 확대를 통한 힘의 위상 정립에의 요구가 신화로 이어졌다면 아직도 상징성의 흔적을 떨치지 못한 신화에만 머무르고 만족할 수는 없는 일이었다. 그 문자적 표출에도 불구하고 신화가 간직한 상징성이 모호하면서도 지엽적이어서 '힘의 산재성'을 드러내고 전달하기에는 여전히 걸림돌일 수밖에 없었기 때문이다. 따라서 힘의 궁극성이라는 위상을 위해 보편성과 명료성을 함께 아우르는 '참[眞]'으로서 거룩함을 도모하려는 노력이 일어나게 되었다. 바로 여기서 상징으로부터 개념으로의 전환이 '신화(mythos)로부터 이성(logos)으로의 전환'이라는 사상사적 계기를 통해 드디어 '참됨에 대한 존경(尊敬)'을 핵심으로 하는 '학문'을 엮어내게 되었다. 구체적으로는 제학문의 근본학으로서 철학이라는 형태로 결집되었으며 역사적인 종교들에서는 교학이나 신학이라는 형태로 원초적 종교성을 학문적 보편성으로 담아내려는 시도들이 전개되었다고 하겠다.

지금까지 살펴본 바 종교[聖]-예술[美]-신화[善]-학문[眞]으로 이어지는 일련의 과정은 인간이 자신의 한계를 넘어서는 힘을 추구하고 이를 영속적인 가치로 승화시키는 이른바 '욕망의 문화화 과정'이라고 할 수 있다.[5] 그러나 이러한 일련의 역사에서 종교의 원초적 신비성, 예술의 형

5) 리쾨르는 악의 고백에 얽힌 상징 분석을 통해 원초적 종교성의 단계에서 나타나는 흠, 죄, 허물과 같은 1차 상징이 타락신화나 추방신화처럼 이야기로 나아가는 신화의 단계로 이어지고, 결국 영지주의나 원죄론과 같은 교리 제정으로 이어지는 과정을 살핀다. 이도 역시 가치의 계보적 전개를 논하는 우리의 분석과 맥을 같이하는 것으로

상적 상징성, 신화의 인격적 윤리성, 그리고 학문의 체계적 합리성이라는 핵심적 본성이 각각 그 영역과 단계에서 나름대로 가치와 역할을 지니고 있거니와 이러한 가치들 사이에 계보적 연관성과 동시에 그 전환이 일으키는 긴장이 없을 수 없다는 점에 주목할 필요가 있다.[6] 가장 크게는 전개과정상 가장 거리가 먼 것으로 보이는 종교의 신비성과 학문의 합리성 사이를 말할 수 있겠으나 종교의 신비성과 예술의 상징성 사이, 예술의 상징성과 신화의 도덕성 사이, 신화의 도덕성과 학문의 합리성 사이[7]의 간격과 이에 의한 긴장도 간과할 수 없는 일이다. 본 연구에서 우리가 관심하는 '신'과 '학' 사이의 관계는 앞서 말한 대로 종교의 신비성과 학문의 합리성 사이의 그것으로 새겨봄직하겠거니와 이러한 가치추구의 계보적 전개과정에서 본다면 가장 먼 거리의 만남이라는 점은 재론의 여지가 없다. 그리고 바로 이러한 이유 때문에 우리는 '신'과 '학'의 만남을 위해서라도 종교와 예술의 관계, 종교와 윤리의 관계에 대해서도 새삼스럽게, 그리고 당연하게 살펴보아야 한다. 오늘날 '신학적 미학'[8] 또는 '미학적 신화'[9]이라는 형식으로 종교와 예술의 관계에 대한 탐구가 새로운 지평에서 개진되고 있는 것도 이러한 필요에 부응한 것이지만, 여기에서는 우리의 초점인 종교와 학문 사이의 관계에 가장 근접하는 것으로 보이는 종교와 윤리의

보인다. 폴 리쾨르, 『해석의 갈등』, 양명수 옮김(아카넷, 2001), 35쪽.

6) 오토도 같은 맥락에서 다음과 같이 말한다: "이 '거룩함'은 단순한 '완전함', '아름다움', '숭고함', 아니 '선함'마저도 아니다" 루돌프 오토, 『성스러움의 의미』, 길희성 옮김(분도출판사, 1995), 110~111쪽.

7) 예를 들면, 고대의 아리스토텔레스는 도덕성의 근거로서 합리성을 구축하고자 한데 비해 현대의 레비나스는 윤리성의 근거를 오히려 종교성에서 찾고자 했다는 점에서 흥미로운 차이를 보인다.

8) 이에 대해서는 대표적으로 다음의 저서들을 참고하라: 리차드 빌라데서, 『신학적 미학: 상상력, 아름다움, 그리고 예술 속의 하나님』, 손호현 옮김(한국신학연구소, 2001); 리차드 해리스, 『현대인을 위한 신학적 미학』, 김혜련 옮김(살림, 2003).

9) 한 독창적인 시도로 다음의 작품을 참고할 만하다: 유동식, 『종교와 예술의 뒤안길에서』(한들출판사, 2002).

관계[10)]에 대한 단상을 포함하는 것으로 만족하고자 한다.

물론 종교와 윤리의 관계는 상식적으로 본다면, 공존가능성 이상의 친화적인 관계를 떠올릴 수 있겠지만, 실제의 역사에서는 종교의 신비성과 신화의 윤리성 사이의 연관가능성과 함께 양자 사이의 긴장으로까지 거슬러 살펴야 할 것이다.[11)] 현실에서 종교와 윤리의 관계가 오로지 그러한 핵심적 본성들의 관계로만 치환되기에는 더욱 복잡한 양상을 지니지만 이와 같은 원론적인 차원에서의 분석이 오히려 현실의 문제 해결을 위한 실마리

10) 종교와 윤리의 관계에 대한 연구들은 넘쳐나지만 이 대목에서 특히 다음의 작품들이 의미를 지닐 것이다. 앙리 베르그송, 『도덕과 종교의 두 원천』, 송영진 옮김(서광사, 2005); 폴 리쾨르, 『해석의 갈등』, 양명수 옮김(아카넷, 2001).

11) 무릇 모든 피조물이 없음으로부터 온 것이라면 유한할 수밖에 없으되 인간은 자신의 한계를 넘으려는 부단한 몸부림으로 영속하는 가치를 추구함으로써 문화를 일구어 왔다. 그리고 그러한 과정 안에서 인간의 더 나은 삶을 위한 초월적 열망들의 정신적인 표출이라고 할 수 있는 종교와 윤리가 아울러 엮여져 왔다는 것은 주지의 사실이다. 따라서 이들은 인간을 위한 바람직한 가치체계들이니 적어도 기본적으로는 같이 가는 것처럼 보이기도 한다. 그러나 좀 더 자세히 살펴보면 이야기가 그리 간단하지는 않다. '착하게 살면 그만이지 굳이 무언가를 믿어야 할 이유가 있는가?'라는 상식적인 시비에 대해 종교는 그 '착함'이라는 것이 자기중심성을 지니고 있다든지, 완전한 지고지선일 수 없다든지, 또는 그렇다손 치더라도 죽음을 넘어설 수 없다든지 하는 이유로 여전히 종교의 필요성을 강변하려고 한다. 그런가 하면 초월의 상실 정도가 아니라 초월의 무의미를 비아냥거리는 이 시대에 종교란 기껏해야 '귀신 씨나락 까먹는 소리'일 뿐이며 실상 '진리를 사수한다는 신앙의 이름으로 반인륜적 작태를 자행할 가능성에서 벗어나지 못한다'고 비판된다. 같은 이야기를 다른 각도에서 본다면 다음과 같이 물을 수도 있다: 자유와 당위 사이의 긴장과 씨름할 수밖에 없는 윤리에 대해 신앙을 통한 초월적 결단을 도모하는 종교는 어떠한 의미를 지니는가? 또한 거꾸로 신앙과 사랑 사이의 모순을 겪을 수도 있는 종교에 대해 의지와 행위를 묶어내려는 윤리는 무엇을 말할 수 있는가? 간략히 읊조린 이런 문제들은 종교와 윤리의 관계가 그저 단순히 좋은 사이라고 하기에는 훨씬 복잡하며 앞서 본 것처럼 갈등과 충돌을 겪기도 한다는 점을 드러낸다. 굳이 논변할 필요도 없이 인류의 역사가 이를 증명하고도 남는다. 그렇다면 모두 인간의 삶을 위해 추구되는 가치들임에도 불구하고 도대체 왜 그럴 수밖에 없을까?

를 제공해 줄 수 있지 않을까 기대할 수 있기 때문이다.

그렇다면 종교와 윤리는 과연 어떠한 관계로 얽히는가? 앞서 말한 계보 과정의 견지에서 다시 묻는다면, 도덕성은 신비성에 대해 어떤 의미를 지닐 수 있는가? 유태-기독교 전통이 공유하는 구약성서가 소개하는 모리아 산 설화에 대한 키르케고르의 해석은 이러한 물음과 관련하여 우리에게 중요한 점을 시사한다. 이 설화에 의하면 백세에 어렵사리 얻은 아들 이삭을 제물로 바치라는 야훼의 명령을 받고 아브라함은 깊은 고뇌와 번민에 빠진다. 그러나 야훼에 대한 굳은 신앙으로 그는 아들을 데리고 모리아 산으로 올라간다. 그리고는 아들을 잡아 제물로 바치기 위해 칼로 찌르려고 한다. 종교적인 이유로 아버지가 아들을 죽이려 하는 것이다. 키르케고르의 분석을 빌리면 이는 '종교적 목적을 위해 윤리적 차원의 판단을 중지하는 것'이다. 물론 이 설화는 그러한 순간 야훼의 소리가 그에게 들려옴으로써 이삭은 죽음을 면하고 아브라함은 믿음의 조상이 된다는 이야기로 맺어진다. 이런 방식으로 이 설화는 종교와 윤리가 정면으로 충돌할 수도 있는 가능성을 시사하는 극단적인 내용을 담고 있다. 그렇다면 과연 도덕성은 신비성에 대해 어떠한 의미를 지닐 수 있는가?[12] 소위 '사이비'나 '이단'들이 행하는 반윤리적 작태들도 여전히 '종교적 목적을 위한 윤리적 판단 중지'를 내세워 정당화될 수 있는가? 아니라면 그 허용범위는 어디까지인가? 그리고 소위 '정통'이라고 하는 곳에서는 과연 이러한 물음으로부터 자유로울 수 있는가?

이러한 물음도 즉각적인 대답을 향한 것이기보다는 물음만으로도 의미를 지닌 것이로되, 우리가 애써 이렇게 종교와 윤리의 양면적인 긴장 관계에 주목하는 이유는 이것이 본 연구에서 초점을 두는 '신'과 '학' 사이의 관계에 대해 적지 않은 실마리를 제공할 것으로 기대되기 때문이다. 즉, 종교와 학문 사이의 거리에 대해 종교와 신화, 또는 윤리 사이의 그것을

12) 이 물음이 '신비적 차원은 윤리에 대해 어떤 의미를 지니는가?'라는 물음을 포함하는 것은 물론이다.

가교로 하여 접근하고, 나아가 신화와 학문 사이의 상대적으로 가까운 관계[13]에 주목함으로써 멀게만 보이는 종교와 학문 사이를 연결했던 과정을 면밀하게 살필 수 있기 때문이다.

---

13) 이러한 성찰에서 주목할 만한 제안을 한 카우프만의 다음과 같은 이야기는 음미할 가치를 지닌다: "하느님의 실재는 너무 중요하고 복잡해서 사람들은 처음에 하느님을 알리는 수단이었던 신화시대의 인물 묘사에 단순하게 만족할 수 없었다. 특별히 희랍철학 전통들과의 만남으로 자극받게 되자 성서적 이미지들과 개념들에 대한 비판적인 물음들과 체계적인 재구성이 시도되었고 그를 통해 기독교 시대의 특징인 신학적 개념들과 교리들이 무수히 숙성되었다. 따라서 하느님은 이제 성서 드라마의 주연 배우로서뿐 아니라 세계에 대한 체계적인 철학적 신학적 개념들의 주춧돌이 된 것이다. 이 이중의 역할 때문에 하느님을 설명하고 해석하는 신학 어휘들은 신화적 심상과 철학적 비판과 분별을 요하는 개념들로 구성되게 되었다." 고든 카우프만, 『신학방법론』, 기독교통합학문연구소 옮김(한들, 1999), 61쪽.

제2장 신학의 전개

1. '학'이 만나는 '신': '참'을 향한 물음과 대답의 틀에서

애당초 간절했던 것은 '힘'이었다. 죽음을 겪으면서 그 너머 저편으로부터 죽음을 넘어설 수 있는 힘을 받기를 갈망한 유한자로서의 인간은 그렇게 해서 힘을 구하고 이를 숭배하면서 '신'이라는 이름을 떠올리게 되었다. 말하자면 '힘－즉－신'인 것이며, 그것이 아니면 종교는 태동될 이유도 필요도 없었을 것이다. 동서고금을 막론한 모든 종교들이 다양한 방식으로 초월자를 그려내더라도 힘에 대한 염원, 즉 역현성(力顯性)에 대한 갈망을 공통적으로 지니고 있다는 점은 이에 대한 부정할 수 없는 증거이다. 그러나 그러한 힘이 동네에서만 먹히고 만다면 별 볼일도 없고 오래 갈 수도 없을 것이었으니 그 영역을 시공간적으로 확대하고자 하였고 앞서 살핀 대로 바로 여기서 그러한 조건을 충족시키는 '참'으로까지 포장하게 되었다. 말하자면 이제 '힘－즉－신－즉－참'이라는 구도가 성립된 것이다. '참'의 틀로 신을 보고 만나게 됨으로써 시공간적 제한성을 넘어서는 보편성에 대한 욕구가 충족되기에 이른 것이다. 그리고 여기서 바로 인간은 그러한 배경을 지닌 '참' 추구에 집중하는 정신활동으로서 학문을 태동시킨 것이다.

그렇다면 '학'은 '신'을 어떻게 만나는가? '학'이라는 것이 이미 '참'의 틀로 세계를 보고자 하는 것이니 신에 대해서도 역시 그러하리라는 것은 두말할 나위도 없다. 그렇다면 '학'의 틀로서의 '참'은 '신'에 대해 구체적으로 어떻게 접근되었는가? 여러 가지가 있겠지만 '물음과 대답의 방식'[1]으로 풀어볼 수 있겠다. 그렇다면 '신-즉-참'에 대한 물음들 중에서 가장 먼저 나타난 것은 무엇이었는가? 다시 말해 소위 6하 원칙의 의문사들 중 무엇이 가장 우선적인가? 여기서 '무엇'이라는 물음이 가장 먼저 등장한 것이라는 점에는 재론의 여지가 없을 것이다.[2] 다른 모든 의문사들에 앞서 일단 '무엇'이 가리키는 정체성을 지니는 그 무엇이 있지 않고서야 나머지 물음들이 나올 수도 없기 때문이다. 그렇다면 '신-즉-참'에 대한 첫 물음은 당연히 '참'이란 무엇인가?이다.

과연 그렇다. '참'이란 무엇인가? 그러나 이러한 원초적 물음은 그냥 아무런 동기 없이 단순한 지적 유희를 위해서 제기된 것은 결코 아니었다. 그것은 오히려 죽고 사는 문제였다. 왜냐하면 이러한 물음이 물음으로서 제기될 수밖에 없었던 것은 있었다가 없어지는 사건, 즉 죽음에 대한 이모저모의 체험들이 삶의 어두움에 눈을 돌리게 했기 때문이다. 그런데 이러한 어두움의 체험은 확실성과 안정성을 향하게 했으며, 그러한 갈망은 인간의 자기보존본능에서 비롯된 것이었다. 그리고 바로 그러한 안정성에 대한 염원이 이제 '참'이라는 이름으로 결집되었다. 따라서 없어질 수밖에 없기에 믿을 수 없는 가엾은 삼라만상에 대해서 '참'은 안정성을 제공해

---

1) 본 연구는 전체적인 전개를 위해 필자의 또 다른 저서인 『신학은 인간학이다』에서 다듬은 해석과 구성의 틀로서 '참'을 향한 물음과 대답의 방식을 사용하고자 한다. 그러기에 그 방법론적인 논의를 본 연구의 맥락에 맞게 조정하여 이곳에 새로이 개진한다.

2) '개체발생은 계통발생을 되풀이한다'는 헤켈의 생물학적 진화론도 이 맥락에서 의미를 지닌다. 어린아이들이 자기의 존재에 대해서 본능적으로 인지하기 시작하면서 이내 주위 세계의 대상들에 대해 관심을 표명하게 되고 이러한 표명은 곧 '그것은 무엇인가?'라는 물음으로 튀어나오기 때문이다. 그렇다면 인류의 정신문화사적 차원에서도 '참'에 대한 시원적 물음은 당연하게도 그렇게 제기되었을 것이라고 추정할 수 있다.

주는 궁극적 근거로 등장하게 되었다. '참'이 신의 또 다른 이름이 된 것이 바로 이 때문이다.

그렇다면 그러한 안정성의 근거로서 '참'은 구체적으로 무엇인가?[3] 그런데 이에 대해 대답은 물음의 동기로 되돌아감으로써 대략 추려질 수 있었다. 즉, 없어질 수밖에 없는 가련한 만물에 대해 '힘'이 되어야 하는 '참'은 당연하게도 없었던 적도 없었을 뿐 아니라 없어질 가능성도 결코 없는 있음, 즉 '있음이기만 한 있음'이어야 한다는 것이었다. '없음이 없는 있음', 즉 '있음 자체', 이것이 바로 "참이란 무엇인가?"라는 물음에 대한 대답이었던 것이다.

그러나 이야기가 여기서 끝나는 것은 아니다. "참이란 무엇인가?"라는 물음을 할 수밖에 없었던 본래의 이유를 떠올린다면 '있음 자체'라는 대답은 추호의 의심할 여지없이 당연한 것이다. 그러나 이 대답이 모든 요건을 만족시키고 있다고는 할 수는 없다. 규정이란 모름지기 한정하는 것인데, '있음 자체'라는 것은 결국 그 무엇인가를 규정하는 것이기 때문이다. 그러나 궁극적인 힘을 가리켜야 할 '참'이라는 것이 결코 한정되어서는 안 된다면 '있음 자체'라는 대답에 머무를 수는 없다. 바로 이런 이유로 그러한 규정을 넘어서는 '무규정성'이 요구되었고 이러한 무규정성을 의미하는 무(無), 즉 '없음'이 '있음'에 맞서는 대답으로 등장하게 되었다. 여기서

---

3) 무릇 대부분의 경우에서 그러하지만 특히 '참은 무엇인가?'라는 물음에서는 더욱 그러한데, 그것은 물음에 대한 대답보다 물음 자체가 더욱 중요하다는 점이다. 이러한 궁극적인 물음이 이런 방식으로 제기되었다는 사실 자체가 이미 지대한 의미를 지니고 있기 때문이다. 이러한 점은 우리들의 일상생활에서도 마찬가지인데 많은 경우에 있어서는 부적절하게 던져진 물음 때문에 부질없는 씨름들이 벌어지고 게다가 엉뚱한 대답들이 삶의 해답인 양 난무하고 있는 꼬락서니를 보아야 하는 현실이 그 좋은 증거이다. 그러므로 그 어떤 것을 대답이라고 마구 윽박지르기보다는 그러한 대답을 촉발시킨 물음이 과연 우리의 현실진단과 처방제시를 위하여 적절히 제기된 것인지를 곱씹어 보는 일은 절실히 필요하다. 그런 후에야 대답된 것을 뒤적거리거나 대답하려고 허우적거리는 것이 마땅할 것이다.

'있음'이 '그보다 더 높은 것을 생각할 수 없는 가장 높은 것'이라는 뜻에서 '높이'로 새겨지는 신을 가리킨다면, '없음'은 '바닥 모를 심연'과 같은 '깊이'로 그려지는 신을 뜻한다고 하겠다.[4)]

그렇다면 "참이란 무엇인가?"라는 물음에 대한 대답으로 등장한 '있음'과 '없음'은 서로 어떠한 관계를 지니는가? 이들은 형식논리적으로 보면 철저히 상호모순관계에 있다:

> 있음의 문제 이상으로 어려운 것이 있다면 없음의 문제겠거니와 또 이 문제만큼 논의를 분분하게 하는 것도 없다. 없음은 우선 부정을 통해서 드러난다. 그러나 그것은 없음의 현시 방식이요, 근원적으로는 없음에 근거해서 모든 부정이 가능한 것이다. 부정은 없음의 승인에 불과하다. 있음은 긍정판단의 기초가 되고, 부정판단은 없음 개념을 동반한다. 있음과 없음은 이처럼 모순대립의 관계에 있다.[5)]

그렇다면 과연 이러한 대답들은 양자택일의 관계로만 읽혀져야 할 것인가? 그런데 이렇게 묻게 되면 '참의 무엇'이라는 물음 자체에 대해서 되묻지 않을 수 없게 된다. 무엇보다도 '무엇'이라는 물음은 '참'의 동일성을 가리키고 요구할 터인즉, 양자택일의 대답은 동일성과 충돌할 수밖에 없기 때문이다. 그래서 다시 묻는다. 과연 '참'에 대해서 '무엇'이라는 물음이 필요하긴 하지만 이 물음으로 충분한가? 그리고 바로 여기서 우리는 곧 '무엇'에서 '어떻게'로 넘어가는 계기를 발견하게 된다.[6)] 즉, '참'이 그

4) 다시 말하면, 높이로 새겨지는 '있음'으로서의 신은 아폴론을 배경으로 하는 합리주의 전통에서 엮어져 나온 라틴계열 서방교회와 관련된다면, 깊이로 그려지는 '없음'으로서의 신은 디오니소스를 배경으로 하는 신비주의 전통을 안고 있는 그리스계열 동방교회와 연관되는 것으로 대조해 볼 수 있다.

5) 소광희·이석윤·김정선, 『철학의 제문제』(도서출판 벽호, 1993), 202쪽. 인용문의 표현 중 일부를 본문의 맥락에 맞게 각색하였다.

6) 그러나 엄밀하게 말한다면, '무엇'은 '어떻게' 없이는 '무엇'으로 자리매김할 수도

'무엇'이라고 하더라도 드러나고 알려지는 방법이 검토되어야 하기 때문이다: '참'은 어떻게 알려지는가?

그런데 "참이란 어떻게 알려지는가?"라는 물음은 이미 그 물음 자체가 이에 대한 대답의 형식을 포함한다. '알다'라는 행위가 '앎'의 방식을 대답의 틀로 삼게 하기 때문이다. 말하자면 무엇을 안다는 것은 바로 그 앎이라는 행위의 주체와 대상의 관계에서 주체가 대상을 주체 안에 잡아내는 행위라고 묘사될 수 있다.7) 그런데 바로 이처럼 주체가 대상으로 삼는 그 무엇이 그것 자체로서 드러나기보다 주체 안에 잡혀지는 모양으로서 알려지는 것이라면, 그러한 주체가 알게 되는 대상이라는 것은 결코 대상으로 알려지게 한 그 무엇 자체일 수는 없다. 따라서 주체의 앎이라는 것이 대상으로 알려진 그 무엇 자체를 전체로 싸잡아낼 수 없다는 점은 명백하다. 말하자면 앎이란 모름을 배제하는 통째로의 앎일 수 없다는 것이 드러난다:

> 우리의 모든 앎은 참된 앎이 아니면 안 된다. …… 거짓된 앎은 앎이 아니다. 그러나 우리는 언제나 참된 앎만을 가지는 것이 아니요 때로는 착오나 오습에 빠짐으로써 거짓된 앎을 가지는 수도 있다.8)

이처럼 '어떻게'라는 물음에 얽힌 '앎'과 '모름'은 앞서 '무엇'이라는 물음에서 '있음'과 '없음'이 서로 모순에 있는 것과는 달리 양자 사이의 경계를 확연하게 설정할 수 없다는 특징을 지닌다.9) 말하자면 '어떻게'라는 물음

없다는 것이 오늘날 공유되는 이해이다. 마리탱도 이에 대해 다음과 같이 한마디 한다: "있음 자체에 대해 탐구하기 전에 그러한 있음에 대한 인간의 앎에 대해 살펴야 한다." Jacques Maritain, *An Introduction to Philosophy*(Westminster, MD: Christian Classics, Inc., 1989), p.117.

7) 그것을 맞이(對)하여 주체 안에 잡아낸 모양(象)이라는 뜻을 지닌 대상(對象)이라는 것이 바로 이것을 가리킨다.

8) 소광희·이석윤·김정선, 『철학의 제문제』(도서출판 벽호, 1993), 44쪽.

에서 '앎'은 어디까지이며 '모름'은 어디서부터인가를 그 어느 편에서도 결정할 수 없다는 불확실성을 지닌다.

그런데 이러한 모호성은 '참 물음' 자체에 대해서 지극히 위협적인 것으로 다가올 수밖에 없다. 이미 논했듯이 삶의 불확실성이라는 문제를 해결함으로써 안정성을 구하려고 바로 '참 물음'이 제기되었기 때문이다. 이로써 '참'에 대한 '어떻게'라는 물음도 한계를 드러내는데 '무엇'의 갈래를 추리겠다고 나선 '어떻게'가 오히려 사태를 더욱 복잡하게 하고 있기 때문이다. 상황이 이쯤 되면 물음들의 뿌리를 파고들지 않을 수 없게 되는데 바로 여기서 '참'에 대한 궁극적 근거 물음인 '왜'가 등장하게 된다. 다시 말하면 '참'이 '무엇'이든, 그리고 '어떻게' 드러나고 가려지든, 도대체 "왜 참인가?"라는 물음에 비추어 다듬어져야 할 것이라는 요구가 여기에서 제기된다. '있음'인지 '없음'인지도 판가름하기가 만만치 않고, 더욱이 '안다'고 하기에는 '모르는' 것이 너무 많으니 도대체 '참'이라고 제시되는 근거에 대해서 묻지 않을 수 없기 때문이다: 그렇다면 도대체 왜 '참'인가?

정체를 묻는 '무엇'이 이끌어낸 '있음'과 '없음' 사이에서 판정이 불가할 뿐 아니라 이를 추려 보겠다고 나선 방법 물음인 '어떻게'가 오히려 '앎'과 '모름' 사이의 경계 모호로 귀결시켰다면 결국 그 무엇인가 '참'일 수 있는 근거를 밝힘으로써만 해결의 실마리를 더듬을 수 있지 않은가라는 통찰이 결국 '참'에 대하여 '왜'를 묻게 했던 것이다. 그런데 도대체 그 무엇인가가 '참'인 근거는 그러한 '참'과 마주하는 사람에게서 나타나야 할 것이며 그것도 바로 사람의 '삶'에서야 할 것이다. 만일 그렇지 않다면 그러한 '참'은 사람의 삶과는 무관한 허공 속에서 맴도는 뜻 없는 이름일 뿐이기 때문이다. 다시 말하면 사람의 삶이야말로 '참'이 비로소 '참'으로서 착지

9) 한편으로는 앎이 늘어날수록 모름이 줄어드는 반비례적인 관계가 상식적으로 보이지만, 다른 한편으로는 앎이 커질수록 모름이 더욱 커지는 오묘한 제곱비례의 관계도 현실에서 경험되는 엄연한 생리라면 앎과 모름의 관계를 단순히 상호모순적인 것으로 치부할 수 없을 뿐더러 한 방향으로만 정리할 수도 없기 때문이다.

할 수 있는 터전이기에 '삶'으로부터 비로소 '참'의 뜻이 구현되는 실마리를 엮을 수 있을 것이다:

> 한갓 앎에 힘쓰는 것이 아니라 사물의 있음을 캐묻고, 그것을 나의 삶과 통일하여 고차적 앎으로 끌어올리는 긴장은 어디서 오는 것일까? 이것을 이해하기 위해서는 앎을 실체적 존재, 따라서 이미 알려진 고정된 중심으로 보는 태도를 수정해야만 한다. …… 이러한 앎은 움직이지 않는 결합점이라기보다도 오히려 제 자신에 대해 거리를 취하고 반성하며 (삶과 죽음 사이의) 대립적 긴장을 끊임없이 형성하는 운동 자체가 아니겠는가? …… '자기 자신에 대하여 관계를 갖는 것'을 가리켜 삶이라고 부른다. 여기에 이르면 앎과 삶의 관계는 어떤 두 존재자 간의 관계가 아니라 실로 앎이 본래적 앎이 될 수 있는 근원적인 모양, 또는 앎의 근거에 대한 자기 통찰의 양식으로서 밝혀진다. 앎과 삶은 같은 평면 위에 병립한다기보다 앎이 앎일 수 있는 근거가 삶이므로 전자가 후자에 의지하고 있는 것으로 보아야 한다. 그러나 이것은 그 통일적 구조 안에서 층의 상하관계로 생각되어서는 안 된다. …… 삶은 앎이 앎일 수 있기 위한 조건이므로 앎의 힘으로써는 논리적으로 밝혀지지 못하는 '어두운 근거'이다.[10)]

그리고 이러한 점은 삶이 죽음과 얽혀 있다는 것에 의해서 더욱 확증된다. 왜냐하면 죽음이 배제된 삶이라는 것은 불가능하고, 죽음과 그렇게도 얽혀 있는 삶이라면 이미 있음과 없음 사이에서의 판정불가는 불가피한 것이요, 앎과 모름도 역시 뒤엉켜서 모호하다는 것도 자명할 것이기 때문이다. 다시 말하면 삶과 죽음의 얽힘은 있음과 없음의 얽힘, 그리고 앎과 모름의 얽힘의 근거가 되면서 동시에 그러한 얽힘들의 귀결이다. 이것이 '참'에 대해서 '왜'라는 물음을 물어야 할 이유이고, 바로 '참'에 대한 물음이 '무엇–어떻게–왜'라는 방식으로 연속적으로 엮여야 하는 까닭이다.

---

10) 조가경, 『실존철학』(박영사, 1989), 205~206쪽. 인용문의 표현 중 일부를 본문의 맥락에 맞게 각색하였다.

그러나 '참'을 향한 물음이 여기서 끝나는 것은 아니다. 앞서 말한 6하 원칙에서 아직도 등장하지 않고 있는 '누가, 언제, 어디서'를 덮어 둘 수 없기 때문이다. 그런데 이 세 의문사들은 사실상 살고 죽는 문제와 관련된 것이라면 이미 삶과 죽음의 얽힘이라는 터 위에서 '참'을 향해 던져졌던 '왜' 물음 안에 포함되어 있다. '왜'라는 근거물음의 포장을 벗기면 그 안에는 바로 그 '왜'라는 물음을 묻게 한 삶과 죽음의 얽힘이 도사리고 있고 이 얽힘이란 바로 다름 아닌 '언제'와 '어디서'로 이루어진 '누가'이기 때문이다. 말하자면 '누가'에 대해 '언제'와 '어디서'는 없어도 그만인 부대 상황이 아니라 바로 '누가'를 엮어내는 구성요소이기 때문에 '언제'와 '어디서'가 없이는 '누가'가 전혀 성립될 수도 없다는 것을 삶과 죽음의 얽힘은 가리킨다. 따라서 '누가－언제/어디서'라는 한 묶음의 물음이 삶과 죽음의 얽힘이라는 터 위에서 '왜'를 묻게 하며, 그로 인해 앞서 던져졌던 '무엇'과 '어떻게' 물음마저도 한데 엮어서 비로소 '참'의 뜻을 향할 수 있는 마당을 이룬다고 하겠다. 그리고 바로 이와 같이 입체적이고 유기적인 물음만이 '무엇'이라는 하나의 물음에 의해 지배되는 이름의 주술성에서 깨어날 수 있는 길이기도 하다.

2. '학'에서 그려지는 '신': '참'의 여러 꼴들로서

그렇다면 '학'이 만나는 '신'은 '학' 안에서 어떤 모양으로 그려져 왔는가? 당연하게도 '참'이라는 틀로써 '신'을 만난 '학'에서 '신'이 '참'의 꼴로 새겨졌다. 말하자면 '참'에 대한 물음이 '무엇'에서 시작해 '어떻게'를 거쳐 '왜'에까지 이를 수밖에 없었던 그만한 이유가 있었다면 이와 관련된 '참'의 여러 모습들이 '신'에 대한 저마다의 밑그림이 되었을 것이다. 그렇다면 각 물음 및 그에 상응하는 대답과 연관하여 '참'은 어떠한 꼴들로 그려져 왔는가?

우선 "참이란 무엇인가?"라는 출발 물음에서 '참'은 '있음'과 '없음'이라는 대조적인 대답이 가리키듯이 '참인 것' 자체를 뜻하는 '실재(實在)'로 그려졌다. 이러한 실재가 '있음'의 차원에서는, 한편으로는 모든 있는 것들의 같음을 가리키는 보편성을 뜻하는 '본질'로, 다른 한편으로는 같음의 주변에 도사리고 있는 다름을 가리키는 개별성을 머금은 보편성을 뜻하는 '실체'로 구별되어 체현되었다. 또한 그러한 실재가 '없음'의 차원에서는, 한편으로는 규정적 한정성에 대한 지극한 초월[높이]을 뜻하는 무규정성의 의미에서의 '무'로, 다른 한편으로는 바닥 모를 심연[깊이]의 경지를 일컫는 '무근거'로 그려져 왔다.[11] 이처럼 '무엇'에 대한 대답으로서 '있음'과 '없음'은 곧 신에 대한 밑그림이 되었고, 충만한 힘을 본성으로 하는 신과 비움의 사랑으로 자기를 제한하는 신 등의 대조적인 신관이 형성되는 데 사상적 배경이 되었다. 그러나 무엇보다도 가장 중요한 것은 '참'을 향한 '무엇'이라는 물음이 신학에서 '신의 실재' 또는 '신의 존재'를 가장 우선적인 자리에 위치시킨 근거가 되었다는 점이다. '무엇'이라는 물음 자체가 동일성의 원리를 추구하는 것인만큼 이것은 신의 지위를 위한 결정적인 물음이었다. 또한 신의 존재를 증명하는 것이 가장 주요한 관건이었던 고전 신학의 역사가 바로 이를 뒷받침한다.

그렇다면 "참은 어떻게 알려지는가?"라는 물음에서 '참'은 어떤 모습으로 드러났는가? 다시 말해서 '앎'과 '모름'의 긴장 관계에서 '참'은 어떻게 그려졌는가? 그것이 어떻든 통칭하여 '참으로 알려지는 것'을 뜻하는 '진리(眞理)'라고 하겠다. 우리가 일상생활에서 흔히 쓰고 있는 '진리'라는 말

---

11) 그런데 간단히 살펴본 바와 같이, '참의 무엇'에 해당하는 '실재'가 이렇게도 다양한 갈래로 전개되어 왔다는 사실은 큰 의미를 지닌다. 왜냐하면 이토록 다양한 갈래들은 '참'과 연관하여 '어떻게'를 본격적으로 고려하지 않더라도 '무엇' 안에 이미 '어떻게'가 담겨 있다는 것을 함축하며, 이는 곧 인간이 '참이란 이런 것이다'라고 읊어대는 것이 얼마나 제한적인가를 여실히 드러내 주기 때문이다. 그러니 자신만이 '참'을 만났다고 떠벌릴 것도 없고 그 '무엇'을 신주인 양 고이 모실 일도 결코 아니다.

도 결국 이와 연관될 터인즉, 우리는 모든 '거짓들'로부터 '참'을 구별해내는 준거로서 '진리'를 설정하거나 추구한다. 그런데 '진리'도 역시 그 추구되는 방향에 따라서 양분된다. 즉, 한편으로는 앎의 주체 누구에게나 동일하게 적용되는 보편적인 기준에 부합하는가의 여부로 '참'이 필연적으로 결정된다는 진리정합설이 도식화되었다. 그러나 다른 한편으로는 그래야 함에도 불구하고, 또는 그럴 수 있으면 좋겠지만, 그러한 보편적인 기준이 설정될 수 없기에 결국 앎의 대상에 대해 주체의 개별적 경험 내용이 얼마나 일치하는가에 따라 '참'이 개연적으로나마 더듬어질 수 있을 뿐이라는 진리대응설이 경합을 이루게 된다. 결국 '앎'에서의 같음을 상정하려는 정합설과 다름 사이의 타협을 통해서 비슷함을 묶어보려는 대응설 사이의 대조가 진리관의 기조를 이룬다.[12] 이처럼 '어떻게'에 대한 대답으로서 '앎'과 '모름'은 모호한 경계에서 긴장을 이루면서 같음과 다름의 관계를 오묘하고도 복잡하게 엮어낸다. 그리고 이로써 '어떻게'와 '진리' 사이의 관계는 신학에서 '신의 본질' 또는 '신 인식'의 문제가 '신의 실재'와 밀접하게 관계되는 것에 중대한 역할을 하게 되었다.

그렇다면 이제 "참은 도대체 왜 참인가?"라는 물음에서 '참'은 어떤 모습으로 나타났는가? 다시 말해서 죽음과 얽힌 삶에서 '참'의 모습은 무엇인가? 그것은 바로 다름 아닌 '참되게 살게 하는 것'이라는 뜻에서 '의미(意味)'라고 하겠다. 물론 이러한 의미의 구체적인 뜻은 무엇보다도 '해방'일 것이다. 만약 삶에서 '참'이 삶의 온갖 족쇄와 억압의 굴레로부터 풀어주는 것이 아니라면 그것이 도대체 무슨 이유로 '참됨'으로 새겨질 수 있겠는가? '참'일 자격도 없고 까닭도 없는 것이니 '참'이 과연 '참'인 것은 그것이

12) 그런데 '참의 어떻게'에 해당하는 '진리' 추구가 이토록 긴장된 대조적인 틀을 이루고 있다는 것은 '무엇의 동일성' 즉, 진리의 단일성이라는 신화가 얼마나 소박하고 근시안적인 것인가를 여지없이 드러내 준다. 또한 '참이란 이렇게 알려지는 것이다'라고 주장하는 것이 얼마나 임의적인가를 폭로하기도 한다. 그러니 자신만이 '참'을 읊조린다고 깝죽댈 것도 없고 그 어떤 것을 금과옥조라고 붙들고 늘어질 일도 아니다.

해방이기 때문이다. 그런데 구체적인 삶에서 해방이라는 것은 현실에서 긴장되는 대조를 이루며 나타나기도 한다. 예를 들어 참의 의미인 해방의 종교적 표현으로서의 구원에 대해서 살펴보자. '신의 의미'를 가리키는 구원이라는 것도 같음에 초점을 맞추게 되면 정의를 가리키게 되고, 다름을 싸안으려는 뜻에서는 사랑을 일컬을 터인즉, 정의와 사랑 사이의 긴장이 구원의 내용을 이룬다면 획일적인 뜻으로 '참의 왜'를 추릴 수 없다는 점은 더욱 분명해진다. 이로써 우리가 확인할 수 있는 것은 '참의 왜'에 해당하는 해방과 구원마저도 상호대조적인 요소들을 포함하고 있을 만큼 '참'은 과연 일의적이고 일면적인 규정을 거부하는 성질을 그 본성으로 지닌다는 점이다. '참' 이야기를 시작하면서 최소한 우리가 주목해야 할 것이 바로 이것인데, '참'에 의해서 스스로 제한당해 왔었던 인간의 역사를 돌이켜 본다면 우리의 이러한 분석과 통찰은 차라리 '복음'이라고 하겠다. 또한 이것은 오늘날 우리에게 신이 지니는 의미를 새기고 그릴 때 염두해야 할 소중한 통찰이다. 신이라는 이유로, 신이라는 이름으로, 동일성에서 단일성을 거쳐 유일성으로 치달으면서 결국 획일성의 족쇄에 스스로를 옭아매었던 인류의 종교사를 돌이킨다면 '참의 왜'가 까발려낸 가늠할 수 없는 넓이와 깊이에 대하여 우리는 더욱 겸허하게 곱씹고 되새겨야 할 것이다.

3. '참'으로서의 신에 대한 그림들: 시대의 흐름을 따라서

그렇다면 이제는 '학'이 만난 '신'이 신학의 역사에서 구체적으로 어떻게 그려져 왔는가를 간략하게나마 살펴보자. 물론 논의의 짜임새야 다양할 수 있겠지만, 앞에서 살핀 대로 학문적 가치의 핵심인 '참'이 무엇–어떻게–왜를 따라 새겨진 꼴들인 실재–진리–의미를 밑그림으로 하여 신학사를 읽어가는 것이 적절할 것이다. 이러한 물음과 대답의 기본 얼개가 전개된 순서가 공교롭게도, 그러나 당연하게도, 시대의 역사적 흐름을 이룬다는 점도 아울러 살피게 될 것이다. 그리고 결국 '참'의 꼴이 물음과 대답의 방식에 따라 혁명적인 변화를 겪으면서 신에 대한 그림도 그려져 왔음을 확인하게 될 것이다.

1) 고전신학의 교리적 신(앙)관: 앎 이전의 있음으로서

먼저 초대 교부신학과 중세 스콜라신학을 포함한 고전신학을 살펴보자. 이러한 고전신학의 학문적 토대가 된 고전 형이상학에 연관하여 우리가 가장 중요하게 주목해야 할 것은, 형이상학이 참을 향해 던진 '무엇'이라는 물음에 대해 하나로 정리될 수 있는 대답을 요구했다는 점이다. 이러한 성향은 곧 신학에 영향을 주어 '신이란 무엇인가?'라는 물음으로 집중하게 했으며, 나아가 대답 역시 '무엇'의 동일성이라는 원칙에 걸맞게 '있음'과 '없음' 중 택일이라는 방식으로 추려져야 한다는 압력으로 작용하였다. 그럼에도 불구하고 전통 사이의 대립은 어쩔 수 없었는지 '참된 있음'을 옹립한 '합리주의'와 '참된 없음'을 귀결시킨 신비주의가 팽팽하게 맞섰는데, 이 와중에서도 그렇게 요구된 '하나의 대답'을 위하여 결국 교리라는 형식이 등장했다. 먼저 참, 즉 신의 '무엇'에 대한 물음에 '있음'으로 답한 합리주의는 신과 세계가 있음의 차원에서 이어져 있어서 인간의 유한한 이성을 무한하게 확장시키면 신에 도달할 수 있다는 위계적 서열화를 불러왔다. 그리고 이로써 신의 확실성과 완전성에 집중함으로써 신정론과 수난불가론이라는 교리를 엮어냈다. 다른 한편, 같은 물음에 '없음'으로 답한 신비주의는 이 세계와는 건널 수 없는 간극을 가진 초월적 절대성으로서 신을, 그리고 그 신과 세계를 다시 잇대어 설명하려는 삼신론(tri-theism)을 배경으로 삼위일체론이라는 교리를 엮어냈다. 즉, 어떤 전통과 구도를 막론하고 '무엇'에 대한 대답으로서 '있음'이나 '없음'이 공히 교리화의 과정을 겪게 되었다는 데에는 예외가 없었다. 말하자면 '참의 무엇'으로서의

'실재'가 이제 신학에서는 '신의 무엇'으로서의 '교리'로 정립된 것이다.

예를 들면, 그리스도교회의 가장 중요한 교리라고 할 수 있는 삼위일체론은 신의 무엇이라는 물음에 있음과 없음으로 대답하는 방식이 빚어내는 모순과 대립을 추상화된 하나의 대답으로 이끌어내기 위한 투쟁의 결과라 해도 과언은 아니다. 즉, 동일성을 요구하는 '무엇'이라는 대답의 생리상, 있음과 없음이라는 상호모순의 관계가 교리 자체 내에 이미 배태되어 있었다는 것이다. 하나의 본체 속에 세 인격이 존재한다(three hypostases in one ousia)는 공식으로 성부－성자－성령의 관계를 설명한 테르툴리아누스와, 성자를 성부로부터 영원히 낳아지는 존재로 이해한 오리게네스를 필두로 두 본성을 중심으로 한 삼위일체론 논쟁의 기나긴 역사가 이를 증명한다.

논쟁이 배태한 모순은 같음과 다름의 관계를 '무엇'이라는 개념의 방식으로 조율하려는 시도에서 비롯되었다. 즉, 삼위일체론이 원래 지향했던 바, 그리스도가 하느님에 종속되거나 부속된 존재가 아니라 완전한 하느님이시며 하느님과 동일한 본체시라는 원칙에 모순이 생겨나기 시작하는 것이다. 다시 말하자면 신의 무엇에 있음으로 대답한 합리주의적 방식에 따르면 하느님은 절대자이자 궁극적 근원이며 완전한 존재이다. 그런 하느님은 성자를 보내는 존재로서, 하느님과 세상을 연결시키고 변화하고 고통당하고 죽임을 당하는 성자 하느님과는 당연히 구분되는 존재라야만 하는 것이다. 내재적 삼위일체와 경륜적 삼위일체 교리 역시 성부의 완전함(deus absconditus)과 다소 하위에 있는 듯한 다른 인격과의 관련성(deus revelatus)을 하나되게 조정하려는 끊임없는 시도였다.[13] 맥그리거는 삼위일체 논쟁에 나타난 모순이 당시의 세계관에 맞추어 하느님의 속성을 개념적으로 설명하려는 노력에서 비롯되었으며, 교리의 특성상 계속되는 모순을 안고

13) 맥그리거는 현대신학에서 주장하는 페리코레시스 교리(삼위의 상호침투)가 진지하게 받아들여진다면, 삼위일체 가운데 하나가 한 것으로 단정되는 일은 삼위일체 모두의 일로 단정되어야 한다고 결론을 내린다.

있을 수밖에 없다고 지적한다. 그러나 그 원래의 목적이 교리의 준수나 확립이 아니라 믿음의 확증이었음을 환기시킨다:

> 만일 우리가 신플라톤주의 전통의 영향하에서 우리에게 알려지지 않는 하느님의 근본적인 본성에 대해 이야기한다면 다음과 같은 문제가 여전히 우리를 괴롭힐 것이다. 알 수 없는 하느님의 본성이 왜 y보다는 x가 되어야 하는가? …… '하느님'이란 말은 그렇게 간단한 역할에 머무르는 것이 아니다. 하느님은 트리아스(trias)이다. 트리아스란 말은 우리가 알고 있는 한 A.D. 180년경 안디옥의 테오필루스(Theophilus)에 의해 사용되기 이전에는 하느님과 관련하여 쓰이지 않았다. 그러나 그것은 모순의 논리적 해결을 위해 필요한 것에 대해 암시를 제공한다. 그렇다면 하느님이 세 분 존재하는가? 아니다. 그렇게 되면 모든 성서의 전통과 명백하게 어긋나게 될 것이다. 우리는 하느님에 관한 담론이 엉뚱한 것이 아니라는 것을 보여주기 위해서만 삼위일체를 말한다. 하느님의 '한 분 안에 세 분이 계심'의 개념은 신비로운 수수께끼임에도 불구하고 명백한 논리적 이의제기에 충분한 대답을 제공한다.[14]

> 삼위일체 교리는 신약성서에 나와 있는 믿음의 확언을 이해하기 쉽게 만들려고 시도하는 과정에서 전개되었다. 그 믿음은 예수가 아버지라고 부른 하느님에 대한 믿음, 교회가 그리스도 안에서 역사하신다고 선언한 하느님에 대한 믿음, 예수가 교회에 보내겠다고 약속하신 하느님에 대한 믿음, 예언자들이 말했던 그리스도와 더불어 교회가 공감한 하느님에 대한 믿음이다.[15]

그러나 이러한 교리 제정의 동기에도 불구하고 더욱 중요한 것은 신의 실재에 대한 교리가 마치 신 그 자체라도 되는 양 지배적인 위치로 군림하게 되었다는 점이다. 여기서 신앙이란 기껏해야 그렇게 정제되어 일목요연

---

14) Geddes MacGregor, *He Who Lets Us Be: A New Theology of Love*(New York: Paragon House Publishers), pp.44, 53.

15) 같은 책, p.44.

하며, 그래서 누구에게나 받아들여져야만 하는, 교리를 '그대로' 받아들이고 동의하는 방식으로 수행될 뿐이었다. 말하자면 신관과 신앙관에 있어 공히 동일성과 불변성을 구실로 교리가 군림했던 것이다. 자연히 여기에는 다른 형태의 신앙이 타당성을 인정받을 가능성은 배제되었고, 동일한 형태의 신앙이거나 아니면 이단만이 있을 뿐이었다.

그렇다면 도대체 왜 그토록 동일성과 불변성이 소중하게 모셔졌는가? 그 이유에 대해서 많은 해명을 시도할 수 있겠지만 역시 세계의 불안정성에 대한 인간의 의식이 절대적 기초를 통한 안정성을 추구하게 하였고, 그러한 안정성이 모름지기 불변적인 동일성에 의해서만 보장될 수 있다는 신념으로 자연스럽게 엮어졌다는 데서 찾을 수 있을 것이다. 말하자면 불변적인 동일성을 담보할 것으로 여겨지는 신의 절대성을 합리적 확실성으로 새기려는 합리주의뿐 아니라 이를 신비적 초월성으로 그려내려는 신비주의 역시 인간이 삶에서 궁극적 안정과 안전을 확보하려는 욕망에 뿌리를 두고 있으며, 그러한 욕구가 동일성의 원리에 따라 교리적 신관의 군림으로 드러난 것이다. 다시 말해서 동일성으로 표방되는 불변성이 완전성의 핵심이며 곧 안전의 근거가 된다는 신념에 있어서는 양대 전통 사이의 차이가 별다른 비중을 지니지 못할 정도로, 그러한 신관이 종교와 철학, 그리고 신학을 지배적으로 관통하였을 뿐 아니라 결국 이와 같이 교리의 형식으로 정형화하기에 이르렀던 것이다.

그러나 그렇게도 동일해야 할 것 같은 초대신학의 교리들은 중세로 넘어가면서 더욱 다양한 갈래들을 이루어나갔다. 그리스도교의 태동으로 새로이 열리게 된 중세는 합리주의와 신비주의로 대조를 이루는 형이상학이라는 전통을 고대로부터 물려받으면서도 신의 인격성에 걸맞은 제 삼의 요소를 더 필요로 하게 되었기 때문이다. 즉, 인격성과 이에 근거한 자유에 대한 설명을 위해서는 지성이나 감정으로는 충분하지 않았기 때문에 의지라는 요소를 등장시키지 않을 수 없게 되고 여기서 드디어 의지주의가 형성되었다. 필연성을 본성으로 하는 지성(합리주의)이나 불가피성을 본질로 하는 감정(신비주의)에는 우연성과 임의성을 특질로 하는 자유 및 그 자유의 발현체인 의지가 자리 잡을 수 있는 여지가 없기 때문이었다. 따라서 합리주의와 신비주의, 그리고 이 영원한 평행선을 헤집고 들어갈 의지주의라는 삼각구도가 이미 중세 중후기에 완성되었던 것이다.

그런데 여기서 우리가 주목해야 할 것은 '무엇'의 동일성을 충족시키기 위한 교리화의 노력들이 다양한 갈래의 전통 안에서 그 동일성과 충돌할 수밖에 없는 결과를 초래하게 된 역사가 우리에게 말하는 바가 무엇인가 하는 점이다. 동일성의 원리를 신화로 모시는 교리는 이미 스스로 자가당착에 빠질 수밖에 없는 구조적 모순을 그 생리로 지니고 있다. 왜냐하면 '무엇'이라는 것이 '어떻게' 없이는 어림도 없을 뿐 아니라 더욱이 그 뿌리에 이미 '왜'를 깔고 있기 때문이다. 또한 그럼에도 불구하고 동일성의 신화에 대한 맹목적인 신뢰에 사로잡혀 '무엇'에만 골몰한 나머지 그렇게 앞서 버티고 있는 '어떻게'와 그 아래 깔려 있는 '왜'를 보지 못했기 때문이다. 게다가 앎 이전의 있음에 대한 환상, 이른바 있음이라는 이름의 주술성 때문이다. 따라서 이제는 신관의 절대성과 이에 따른 교리의 동일성이란 어느 시대에도 결코 이루어져 본 적이 없었던 허구요, 불안정성을 극복하려는 원초적 욕망에 의해 부질없이 그려진 허상일 뿐이라는 점을 더 이상 숨기려고 하지 말아야 할 것이다. 신관이란 어쩔 수 없이 인간관의 반영이라는 해석학적 통찰에 대해서는 어떠한 시대나 지론도 예외일 수 없기 때문이다.

2) 근세신학의 고백적 신(앙)관: 있음이 앎에 잡히는 만큼

고전신학의 교리적 신관에서 신은 지고의 지성으로 모셔져 왔었다. 그리고 그러한 신에 대한 인간의 관계는 지성적인 차원에서 교리를 받아들이고 승인하는 방식을 기본으로 하고 있었다. 말하자면 교리적인 신 관념이 신앙관에도 그대로 받아들여졌던 것이다. 그런데 근대를 여는 합리적 사고가 사상계를 지배하게 되면서 교리적으로 선포된 것을 무조건 받아들여야 하는 중세의 굴레를 벗어나게 되었다. 흔히 근대정신을 얘기할 때면 데카르트 사상을 그 시작으로 본다. 즉, 중세에서 근대로 넘어오면서 객관적으로 어떠하다는 것보다 주관적으로 인간이 어떻게 생각하느냐가 중요하게 된 것이다. 이제 예전에는 습관적으로 받아들였던 것을 의심하기 시작했다. 같은 맥락에서 근대정신의 산물이라고 할 수 있는 루터의 종교개혁은 서구 그리스도교뿐 아니라 일반 역사에서도 큰 획을 그었다. 종교개혁 이전 중세는 참된 진리는 오직 하나이고 교회도 하나이며 국가도 하나이어야 한다고 생각했다. 그리스도교 신앙의 단일성이 교회와 국가와 사람을 지배하던 시기였던 것이다. 그런데 종교개혁은 이 거대한 단일성을 깨뜨린 사건이었다. 따라서 근세신학을 여는 종교개혁운동이 주지하다시피 '오직 ~만으로'라는 구호로 집약될 수 있을 만큼 단호한 의지의 결집이었다는 점이 가리키는 바는 실로 지대하다. 전통적으로 숭앙되었던 지성적·교리적 신관으로부터 벗어나는 변혁을 의미하기 때문이다. 이제 종교개혁운동의 의지주의적인 정서로 인해 신 관념은 지성적이기보다는 의지적인 성격을 더욱 강하게 띠게 되었고 그러한 신에 대해 인간이 지니는 관계도 동일 교리에 대한 지적 수용보다는 의지적 고백의 형태로 변화하게 되었다.

이러한 흐름의 반영으로 개혁 이후 서방교회 안에서만도 저마다 참된 진리를 가지고 있다고 하는 세 개의 종파가 생겼는데 루터파, 츠빙글리와 칼뱅으로 이어지는 개혁파, 과거의 전통을 잇는다는 로마 가톨릭이 그것이다. 세 개의 종파들이 피를 흘리며 싸우다가 1555년 독일 아우구스부르크 종교회의를 통해 진리가 하나가 아니라 여럿일 수 있다는 평화협정을 맺기에 이르렀다. 이러한 상황에서 근대를 특징짓는 신학 사조 중 하나인 경건주의는 이러한 종교개혁의 맥을 잇고자 하였으며 교리논쟁에서 벗어나 삶과 실천으로 방향을 전환한 운동이었다. 경건주의 창시자로 불리는 아른트와 슈패너의 말을 들어보자:

> 아른트 당시까지 사람들이 교리의 순수성을 위해 힘을 다 쏟고 그 순수한 교리를 교파 간의 논쟁에서 방어하려고 노력했다면 아른트는 그 강조점을 삶에 두었다. 이것은 신앙적 사고를 순수한 교리로부터 경건한 삶으로 옮긴 방향전환이었다. 이로써 아른트는 17세기에 시대를 구분하는 획을 그었고 경건주의적인 믿음의 방향에 기초를 놓았다[16]

> 그리스도교에 대한 지식만으로는 절대로 충분치 않다는 것을 사람들이 알고 익숙해지도록 해야 합니다. 그리스도교의 본질은 오히려 실천에 있습니다. 특별히 사랑하시는 우리 구세주께서도 사랑이 제자임을 나타내는 표식이라고 하셨습니다.[17]

위의 예들을 통해 살핀 바와 같이, '무엇'을 묻고 그 물음이 전제하는 불변적 동일성이라는 기준을 만족시키는 완전자로서의 신을 그려내고 이를 기준으로 인간을 스스로 불완전자로 간주하였다. 그런데 '어떻게'로 넘어가면서 앎의 유한성을 겪게 되자, 인간의 유한성을 기준으로 무한자로서의 신을 그리게 되었으니 이것만으로도 이미 혁명적인 변화라 하지 않을 수 없다. 그러나 도저히 그려낼 수 없는 무한성을 가지고 신을 무한자로 새긴다는 것이 신에 대한 인간의 유한성 고백 이외에 무엇이겠는가? 따라서 인간 자신의 불완전성에 대한 절절한 의식 없이 완전자로서의 신에 대한 '사심 없는'(?) 묘사인 교리에 바탕한 신관이 부득이 객관주의적 방식의 신앙을 전제했다면, 앎과 모름 사이의 모호한 경계에 대한 깨달음에 의한 유한성 인식에서 출발하는 신관이 무한자로서의 신 앞에서의 유한성 고백과 같은 다소 주관주의적인 형태의 신앙을 상정하는 것은 당연했다. 단적으로 신(神)에 대한 유구하고도 아련한 관심으로부터 신앙(信仰)에 대한 직접적인 관심으로의 전환이라는 종교·신학사적 사건이 이제 '무엇'으

16) Johannes Wallmann, *Pietismus*(Göttingen, 1990), pp.18~19.

17) Phillip Jakob Spener, *Pia Desideria*, hg. v. K. Aland, *Kleine Texte für Vorlesungen und übungen*(Frankfurt, 1964), p.24.

로부터 '어떻게'로, 그리고 있음으로부터 앎으로의 전환을 기축으로 하는 인식론적 반성에 의해 일어나게 되었던 것이다.

이처럼 '무엇'으로부터 '어떻게'로의 전환은 '앎 이전의 있음'으로서의 신으로부터 '앎에 잡히는 만큼 있음'으로서의 신으로의 혁명적 전환을 촉발시켰으며 아울러 그러한 신과 관계하는 인간의 관계행위로서의 신앙으로 관심의 초점을 확대시키기에 이르렀다. 이러한 전환의 역사적 의미는 실로 지대한데, 실제로 이러한 전환 이전에 벌어졌던 종교적 박해에 의한 무수하고도 무고한 순교를 현격하게 줄일 수 있었다는 데에서 더할 나위 없이 고귀한 증거를 찾을 수 있다. 동일하다 못해 하나여야 할 것 같은 '무엇'이 순교와 배교 사이에서 양자택일만을 강요하던 상황에서 이리저리 더듬을 가능성을 가리키는 '어떻게'로 넘어간다는 것은 그야말로 구원의 사건이 아닐 수 없기 때문이다. 말하자면 이러한 사상적 전환을 통한 종교적 변혁은 인간과 종교의 관계에서 종교가 지녀야 할 위치 정립에 그만큼 다가가는 성과를 이루었다는 역사적 평가를 아무리 강조해도 지나치지 않다. 물론 이러한 평가가 종교개혁에 대한 무조건적인 예찬으로 오해되어야 할 이유는 전혀 없지만 말이다.

그러나 지성으로부터 의지로의 이러한 근세적 전환은 우연한 대안적 선택에 의한 것이 아니었다. 그것은 결국 근세로부터 현대로의 전환에서 등장하는 인간의 종교체험이라는 새로운 범주를 위한 예비적인 단계로서의 의미를 지닌 것이었기 때문이다. 말하자면 이러한 근세적 전환이 제아무리 해방을 향한 변혁의 의미를 지녔다고 하더라도 '어떻게'라는 물음과 '앎 – 모름'이라는 대답의 구도에서는 믿음이라는 것이 여전히 앎에 연관되는 데에 머물렀을 뿐이었다. 믿음의 범위와 의미가 삶이라는 영역 전반에 연관되어야 한다는 신념이 본격적으로 체현된 것은 신-인간의 관계에 대한 이해를 위해 체험이라는 범주가 본격적으로 전면에 등장하게 된 현대에 이르러서야 비로소 기대될 수 있는 것이었으니 말이다.[18)]

3) 현대신학의 체험적 신(앙)관: 삶에서 있음과 앎이 얽힘으로써

'앎 이전의 있음'으로 모셔졌던 고전적인 신을 '앎에 잡히는 만큼의 있음'으로 전환시킨 근세의 역사는 당연하고도 불가피하게도 '있음과 앎의 같음으로서의 참'이라는 지위로 신을 그려내는 데에 이르게 되었다. 애당초 주어진 '있음'이 이제 전면에 등장한 '앎'을 피할 수 없다면 서로 같아져서 하나가 되는 것밖에는 다른 길이 없을 것이기 때문이었다. 그러나 바로 그러한 '같음'은 무수한 다름들을 억누르고서야 가능한 것이었으니 새로운 시대를 열게 될 격렬한 반동에 부딪칠 수밖에 없었다. 이러한 반동은 이미 반동이라는 표현이 가리키는 바와 같이 다양한 갈래들로 분출되었는데, 이것이 바야흐로 현대라는 우리 시대의 정신을 이루게 되었다. 말하자면 '참'의 틀로 신을 모시고 그려 온 역사가 급기야 '있음과 앎의 같음'에서 절정에 이르면서 죽음을 싸안고 살아가는 인간으로부터의 반동적인 몸부림에 직면하게 되었던 것이다.

돌이켜 보건대, 고대에는 근원탐구의 틀에서, 그리고 중세에는 신 이미지를 통해서 인간이 자기이해를 추구해 왔다면 인간 자신에 대해 좀 더 솔직하게 직시하게 된 것은 16~17세기에 시작된 근세에 와서다. 근세를 열어준 자연과학은 인간의 자기이해를 위한 새로운 범주로서 종래의 초자연과 확연히 구별되는 '자연'을 제시해 주었기 때문이다. 그리고 18세기에 이르러 주요 생산수단이 1차 산업의 터전인 땅으로부터 2차 산업의 터전인 기계로 옮겨가면서 전통적인 봉건체제가 붕괴하고 시민사회가 형성됨에

18) 간추린다면, 합리주의를 기조로 하는 고전시대의 지성적 신에 대한 관계가 교리적이었다면, 근세 종교개혁운동의 의지주의에 힘입어 전환된 의지적 신에 대해서는 고백적으로 관계하였고, 현대로 넘어와 낭만주의 등 감정주의적인 분위기가 고조되면서 부각된 감정적 신에 대해서는 체험을 중시하는 관계방식이 전형을 이루게 되었던 것이다. 이러한 일련의 흐름에 대한 관찰로부터 우리는 신관의 변천이 인간의 자기이해의 변화와 철저히 맞물려 있다는 것을 다시금 확인할 수 있다.

따라 '사회'라는 새로운 범주가 등장하였다. 정치학과 경제학에 이어 사회학이 모태인 철학으로부터 분리된 것이 이때였다는 것은 그저 우연한 일이 아니다. 그런데 개인과 사회의 역학관계에 대한 조정논리로서의 사회이론은 곧 사회적 변동을 주시하게 되었고 그러한 변화의 과정은 사회라는 공시성으로 설명할 수 없는 통시성에 눈을 돌리게 하였으니 여기서 '역사'라는 범주가 다음 세기인 19세기에 또 새로이 부상하게 되었다. 이제 인간은 자기이해를 구성함에 있어 자연이라는 원점에서 출발하여 사회와 역사를 씨줄과 날줄의 관계로 엮어내는 단계에 이르렀다. 이러한 근세적 유산을 물려받은 현대는 드디어 인류 문화의 다양성과 상대성을 삶으로, 몸으로 경험함으로써 바야흐로 '문화'의 시대라는 20세기를 풍미하게 되었던 것이다.[19]

자연－사회－역사라는 일련의 유한성 범주들이 귀결시킨 현대의 문화성이 다원주의로 대표되는 다름의 저항을 기조로 한다면, 역시 그 선두에는 인간 개체의 고유성에 대한 절규를 뿜어낸 실존철학이 자리하고 있음을 부정할 수는 없다. 그런데 이처럼 전통으로부터 현대를 갈라낸 분기점으로서의 실존철학은 처음에는 전통에 대한 반동 또는 저항으로서 나타났지만 점차 하나의 양식으로 자리 잡게 되었다. 종래의 형이상학과 인식론이 보

19) 간략히 살펴본 인간의 자기이해의 변천사는 곧 소위 종교 간의 관계 구성에 대한 입장들의 관계와 진화과정을 보여준다. 즉, 근원을 탐구하고 이를 절대화하는 신이미지를 즐겼던 고중세는 오로지 그것만일 뿐 다른 것은 고려될 이유가 없다는 점에서 당연한 배타주의로 귀결되었다. 그러다가 자연－사회－역사를 엮어낸 근세에 이르러 이전에는 생각도 하지 못했던 유한성과 가변성에 대해 절절한 체험이 이루어졌으며 따라서 변화과정으로서의 역사에 대해 못내 불안할 수밖에 없는 상황에서 이를 극복하고자 역사의 종말론적 성취라는 낙관론이 개진되었다. 따라서 완성을 향한 역사는 진보와 성장의 과정으로 진행된다는 관점이 환영받게 되면서 역사의 완성으로서의 그리스도교에 대해서 타종교들이 그 완성을 향한 중도의 단계로 간주되고 따라서 종국적 완성 안에 포함된다는 포괄주의가 득세하게 되었다. 그러다가 20세기 문화의 다양성 시대를 맞이하면서 문화상대주의는 종교다원주의로 자연스레 표출되었던 것이다.

편적 진리라는 이름 아래 현실의 밝은 면에 집중해 왔었다면, 이제 실존철학은 인간 자체뿐 아니라 바로 그 인간이 처한 현실의 어두운 면에 눈을 돌리지 않으면 안 된다는 것을 외침으로써 좀 더 솔직한 인간관을 엮어낼 가능성에 그만큼 다가가고 있었기 때문이었다. 다시 말하면, 종래 옹립되어왔던 '참'의 보편성을 저해할 것으로 여겨졌던 인간의 불안과 절망, 그리고 심지어 죽음이 삶의 현실을 읽어내기 위해 더 이상 도외시되어서는 안 되는 결정적인 실존적 요소로 분석되었다. 이로써 인간의 처참한 상황은 여과 없이 곧 신학의 출발점이나 터전으로 간주되었고 이제 신학은 인간의 이러한 상황으로부터 주어지는 물음을 외면할 수 없게 되었다. 현대의 시대정신과 신학 지평으로서 '삶의 체험'을 말하는 이유가 바로 여기에 있다.

그런데 현대의 시대정신의 핵심인 체험은 앞선 시대의 표징인 교리나 고백과 견주어서 확연한 차이를 지니고 있음을 주목하지 않을 수 없다. 우선 고전적인 교리는 비록 환상 또는 착각일지언정 '앎 이전의 있음'에 뿌리를 둔 것으로서 객관적인 구도를 표방한다면, 근세의 고백이란 '있음을 잡아내는 앎'의 역할에 기인한 바 주관적인 요소에 무게를 더욱 실을 수밖에 없는 것이었다. 이에 비해 체험에서 '체(體)'가 '주체 안에서'라는 조건을 가리키고 '험(驗)'이라는 것이 '객체에 의해서'를 뜻한다면 체험은 명실 공히 주체와 객체 사이의 상호관계를 아우르려는 뜻을 지닌 것으로 볼 수 있다. 말하자면 체험이란 '삶에서 있음과 앎이 얽힘으로써' 엮어지는 것이라고 할 때 앞선 시대의 교리나 고백과 견주어 인간 현실의 넓이와 깊이에 더욱 주목하여 입체적으로 접근하려는 틀이라고 하겠다.[20] 덧붙여

20) 아울러 이러한 현대의 절규들이 '있음과 앎의 같음'에 뿌리를 둔 체계를 벗어나 '삶의 다름'으로 이루어진 상황, 그리고 바로 그 상황을 살아야 하는 인간에 주목하려는 목소리라면 이러한 시대정신을 공유하는 신학의 반향으로서 삶의 여러 체험들을 파고드는 주제적인 신학을 거론할 수 있을 것이다. 예를 들어, 해방신학과 민중신학, 종교신학과 문화신학, 생태신학과 생명신학, 여성신학 등은 무엇보다도 삶의 체험적

서 이러한 전환은 지성과 감정, 그리고 의지라는 세 요소를 중심으로 돌아가던 정신의 삼각구도가 인간을 정신으로 축소시키는 환원주의로 귀결되고 말았던 근세사에 대한 비판으로부터 나오는 삶의 절규에 의한 것임은 물론이다. 말하자면 이제는 단지 지성이나 의지만이 아닌 것은 물론, 그러한 요소들이 포함된 정신만으로도 아니고 육체도 아우르는 온 삶을 믿음의 터로 깔아가려는 것이다.

이러한 흐름은 성서를 실존론적으로 이해하고 선포된 예수에서 역사적 예수 이해로 넘어가는 신학적 흐름과도 무관하지 않다. 비신화론화를 통해서 실존적 성서 이해를 이끌어냈던 불트만은 성서가 확언하는 구원사건, 즉 케뤼그마의 근거가 단지 교회의 종교적 소산이나 교리적 확신에 기초한 선포, 혹은 인식의 승인에 있는 것이 아니라 이 땅에서 온몸으로 실제적인 삶을 살았던 역사적 예수에 있다고 말한다. 그리고 믿는 사람들은 이 역사적 예수의 십자가 사건과 부활이 단순히 윤리적 실천이나 신비로운 기적의 증표로서가 아니라 자신들의 삶의 사건으로 만듦으로써 비본래적 실존이 본래적 실존으로 옮겨갈 수 있는 근거를 얻게 된다는 것이다:

> 이에 반해서 인간의 진정한 삶은 보이지 아니하고 촉감할 수 없는 실재 위에 기초한 삶일 것이다. 이러한 삶이란 자기 스스로 만들어낸 모든 안정성의 포기를 의미한다. 이것이 바로 신약성서가 말하는 '영을 따르는 삶' 또는 '신앙의 삶'이라는 것이다. …… 십자가는 제자들의 개인적인 교제 속에서 함께 살고 있었던 그리스도의 십자가였다. 십자가는 그들 자신의 삶의 체험이었다. …… 다시 말해서 기독자는 날마다의 삶에 있어서 그리스도의 사망뿐 아니라 그의 부활에도 참여하고 있는 것이다. …… 그것은 신앙을 요청하는 것이며 또한 인간이 자기를 다시 부활한 자로 이해하기를 원하느냐 원하지 않느냐 하는 질문으로 인간과 대면하는 것이다.[21]

인 주제들을 학문적 과제의 전면에 내세우는 현대적 정서를 반영하는 신학적 노작들이라고 할 수 있겠다.

21) 루돌프 불트만, 『성서의 실존론적 이해』, 유동식·허혁 옮김(대한기독교서회, 1993),

그러므로 우리는 이제 더 이상 신만을 붙들고 늘어지지 않고 신앙으로 들어오는 것은 물론이지만, 믿음을 그저 앎에만 연결시키는 근세적 사고에 머무르지 않고 죽음과 얽힌 삶에 적극적으로 잇대어야 할 과제를 안게 된다. 있음의 여부에 대해 목숨을 걸었던 교리적 신앙관이 지배했던 고전 시대로부터 앎에 기대어 믿음을 고백적 차원으로 끌어들이고자 하면서도 바로 그러한 이유로 믿음을 앎과 마주하는 정도에 머무르게 했던 근세를 지나 죽음에 이르기까지 삶의 전 영역에서 믿음의 뜻을 이루도록 승화시키는 체험적 신앙관이 드디어 자리 잡게 되었기 때문이다.[22] 그런데 온 삶이라 하니 모호하고 어려워서 믿음을 끊임없이 그 어느 부분으로 한정시키고 그 안에서 확실한 것으로 규정하려는 집요한 욕망을 떨치기가 쉽지 않은 것이 우리의 현실이다. 그러나 죽음과 얽힌 삶은 이미 그러한 삶의 모호성을 견딜 것을 요구한다. 그러한 삶에서 있음과 앎의 얽힘이라는 과정을 통한 성숙이야말로 믿음의 뜻이라면 더 이상 확신이라는 헛된 이념을 붙들고 늘어질 일이 아니라 모호성 이상의 모험을 감행하고 이를 통해 불안을 싸안으면서 결단하는 자세로서의 믿음이라는 삶을 일구어내야 할 것이다. 물론 이러한 지론이 대중들에게 장사가 잘 안 될 것이라는 우려가 적지 않지만 예수도 그 당시에 그렇지 않았던가?

31, 56, 58, 62쪽.

22) '무엇' 물음에서 비롯된 교리적 신(앙)관은 이미 교리 자체가 가리키듯이 누구에게나 동일해야 할 것을 전제하고 있는 만큼 아직도 인간을 주체로 설정하지 않은 단계이다. 그러나 '어떻게'라는 물음에 뿌리를 둔 고백적 신(앙)관은 앎이라는 행위가 전제하는 주체의 지위를 인간에게 부여함으로써 주관주의적 형태를 취하게 된다. 그리고 고백적 신(앙)관이 주관주의적 성향을 지닌다면 교리적 신(앙)관은 상대적으로 객관주의적인 성격을 띠는 것으로 간주될 수 있다. 이제 현대에 이르러 절규된 '왜'라는 물음이 요구하는 체험적 신(앙)관은 체험 자체의 입체성, 즉 능동성과 수동성을 동시에 겸비하는 특성으로 인하여 객관주의와 주관주의의 대립을 넘어서 상호성의 구도를 추구하는 것으로 이해된다. 현대신학이 그 다양한 경향과 사조에도 불구하고 신과 인간 사이의 상호관계성에 주목하는 것은 이러한 체험의 상호성에 기인한 것임은 재론의 여지가 없다.

제3장 신-학하기를 위한 틀: 모순에서 역설로

앞서 우리는 '힘-즉-신-즉-참'이라는 신학의 형성과정을 배경으로 '참으로서의 신'을 새삼스럽게 그려내려는 인간의 집요한 노력을 구조와 역사의 측면에서 살펴보았다. 말하자면, '참'을 향한 물음과 대답의 관계를 기본 틀로 하여 신관을 중심으로 신학이 전개된 각 시대의 특성들을 훑어보았다. 구체적으로, '참'을 실재로 파악하고자 했던 '무엇' 물음이 교리적 신관을 추려냈다면, '참'을 진리로 접근하겠다던 '어떻게'는 고백적 신관으로 이어졌으며, '참'을 의미로 새기려는 '왜' 물음에서야 비로소 체험적 신관이 엮어졌다. 그렇다면 도대체 오늘날 우리의 신-학하기를 위한 터전인 삶을 이루는 체험이란 과연 교리나 고백과 어떻게 다르며 또한 이것들과는 어떠한 관계를 이루는가? 과연 이와 같은 시대적 특성을 담은 구도의 전환은 도대체 무엇을 향한 것이었으며 왜 그럴 수밖에 없었는가? 앞서 이에 대해 형식적으로 논하지 않은 것은 아니지만 여기서는 그 현실적 함의를 더듬기 위해서 좀 더 구체적으로 내용적인 차원에서 논의하고자 한다. 그래야만 오늘 우리 자리에 맞갖게 신-학하기 위한 틀을 다듬고 매/만질 수 있기 때문이다.

신과 올바르게 관계하기 위하여 '참'을 추구해 온 인간의 지난한 역사가 '무엇'으로부터 시작하여 '어떻게'를 거쳐 '왜'에 이르면서 비로소 삶이 숨을 쉬고 소리를 내게 되었다는 것은 사실상 인간사의 아이러니가 아닐 수 없다. '참' 물음이란 신 물음이었고 결국 죽음을 겪으면서 갈구하게 된 힘에 대한 물음이었으니 시작부터 죽음과 얽힌 삶이 물음을 묻게 했을 것이기 때문이다.[1] 그렇다면 '참'을 향한 첫 물음으로서 '무엇'을 물은 것은 다름 아닌 죽음과 얽힌 삶이었을 텐데 도대체 왜 '왜'에 이르러서야 삶과 죽음이 전면에 등장하게 되었을까? 여러 가지 이유를 떠올릴 수 있겠지만 역시 '무엇'이 향하고 이에 의해서 충족되는 동일성의 원리에 대한 욕구가 가장 큰 이유라는 점은 두말할 나위도 없겠다. 동일성이란 영원성과 불변성, 필연성 등을 함께 일컬으면서 죽음을 넘어서는 안정욕구 충족의 기저가 된다. 그리고 바로 이런 이유로 동일성이 죽음으로 대표되는 가변성을 오히려 억누름으로써 죽음을 잊어버리게 만들었기 때문이다.

그러나 그러한 동일성의 원리란 안정욕구를 충족시켜주는 반대급부로 획일성이라는 마성을 지닌 억압의 논리였었다는 것은 인류사가 동서고금을 막론하고 밝혀주고 있는 사실이다. 결국 수많은 다름들이 같음의 횡포에 짓눌려 신음하면서 살아왔고 죽어간 역사가 그 임계점에 이르러 폭발한 것이 우리의 시대인 현대를 열게 하였다면 우리는 오늘 우리 자리에서 신-학하기를 위해서 다름들의 숨소리를 새삼스럽게 귀 기울이고 읽어내어야 하는 것은 너무도 당연한 과제이다. 아울러 그러한 다름들이란 결국 대체할 수 없는 고유성을 지니면서도 먹고 싸고 자는 일상적인 삶을 살아가는 개체적인 인간 실존들을 가리킨다고 할 때 '힘'에서 시작하여 '참'으로 포장되어 온 신도 이제는 그저 같음의 원리를 보장해 주는 보루로서만 머무를 수는 없는 노릇이다.

그렇다면 '누가－언제/어디서'가 가리키듯이 일상성과 고유성이라는 대

---

1) 교토학파의 니시타니도 이 대목에서 우리의 통찰에 동의한다: "지금까지의 종교는 전적으로 삶의 측면을 강조해 왔다. '영혼'도 삶의 측면에서 보아 왔고, '인격'과 '정신'도 삶을 기저로 하여 포착해 왔다. 그런데 삶은 처음부터 죽음과 하나이다. 모든 산 것을 그대로 죽은 것으로 볼 수도 있다." 니시타니 게이이치, 『종교란 무엇인가: 종교와 절대무』, 정병조 옮김(대원정사, 1993), 90쪽.

조적인 성질을 함께 지닌 '서로 다른 인간'이라는 이해에는 어떻게 이르게 되었는가? 그리고 이때 결국 신을 가리킬 '참'은 어떻게 새겨졌는가?

먼저 인간관의 변천사를 살펴보자. 인간의 자기이해는 역시 고중세에는 '참'을 향한 '무엇'에 대해서 스스로를 무색투명의 존재로 전제하는 데에서 시작했다. 말하자면 '무엇'만이 홀로 독야청청했을 뿐 '누가'는 억눌렸어야만 했었다. 그러나 숙지하는 바와 같이 자연과학이 선도했던 근세의 여명과 함께 '앎'이라는 행위가 불가피하게 개입할 수밖에 없다는 것을 깨닫게 되면서 '어떻게'라는 물음을 하게 되고, 이로써 이제 인간은 그 스스로를 둘러싼 것들을 대상으로 설정하는 주체를 가리키는 '누가'로 등장하게 되었다. 말하자면 '무엇'의 지배 아래 덮여져 있었던 '누가'가 '어떻게'를 물으면서 '무엇'과 마주하게 된 것이다. 이로써 '어떻게'를 고리로 하여 '누가'와 '무엇' 사이에 주객구분 구도가 설정되었는데, 이것이 곧 근세를 고중세와 확연하게 구별하는 결정적인 준거였다.

그럼에도 불구하고 여기서 등장한 '누가'는 '무엇'과 마주해야 하는 역사적 사명을 감당하기 위해 부득이 앎의 주체라는 자리에 머물러야 했었다. 말하자면 '언제'와 '어디서'로 이루어진 삶의 주체이기에는 '무엇'의 동일성이라는 서슬 퍼런 칼날의 위세가 너무도 강했던 것이다. 그러나 그런 세월이 오래갈 수는 없는 법! 앎이라는 것이 그냥 아무런 배경이나 동기 없이, 그야말로 사심 없이 주어지는 것이 결코 아니었으니 앎의 뿌리가 결국 삶이었기 때문이다. 게다가 삶이라는 것이 어디 그냥 삶이던가? 죽음과 떼려야 뗄 수 없는 관계인 것은 앞서 등장했던 있음과 없음, 앎과 모름 등의 그것과도 애당초 달랐으니 삶은 이미 죽음과 그렇게도 얽혀 있었다. 그리고 그토록 당연한 비밀은 이제 차라리 인간의 해방을 위해서라도 더 이상 덮이고 숨겨질 수 없었으니 바야흐로 우리의 시대인 현대가 서주를 울리게 되었던 것이다. 아울러 이제 삶과 죽음의 얽힘은 저마다의 고유함을 일상으로 엮어내는 인간이라는 그림을 당연하면서도 새삼스럽게 그려내게 되었다.

그런데 인간의 자기이해가 현대에 와서 이르게 된 '삶과 죽음의 얽힘'은 급기야 '참' 자체의 그림에도 혁명적인 변화를 일으키게 되었다. 즉, '참'을 향한 물음에서 '무엇'은 '있음'과 '없음'을 상호모순적인 관계로 엮었다면, '어떻게'는 '앎'과 '모름'을 정비례와 반비례 관계의 혼재적인 모호성으로 그려낸 반면에, '왜'에 이르러서는 '삶과 죽음의 얽힘'이 가리키듯이 모순을 역설로 승화시키게 되었기 때문이다. 그런데 '삶과 죽음의 얽힘'이란 앞서 물었던 바 현대라는 시대정신의 지평인 체험의 핵심구조이고 내용이다. 그렇다면 이러한 지평 위에서 '있음과 앎의 같음'과 '삶의 다름'은 더 이상 대립에 머무르지 않고 양자 사이의 경계를 허물음으로써 무모순율을 숭상하는 교리적 관점이나 다소의 주관적 모호성을 싸안은 고백적 구도와는 확연한 차이를 드러낸다. 아울러 이러한 양자택일적인 모순으로부터 상호공속적 역설로의 전환은 종국적으로 온갖 형태의 억압으로부터 인간을 자유하게 하는 '참'의 본래 뜻을 향하는 데에 그 근본적인 목적을 두고 있음은 물론이다.

그렇다면 구체적으로 어떻게 평면적 모순으로부터 입체적 역설로의 전환이 이루어지는가? 이를 풀어가기 위해 '참'에 대한 전통형이상학의 결론인 '있음과 앎의 같음'에서 출발해 보자. 이 공식에 따르자면, 있는 대로 알고 아는 대로 있는 것이 바로 '참'이다. 그런데 여기서 관건은 '같음'의 방식이다. 그 같음이 어느 일방에서의 주도권에 의한 것이라면 결국 중심주의나 환원주의로 전락할 수밖에 없을 것이다. 말하자면 참된 뜻에서의 동일성이라기보다는 오히려 우리를 옥죄는 획일성일 수밖에 없다. 따라서 이를 '참'이라고 할 수는 없는 노릇이다. 그렇다면 어떻게 해야 하는가? '삶과 죽음의 얽힘'이라는 인간의 현대적 자기이해에서 한 실마리를 끌어낼 수 있지 않을까 한다. 즉, 그동안 '있음과 앎의 같음'이라는 구실로 '삶의 다름'이 마구 난도질당해 왔었다는 점을 직시함으로써 그 깎여버려진 것이 그 자리에서 다시 드러나게 하자는 것이다. 다시 말하면 '있음'이라는 것은 그 안에 '없음'이 질펀하게 드리워져 있는 것인즉, 그것을 '있기만 한 있음'

으로만 보지 말고 '없음' 또는 '비어 있음'과 하나인 자리에서의 '있음'으로 읽자는 것이다.[2)] 교토학파의 니시타니도 같은 맥락에서 설명한다:

> 유즉무(有卽無)니 색즉시공(色卽是空)이니 하는 말은 한편에 유를 두고 다른 편에 무를 두어 나중에 그들을 연결하는 것이 아니다. …… 유즉무란 오히려 '즉(卽)'에 서서, '즉'에서 유를 유로서, 무를 무로서 본다는 의미이다.[3)]

2) 예를 들면, 인간이나 사물이 있다고 할 때, 그것이 주어와 술어의 결합으로 표현되는 한 사건 안에서 대체로 명사로 묘사되어 왔던 역사를 돌이켜 보자. 각종 사물들을 지칭하는 일반명사로부터 대체할 수 없는 유일성을 지닌 고유명사에 이르기까지 실로 명사는 개념화를 위한 명백성의 견지에서 여타 품사의 추종을 불허하는데, 바로 이런 이유로 대체가능성과 모호성으로 인해 다소 열등한 것으로 간주되었던 동사나 형용사 등과는 비교도 되지 않는 융숭한 대접을 받아왔다. 그러나 인간은 물론 하나의 사물조차도 그것이 단순히 사물이기만 한가? 즉, 명사적 정태성이 그 본래적 성질인가? 아니 오히려 어떠한 사물도 이미 '있다'로 표기되어야 하는, 즉 반드시 동사를 취해 주술관계를 이루어야 하는 사건이 아니던가? 말하자면 명사도 원초적으로는 동사가 아니던가? 잠정적으로 명사화된 것의 원초적 동사성을 회복시키는 것이 관건이라면 바로 여기에서부터 '본래대로 드러나게 함'에 대한 실마리를 얻을 수 있다. 즉, 다소 거칠고, 그래서 모호하고, 따라서 불편하고, 심지어 불안하더라도 애당초 사건이 지니는 역동성을 향해 최대한 가까이 가기 위해서 동사, 형용사, 부사 등을 — 명백성이라는 구실로 명사로 포장하지 말고 — 그대로 드러내야 하는 것이다. 사실 사물이 본래 사건이라면, 그래서 원초적으로 동사를 취하는 주술부적 서술을 필요로 한다면 사물을 지칭한다는 명사란 실로 잠정적인데, 이것이 그 명백성을 뽐내면서 영속적인 것으로 둔갑하는 바람에 오늘날과 같은 비극이 벌어졌던 것이다. 달을 가리키는 손가락이 달을 빙자하더니 어느덧 달로 둔갑하는 것과 같은 이치이다. 여기서 '달'이 앎 이전의 있음을 가리킨다면 '손가락'은 그러한 있음을 있음으로 드러내는 앎에 해당한다. 그런데 손가락이 달로 둔갑하는 것은 앎을 의식하지 못한 채 있음을 우상화시키는 것에 비견될 수 있다. 그러한 우상을 파괴하기 위해서는 무엇보다도 손가락이 달로 둔갑되려는 유혹을 넘어서는 것이 중요하다. 그러기에 손가락이 달이 아니라 손가락임을 스스로 파악할 수 있는 본래의 자리를 회복시키는 일이 시급하다. 말하자면 '있음 – 즉 – 없음'이란 있음이나 없음으로 고정됨으로써 평면적으로 명사화되는 안이함 뒤에 깔려 있는 억압성을 직시하고 이로부터 해방되어야 하는 과제의 필수성을 역설하려는 발악의 소산이다.

마찬가지로 '앎'이라는 것도 그 '앎'이 '모두 다 아는 앎'일 수 없을진대, 이미 그 '앎' 안에는 '알 수 없음'을 포함한 '모름'이 어딘지 모르게 돌아다니고 있음을 직시할 일이다.[4] 니시타니의 다음과 같은 통찰도 이를 말하고 있다:

> 사람은 인간이나 물체에 이름을 붙인다. 그래서 이름을 알면 그것을 안 것처럼 생각한다. 또 한번 어딘가에서 '본 일이 있다'는 생각만으로 벌써 그것을 알고 있다고 판단한다. …… 그러나 모든 것은 원래, 본질적으로 (즉 그것이 허무 위에서 존재하고 허무 속에서 현성하므로) 이름 없는 것, 이름 붙일 수 없는 것이며 또 보아서 알 수 없는 것이다.[5]

---

3) 니시타니 게이이치, 『종교란 무엇인가: 종교와 절대무』, 정병조 옮김(대원정사, 1993), 151쪽.

4) 구체적으로, 앎의 표상인 개념화라는 미명 아래 자행되는 모든 규정은 '~이다'라는 형식으로 표현되는 본질 규정으로서 동시에 한정이다. 그런데 이 한정은 이중적인데 그 이유는 규정은 규정되는 것을 그렇게 규정되는 것 이외의 것으로부터 분리시키고 외적으로 제한할 뿐 아니라 또한 규정된 것 안에 들어있는 그것 아닌 것을 그렇게 규정된 것으로 묶어버림으로써 내부적으로도 한정하기 때문이다. 그래서 규정은 부정이라고 하지 않았던가? 바로 이런 이유로 규정, 즉 긍정이면서 동시에 부정인 규정은 규정에 포함되지 못하는 것에 대해서 무차별적으로 배제하는 폭력을 불가피하게 행사하게 된다. 예를 들면, 여기에 하나의 펜이 있다고 하자. 물론 이 펜이라는 사물도 하나의 사건이니 앎의 차원에서 보면 '이것은 펜이다'라는 주술형식으로 표현된다. 그런데 이러한 본질규정은 과연 그렇게 지칭되는 이것을 이루고 있는 요소들을 남김없이 모두 담고 있는가? 만일 그렇다면 그렇다고 할 수 있는 근거는 무엇인가? 그러나 사실 그렇지 않고 그렇지 못할진대, 그럴 수 없는 이유는 무엇인가? 그 펜 안에 '펜 아닌 것'이 도사리고 있을지도 모르기 때문이 아닌가? 그렇다면 결국 '~이다'라고 안다는 것도 역시 그 안에 '~이 아니다'로 표기되는, 즉 그 앎을 부정하는 모름이 드리워져 있다는 것을 부정할 수 없지 않겠는가?

5) 같은 책, 156~157쪽. 그는 이어서 다음과 같이 예리한 비판을 제시한다: "그 허무의 실재가 이제 이름을 기본 요소로 하는 일상의 세계 속에서 가려지며, 그 속에서 존재의 '근본'이 잊혀져 간다. 그래서 우리를 둘러싸고 있는 세계는 모두 알 수 있거나 친근한 것, 혹은 알아서 친근할 수 있는 것만의 세계가 된다. 즉, 너무 '일상적인' 세계가

바로 이런 이유로 '앎'이란 '알 수 없음'을 포함하는 '모름'과 하나인 자리에서의 '앎'일 수밖에 없고, 이러한 점을 직시하는 것이 사태 자체에로 근접하는 길이라는 것이다. 말하자면 모름과 하나인 앎이란 모름을 안다는 것, 즉 뭘 모르는지를 알고 더 나아가서 앎의 경계 너머의 알 수 없음을 깨닫는다는 것을 뜻하는 것이다. 일찍이 동서고금을 막론하고 '무지(無知)의 지(智)'라는 통찰이 깊이 자리 잡았던 것도 이러한 맥락이다.[6)]

나아가 이렇게 추려진 '있음-즉-없음'과 '앎-즉-모름'은 '무엇'과 '어떻게'라는 물음들이 하나의 뜻만을 지닌 명사로 대답될 수 없다는 것을 가리킨다. 그럴 수 있다는 착각과 그래야 한다는 고집이 그동안 난립하는 대답들 사이의 평면적 모순 관계를 엮어내어 왔었다면 이제 '삶과 죽음의 얽힘'은 명사적 개념으로 깔끔하게 다듬어져 왔던 '있음'과 '앎'을 본래대로 드러내기 위해 거칠고 모호하더라도 동사로 되돌아갈 것을 요구한다. 결국 '있음'이나 '앎'은 겉보기의 반대말인 '없음'이나 '모름'과 대립하는 개념적 명사가 아니라 그러한 대립적 요소를 포함하는 동사이기 때문이다.

된다. 그러나 그 친근은 수렁이다." 그렇다! 그 친근은 우리로 하여금 세계를 우상화하고 자기를 절대화하면서도 그렇게 하는 줄을 전혀 되돌아보지 못하게 하는 수렁인 것이다. 우상주의와 자기중심주의가 얽힐 수밖에 없는 구조적인 생리가 바로 여기에 있다.

6) 돌이켜보건대, 자연과 사회, 역사, 문화가 그렇고 인간이 그렇지 아니한가? 단지 우리는 그동안 잡아낼 수 없는 현실의 역동적 얽힘을 잡아낼 수 있는 줄로 착각하다가 '있음'과 '없음'을 서로 모순되는 것으로 찢어 놓음으로써 안심해 왔었고, '앎'과 '모름'을 서로 양립 불가한 것으로 떼어놓고서 '모름'을 정복할 수 있다는 무식한 용기를 가질 수 있었다. 그러나 바로 그 안심과 용기 때문에 우리는 '없음'을 모르게 되었고 '모름'을 없애 버렸다. 하지만 이러한 '없음의 모름'과 '모름의 없음'은 날아다니는 나비를 잡아 고정시켜 관찰하고 급기야 박제화해서 탐구함으로써 나비의 본질이 간파될 수 있다고 읊조리는 것일 뿐이다. 앞서 말한 이름의 주술성이란 바로 이를 가리키거니와 박제화된 나비가 날아다니는 나비와 전혀 무관하지는 않겠지만 생동성이 아니고서는 도저히 설명될 수 없는 나비의 날아다님을 얼마나 반영할 수 있을까? 아니 과연 가능하기나 할까?

그리고 '있음'과 '앎'을 '같음'으로부터 해방시켜야 하는 이유가 바로 여기에 있다.

그러나 궁극적으로, '있음-즉-없음'과 '앎-즉-모름'은 오히려 이를 요구하는 원초적 지평인 '삶-즉-죽음'으로부터 비롯된 것이라고 해야 할 것이다. 인간이란 어디까지나 죽음의 가능성을 싸안고 있는 가련한 삶일진대 당연하게도 그 삶은 죽음과 하나인 삶이기 때문이다. 그러기에 김균진은 막스 쉘러(Max Scheler)의 사상을 살피면서 '죽음이 단순히 삶의 바깥에 놓여진 사건으로 끝나는 것이 아니라 인간의 삶을 구성하는 것으로서 죽음의 지향성(Todesgerichtetheit)을 포함한다'[7]고 말한다. 즉, 죽음은 삶의 마지막에 일어나는 사건이 아니라 삶 자체와 함께 진행되는 것으로서, 죽음의 지향이 곧 삶의 지향 자체라는 것이다. 앞서 인용되었던 니시타니도 이 대목에서 소중한 통찰을 읊조린다:

> 모든 것은 그 여실한 모습에서 삶의 방향과 죽음의 방향의 교차점이라고 할 수 있다. 말하자면 삶과 죽음, 존재와 허무를 일종의 이중사(二重寫)로 볼 수 있다. 그러나 …… 존재와 비존재는 어떤 것 속에서 마치 양적인 부분처럼 혼합된 모습은 아니다. 또한 삶이 다한 곳에 죽음이 성립한다든가, 존재가 소멸할 때에 허무가 나타난다는 것도 아니다. 삶은 어디까지나 삶이고 죽음은 어디까지나 죽음이면서 하나의 어떤 사물로 현성하는 것이다. 따라서 삶이 그대로 죽음으로 보일 수도 있다. 그러한 존재 방식을 삶 즉 죽음, 죽음 즉 삶이라 부를 수 있는 것이다. 만일 그렇다면 그러한 '사물'의 현실상을 어디까지나 떠나지 않고 끝까지 삶 즉 죽음, 죽음 즉 삶으로 보는 태도는 지극히 당연하게 생각된다.[8]

그럼에도 불구하고 '참'이라는 미명 아래 없음을 배제한 있음을 상정했

---

7) 김균진, 『죽음의 신학』(대한기독교서회, 2002), 22쪽.

8) 니시타니 게이이치, 『종교란 무엇인가: 종교와 절대무』, 정병조 옮김(대원정사, 1993), 147쪽.

던 것은 실재적 동일성에 대한 허상적 집착에 기인한 바일 따름이다. 아울러 모름을 배제한 앎이란 배제된 모름을 모르는 것, 즉 뭘 모르는지도 모르기 때문에 앎의 보편적 동일성이 구현될 수 있다고 착각하는, 지극히 알량스럽고 가련한 앎일 수밖에 없다. 그러기에 모순을 무릅쓰면서까지 일방적인 횡포를 일삼았던 있음과 앎, 그리고 이것들의 같음이라는 이름의 우상을 이제는 삶의 다름이라는 망치로 깨부수어야 한다. 이제 '참됨'이란 '죽음과 하나인 삶'에서 '없음과 하나인 있음'과 '모름과 하나인 앎'의 얽힘이라고 추려지기 때문이다.[9] 바야흐로 평면적 모순으로부터 입체적 역설로의 승화이다. 아울러 모순에 대한 양자택일에 의한 일방성으로부터 대립을 아우르는 역설이 가리키는 상호성으로의 전환이다.[10]

---

9) 이렇게 '참'을 향한 '있음－없음'/'앎－모름'/'삶－죽음'의 역설적 조합은 서양의 경우에는 특히 신비주의 전통 안에서 '대립의 일치(coincidentia oppositorum)'라는 방식으로 구현되었다면, 동양의 비이원론적 논리에서는 즉비(卽非; sive-not)의 형식으로 귀결되었다. 예를 들면, 니시타니는 있음(실체)이 앎(의식)의 장에서 표상되는 대상으로 제한되거나 왜곡될 수밖에 없고 이를 벗어나려 해도 벗어날 수 없는 죽음(허무)의 장에서 발버둥치는 삶(주체)일 수밖에 없다는 점을 통찰하고서는 삶－즉－죽음의 장(공)에서 있음－즉－앎(자체)의 현성을 말한다. 여기서 결국 '참'을 뜻하게 되는 자체를 가리키는 '있음－즉－앎'은 '삶－즉－죽음'이라는 장에서의 사건일 뿐 아니라 장과 사건 사이의 구별조차 실체적인 것이 아니라면 죽음도 없어 당연히 삶도 없는 서구근세의 결론으로서의 '있음과 앎의 같음'과는 전혀 다른 것임을 주목해야 할 것이다.

10) 있음은 없음에 의해 제한되고, 또한 없음은 있음에 의해 규정되니 상호 간 유한성의 고리를 형성하는 것은 불가피하다. 그러나 없음이 없는 있음이기만 하다면 그 있음은 꼼짝달싹할 수 없는 고정성을 뜻할 뿐이고 없음도 있음이 없이는 무한 광대하여 바닥 모를 심연을 가리킬 뿐이다. 따라서 있음은 없음으로 인해 변화의 가능성을 입게 되고 없음은 있음으로 인하여 움직임의 꺼리를 취하게 된다. 말하자면 있음과 없음은 서로 간에 한계를 주면서 동시에 서로 간에 움직이게 하는 관계를 지닌다. 그리고 이러한 관계는 앎과 모름에 대해서도 적용된다. 그러나 있음과 없음, 앎과 모름의 그러한 관계는 궁극적으로 삶과 죽음의 얽힘에서 비롯된 것임은 두말할 나위도 없다.

이제 이러한 역설적 상호성의 지평에서는 '참'으로 모셔지는 신이 초월과 내재뿐 아니라 전능과 무력성, 정의와 사랑, 심지어 선과 악 사이의 평면적 모순을 넘어서는 방식으로 새겨지게 되는 것은 당연한 소이다. 신성(神性)의 이러한 역설적 합일은 인위적 대립 개념들의 작위적 동치와 같은 언어적 유희가 아님은 물론이지만 무엇보다도 어떠한 형태와 방식으로도 신성이 형상화될 수 없다는 우상숭배 금지의 준엄한 원리를 가리킨다. 말하자면 신성의 역설이란 되돌아 새기지 않으면 빠질 수밖에 없는 집요한 우상화로의 본능적 유혹에 대한 엄중한 경고의 뜻을 지닌다. 아울러 인간에 대해서도 삶과 죽음의 역설적 얽힘이란 자기를 비우는 것이 곧 자기를 이루는 것이라는 역설적 자유를 가리킨다. 이럴 때에만 인간은 동일성의 족쇄로 인한 억압으로부터 벗어나 불안하고 험난하더라도 결코 포기할 수 없는 자유를 향할 수 있겠기 때문이다.[11] 그리고 이것이 바로 죽음 너머 '힘'을 갈구했던 인간이 '신'을 만나면서 애써 '참'으로 새겨냈던 뜻이 아닐까 한다. 말하자면 '참' 물음의 구도적인 전이를 통하여 개진된 바 '있음과 없음의 모순'이라는 원리적 공식으로부터 '삶과 죽음의 역설'이라는 현실적 통찰로의 혁명적 전환은 신에 대한 우상 파괴와 인간에 대한 자기부정이라는 '탈종교화'의 당위성과 가능성을 제시해 준다. 인간에게 종교가 어떤 뜻이라도 지닐 수 있으려면 바로 우상숭배와 자기 확인을 부추기는 종교를 넘어서야 하기 때문이다. 그러기에 우리가 우리에게 맞갖은 신-학하기를 원한다면 삶의 역설이 요구하는 파괴와 부정을 통한 '탈종교화'라는 과제에 대해 새삼스럽게 주목해야 할 것이다.

---

11) 교토학파의 니시타니가 읽은 서양 신비신학의 에크하르트도 이 대목에서 깊이 연관된다: "에크하르트는 신과 인간의 인격적 관계를 영혼 속에 서 있는 '신의 모습'과 그 '원래 모습'과의 살아 있는 관계로 포착하고 있다. 그리고 전혀 '상 없는' 신성, 즉 어떤 상도 없는 신의 '본질'을 '무'라고 부르고 그 신성의 무와 전적으로 하나가 됨으로써 영혼은 자기에게로 돌아가서 절대의 자유를 얻는다고 생각하였다." 니시타니 게이이치, 『종교란 무엇인가: 종교와 절대무』, 정병조 옮김(대원정사, 1993), 153쪽. 그리고 길희성, 『마이스터 엑카르트의 영성 사상』(분도출판사, 2004)도 참조.

2

서구신학 방법론을 되/씹으며

앞서 제1부에서 우리는 서구정신문화사에서 '힘 - 즉 - 신 - 즉 - 참'을 그리고 새기는 과정을 살펴보았다. 그리고 그러한 역사에서 '신'과 '학'이 만나 '신학'이 형성되고 전개되는 과정을 나름대로의 틀로 훑어보았다. 아울러 이를 토대로 우리 자리에서의 신학하기를 위해 서구사상체계에 대한 재구성도 시도해 보았다. 현대정신의 핵심인 관계성의 논리를 드러내기 위해서 일방성으로부터 상호성으로의 전환에 특별히 주목하였고, 그 구체적인 수행을 위하여 모순으로부터 역설로의 전환이라는 내용적 차원에 대한 통찰도 포함하였다.

제1부의 이러한 해석과 재구성을 토대로 이제 제2부에서는 현대 서구신학에서 개진된 방법론들에 대하여 분석하고 비판적으로 검토하고자 한다. 그런데 이에 즈음하여 우선 신학하는 방법에 관한 본격적인 논의가 의외로 적다는 점에 주목하지 않을 수 없다. 물론, 그 이유에 대해서 짐작하지 못할 바는 아니지만 어쨌든 신학을 하는 데 내용에 비해 방법이나 형식에 적은 비중을 둔다는 것은, 신학에서 자기성찰에 대한 인식이 그만큼 결여되어 있는 것이라고 볼 수 있다. 신학이 신앙과 지니는 관계에 대해서도 다양한 입장들이 있겠지만 때로 신앙이나 심지어 계시에 대한 오해로 인해 종교적 자기성찰을 불신앙으로 몰아 부치는 경박한 분위기가 큰 몫을 하지 않았을까 한다. 그러나 바로 이러한 상황에서야말로 신과의 관계에서 인간 자신을 돌아보지 않으면 빠지는 줄도 모르고 빠질 수밖에 없는 신에 대한 우상화와 인간의 자기절대화라는 결정적 오류들을 드러내기 위한 방법에 대해 검토할 필요가 있다. 말하자면 방법론은 단순히 내용을 다루기 위한 기술적인 문제라기보다는 내용과 불가분리의 관계에 있는 형식, 즉 틀에

관한 것으로서 신학에서 무엇보다도 신-인 관계의 구성이라는 가장 근본적인 구도에 관한 논의라는 점은 재론의 여지가 없다. 어떠한 신학사조들이 어떠한 내용을 주장하든지 그 뿌리에 깔려 있을 수밖에 없는 신-인 관계에 대한 기본적인 설정이야말로 그 내용의 적실성과 의미를 가늠할 수 있는 결정적인 잣대이기 때문이다. 따라서 비록 그 접근의 동기와 출발은 매우 다른 듯이 보이더라도 신학방법론에 관한 논의들은 이러한 신-인 관계를 핵심적인 뼈대로 하기에 이에 초점을 맞추어 방법론에 대한 논의를 분석하는 것은 마땅한 일이다.

그러나 서구신학 방법론을 곱씹는다고 하더라도 모든 방법론들을 망라할 수도 없으려니와 본 연구 전체의 틀과 꼴에 비추어볼 때 굳이 그럴 필요도 없다. 따라서 우리는 이제 신-인 관계에 대해 우선 현대의 시대정신에서 가장 주요한 형식적 특성인 상호성을 적용시키고자 한 폴 틸리히의 '조직신학(systematic theology)'에서의 상호관계방법에 대해 살피는 것으로 제2부의 논의를 시작하고자 한다. 그리고 틸리히가 신과 인간 사이의 관계를 상호성이라는 구조로 엮어내고자 했던 정태성을 넘어서 관계의 역동성을 좀 더 부각시키려고 시도한 고든 카우프만의 신과 세계 사이의 순환적 재구성을 통한 나선적 상승이라는 형식을 취하는 '구성신학(constructive theology)'도 살펴볼 것이다. 또한 이들 사이의 차이에도 불구하고 관계의 상호성이나 재구성이라는 과제가 관계를 이루는 양자 사이의 얽힘을 지향하는 것이라면, 여전히 덮여질 수 없는 양자 사이의 다름과 거리에 새삼 주목하고자 하는 시도들 중의 하나인 일상성과 비일상성을 아우르려는 샐리 맥페이그의 '은유신학(metaphorical theology)'에 대한 검토도 포함하고자 한다. 말하자면 삶의 형식인 관계성을 엮어내는 방식에 따라 정태적 상호성에서 역동적 재구성의 나선적 순환성을 거쳐, 차이에 의한 긴장이 요구하는 역설의 논리로까지의 불/연속적 전환이라는 구도로 일련의 방법론적 논의들을 분석하고 비판할 것이다. 이를 통해 우리 안의 엄연한 다름과 메울 수 없는 거리를 읽어냄으로써 이름의 주술로 이루어진 같음의 포장이 우리 스스로를 기만하는 허상임을 드러내는 길을 모색할 수 있으리라 기대된다. 이러한 작업은 제3부에서 하려는 과제에 대해 타산지석이나 지피지기임은 물론이고, 더 나아가 이미 거기에 그렇게 물들어져 버린 우리 자신에 대한 주제파악을 위한 실마리로서의 의미도 지닐 것이다.

제1장 폴 틸리히의 '조직신학'에 대한 분석과 비판*

1. 신학의 조직화로서 상호관계방법의 바탕

'신학'이라는 말은 플라톤이 그리스 신화에 나타난 인간의 종교적 심성에 대해 비판하면서 처음으로 등장하였다. 즉, 신학이란 종래의 신화적 상징들이 점차로 상승하는 인간의 자기 인식과 충돌하게 되면서 이를 조정하기 위한 시대적 요청에 부응하고자 나타나게 된 것이다. 따라서 신학은 궁극자와 인간의 만남을 묘사하기 위한 본래의 상징들이 인간 자신의 체험과 더는 조응하지 못하게 될 때, 이러한 상징들이 새로운 상황에서 의미를 지니도록 하기 위해 재해석하는 작업이라 할 수 있다.[1] 이때 신학은 종교

---

* 이 장은『신학논단』, 39집(연세대학교 신과대학/연합신학대학원: 2005.2)에 게재되었던 논문이다.

1) 무릇 신의 절대성으로 표상되는 힘에의 추구라는 것이 인간 자신의 덧없음에 대한 절절한 체험으로 인하여 인간이 그러한 덧없음을 넘어서는 영속성을 지닌 것을 더듬음으로써 촉발된 것이라면 그 첫 경험은 두려움과 이끌림의 얽힘인 거룩함에 대한 체험에서 시작되었다고 보아도 좋을 것이다. 현대의 고등문화이든 원시문화이든 공통적인 출발점이 바로 종교라는 점은 이를 입증해 주기에 충분하다. 그러나 그러한 '거룩함에 대한 외경(畏敬)'은 그 자체로서 너무도 홀연한 신비인지라 어떠한 방식으로든지 영상화하려는 움직임으로 나타나게 되었고 이는 곧 '아름다움에 대한 동경(憧敬)'으로 이어졌으니 예술이 바로 그것이다. 원시종교에서도 음악이나 미술 등의 예술적 영역이

적 경전의 원초적 상징들과 그러한 상징들에 연관된 인간의 이해를 체계적인 반성의 틀 안에서 함께 재구성하게 된다. 그런데 여기서 주목할 것은 이러한 작업이 호환적으로 이루어진다는 점이다. 한편으로 신학은 종교적 상징들의 견지에서 인간 상황을 재해석함으로써 인간지평을 재구성한다. 그러나 다른 한편으로, 호교론이나 변증론에서 볼 수 있듯이, 신학은 원래의 상징들을 변화되는 상황에 전이시키는 방식을 통해서 그러한 상징들을 보존한다. 그러므로 신학이란 끊임없이 변화하는 상황에서의 보존(preservation)과 변형(transformation)의 변증법적 조합이라고 할 수 있다.[2)]

구체적으로, 그리스도교의 신학은 절박한 상황에서 나타난 종말론적 상징들을 변화하는 역사적 상황에 적응시키는 과정을 밟아왔다. 이러한 과정에서 플라톤의 철학, 그리고 후에는 아리스토텔레스의 철학을 사용했으며 한시적이며 종말론적인 상징들을 구조적인 존재론적 개념들로 다듬으면서 일상화해 왔던 것이다. 물론 신학의 이러한 노력이 없었다면 그리스도교 공동체는 '협소하고 미신적인'[3)] 파당으로 전락했을 것이며 세속사회는 이

가장 기본적인 표현방식으로 채택되었다는 것은 이를 말해 준다. 그런데 이제 인간은 그러한 예술적 표현이라는 것이 그 넓이와 깊이에도 불구하고 상징에 머무름으로써 모호할 수밖에 없다는 한계인식으로 인하여 개념화를 요구하고 되었다. 여기서 문자언어를 사용한 신화의 방식이 권선징악과 같은 도덕적 주제를 내용으로 하는 '착함에 대한 공경(恭敬)'을 표방하면서 등장하게 되었다. 그리고 그러한 신화의 단계로부터 좀 더 높은 단계의 보편성과 명료성을 필요로 하면서 비로소 이성으로의 전환을 시도하게 되었고 여기서 '참됨에 대한 존경(尊敬)'을 추구하는 학문이 등장하게 되었다고 볼 수 있다. 이와 같이 종교[聖]－예술[美]－신화[善]－학문[眞]으로 이어지는 일련의 과정이 가치의 발생과 진화의 틀이라면 우리가 여기서 관심하는 신학이라는 것이 '신과 학의 결합 사건인 것은 물론이거니와 그러한 계보적 진화의 궤적을 지닌 역사적 산물이라는 점은 새삼스러운 설명을 필요로 하지 않을 것이다.

2) James Robinson & John B. Cobb, *Theology as History: New Frontiers in Theology-Discussions among Continental and American Theologians*, vol. III(New York: Harper & Row, 1967), pp.23~27.

3) 같은 책, p.36.

를 주목하지도 않았을 것이다. 그러나 경전에 대한 우의적 해석에서 출발했던 그리스도교는 19세기에 이르러 역사비평의 도전을 거치게 되었고, 제1차세계대전 이후에는 전쟁의 대파괴를 경험하게 되었다. 신학자들은 종말론적 상징들의 견지에서 경전뿐 아니라 인간들이 사는 세계를 다시 보게 되었다. 그동안 교회 역사에서 걸림돌이 되어왔던 신약성서의 묵시적 상징들이 더 이상 재해석이나 재구성이 필요 없을 정도로 즉각적인 절박성을 띠고 다가왔다. 이처럼 급격한 상황변화를 야기한 전쟁의 전율적인 충격으로 말미암아 인간은 사회적인 틀로부터뿐 아니라 그 자신으로부터도 소외를 느끼게 된 것이다.

이러한 상황은 인간들에게 위기의식과 함께 자신들을 진지하게 되돌아보게 하는 계기를 제공해 주었고 그에 따라 다양한 신학적 진단과 처방이 나타났다. 그중에서도 현대인의 심성에 더욱 의미 있게 복음을 증거하기 위하여 인간의 상황과 하느님의 계시의 관계에 대해 밀도 있게 성찰하려는 신학적 노력이 나타났으니 폴 틸리히(Paul Tillich)의 변증신학(apologetic theology)이 바로 그것이다. 틸리히는 시대의 요청에 부응하는 복음의 재해석을 위하여 변증법적인(dialectical) 신학방법을 제안한다. 그는 종말론적 상징들을 존재론적인 개념들과 연관을 짓는데, 이것은 상징의 원의미를 상실하지 않으면서도 보편화하기 위한 것이라고 할 수 있다. 말하자면 비상시의 뜻을 일상화함으로써 그 상징들의 넓이와 깊이를 더하려는 것이다. 이러한 연관성을 위해 그는 하느님이 존재의 구조라는 보편적인 틀 안에 제한되지는 않지만 바로 그 존재의 기반이라고 함으로써 전통적인 존재의 유비(analogia entis)를 여전히 사용한다. 이 구도가 보여주듯이 그가 추구한 것은 말씀선포(kerygmatics)와 상황을 향한 변증론(apologetics)이라는 대조적인 신학방법 사이의 구조적인 균형, 바로 그것이었다. 그리고 상호관계방법(method of correlation)이란 바로 이러한 목적을 위한 방법론적 제안이었던 것이다. 상호관계성은 인간과 신의 관계를 질문과 대답의 관계로 파악한다. 또한 그 양자의 관계는 일방적인 주도권에 의해 지배되기보다는 관계라는 지평에 함께 참여하는 방식으로 엮어지는 상호성으로 이루어진다. 아울러 상호관계성은 질문과 대답뿐 아니라 형식과 내용, 그리고 철학과 신학 사이를 입체적으로 묶어낸다.

물론 상호관계성이 틸리히의 독창적인 제안이거나 전유물은 아니다. 상호성은 이미 우리 시대인 현대를 특징짓는 가장 기본적인 요소들 중의 하나이다. 역사적으로 인간이 묻고 대답을 구한다는 자의식이 아직 본격적으로 발달하기 이전인 고중세 시대는 객관주의적 일방성의 시대라 할 수 있고, 반면 인식주체로서의 자의식이 등장하기 시작한 근세는 주관주의적 일방성의 시대라 할 수 있겠다. 이에 반해 우리가 몸담고 있는 현대는 그러한 일방적 환원주의의 피폐들을 여러모로 겪으면서 일어난 반성을 거친 반동의 시대로서 가히 쌍방적인 상호관계성의 시대라고 할 수 있다. 한편 철학사적으로는 고중세를 지배한 형이상학이 객관주의적 유형에 해당한다면 근세 전기 인식론적 전환과 근세 후기에 복고한 형이상학은 주관주의적 유형에 해당한다고 하겠다. 또 현대의 삶의 철학, 실존철학, 해석학, 유물론 등 반형이상학적 반동들은 상호관계성의 유형으로 간주될 수 있겠다. 이러한 유형의 흐름에 비추어볼 때 상호관계성이 위와 같은 객관주의와 주관주의라는 일방적 환원주의를 경험하고 성찰하는 과정을 거친 시대정신의 산물이라는 점은 아무리 강조해도 모자라지 않는다.[4] 바로 이 점에

4) 신학방법론에 대한 밀도 있는 성찰을 제시한 카우프만의 분석에 따르면, 형이상학에 토대를 둔 객관주의 유형은 신학이 있음의 순서를 따라, 즉 신으로부터 전개될 수 있으리라는 소박한 구도의 1차 신학과 인식론적 전환 이후 전개되는 주관주의 유형은 앎의 순서를 따라, 즉 인식주체로서의 인간에서 신학이 시작되어야 한다는 지론을 중심으로 하는 2차 신학으로 분류할 수 있다. 말하자면 이제 '있음의 순서의 불가능성'과 '앎의 순서의 불가피성'이 확연히 정립되는 것이다. 그러나 2차 신학은 여전히 1차 신학의 객관주의에 대한 향수를 떨치지 못하여 비교의 논리를 기조로 전개됨으로써 인간의 삶과는 동떨어진다는 비판을 벗어나지 못한다. 따라서 삶의 현실에 맞닿는 신학하기를 위한 방법론이 모색되니 곧 3차 신학이라 하였다. 따라서 있음에서 앎으로, 그리고 앎에서 삶으로 시대정신의 전환이 이루어졌다면 신학의 패러다임도 역시 그러

주목할 때 틸리히의 상호관계방법의 본질에 대해서도 더욱 적절하게 이해할 수 있다. 그뿐만 아니라 우리 자리에서 맞갖게 신학하기 위해서는 서구신학을 무비판적으로 수용하는 데 머무르지 않고 주체적으로 성찰하고 재구성해야 한다. 그 과제를 위해서 이러한 인식은 필수불가결하며, 더 나아가 그 한계에 대한 비판과 극복의 대안도 모색할 수 있을 것이다.

2. 상호관계방법에 대한 논리적 분석: "있음과 앎의 대등적 상호성"[5)]

틸리히는 주저 『조직신학』의 서문에서 "변증적(apologetic) 관점에서 구성되고 철학과 지속적인 상호관계를 유지하는 신학 체계의 구조와 방법을 제시하는 것"[6)]이 그 저작의 목적이라고 밝히고 있다. 이러한 목적을 지닌 그의 신학체계 전반에 대한 검토를 통해 확인되는 사상적·문화적 얼개는 동시대인 하이데거와의 시대정신 공유는 물론이거니와 헤겔, 쉘링, 칸트, 데카르트, 아우구스티누스, 플라톤으로까지 거슬러 올라가는 유구한 맥락의 현대적 발현이라는 의의를 지닌다고 할 만큼 폭넓고 긴 흐름의 길목에 자리 잡고 있다. 물론 여기서 그 유구한 흐름을 모두 논의할 수는 없고

한 전환을 따라 엮여 왔음을 간과할 수 없다. 고든 카우프만, 『신학방법론』, 기독교통합학문연구소 옮김(서울: 한들, 1999), 전권 참조.

5) 정재현, 『신학은 인간학이다: 철학 읽기와 신학하기』(분도출판사, 2003), 41~420쪽을 전체적으로 재구성하였다.

6) Paul Tillich, *Systematic Theology*(Chicago: The University of Chicago Press, 1951-1957), I: xi [이하 *ST*로 표기함]. 틸리히는 그의 신학체계에서 인간과 신의 만남을 상관성의 구도로 파악하고 이를 방법론적 전제로 하여 우선 앎의 문제를 다루기 위해 이성과 계시라는 인식론적 상호관계성을 검토한다. 그리고는 구체적으로 있음의 영역을 논하는데, 유한하면서 초월을 향하는 존재와 유-무한성의 구별을 초월하는 신, 자유와 타락을 함께 체험하는 실존과 새로운 존재로서의 그리스도, 모호하면서도 역동적인 삶과 활동성의 원천인 성령, 그리고 의미의 구현체로서의 역사와 의미의 실현으로서의 하느님 나라 사이의 상호관계성을 밀도 있게 점검해 나간다.

다만 그의 방법론을 집중적으로 살핌으로써 우리 자리에서 신학하기를 위한 자세를 가다듬고자 한다.

우선 틸리히에게 방법이란 주요 내용들이 놓이는 지평이며 담기는 틀이다. 여기서 어떤 방법이 내용에 대해 얼마나 적절한가를 판단하는 기준은 규범이라 할 수 있는데, 그 규범은 내용을 경험하기 전에 선험적으로 정해질 수는 없다. 왜냐하면 그러한 규범은 내용에 대한 인식과 경험 안에서 결정되기 때문이다. 그리고 바로 그 인식과 경험의 길이 곧 방법이다. 틸리히는 이 점을 다음과 같이 명백하게 못 박고 있다:

> 실재(reality)에 접근하는 방법(method)이란 그 방법의 대상인 실재에 대해 무관심하게 임의로 포착하는 그물이 아니다. 오히려 방법이란 실재 그 자체의 요소이다. 적어도 중요한 면에서 방법에 대한 묘사는 곧 그 방법이 적용되는 실재에 대한 것이기도 하다.[7]

위의 진술은 어떤 사물이나 사건이 어떤 방식으로든지 알려지는 것은 그 사물 또는 사건 자체의 생김새와 불가분리의 관계로 얽혀 있음을 가리킨다. 말하자면 실재를 '무엇'이라는 물음에 대한 대답으로서 '있음'으로 새기고, 방법을 '어떻게'라는 물음에 대한 대답으로서 '앎'으로 새길 수 있다면 있음과 앎은 어떤 것이 먼저라고 할 것도 없이 동시에 함께 엮인다는 것이다. 그러나 이것이 실재와 방법, 즉 있음과 앎이 그 자체로서 무조건 같다는 것을 가리키는 것은 아니다.[8] 상호성이란 양자 사이의 차이 및

7) *ST*, I: p.60.

8) 이것은 헤겔로 되돌아가는 것일 뿐이다. 일찍이 고전 형이상학이 내세운 '있음'과 근세 인식론이 개진한 '앎'을 묶어 '있음과 앎의 같음으로서의 참'을 설파한 헤겔이 전통 형이상학의 집성이었다면 현대는 이에 대한 반동인 반형이상학의 시대로서 이제 있음과 앎은 동가적이되 그 사이의 차이는 여전히 긴장을 유지하는 것으로 간주된다. 왜냐하면 '삶'이라는 것이 있음과 앎의 동시적 순환성을 위한 지평으로 등장하면서 있음과 앎이 어느 한쪽으로 흡수되는 것을 허용하지 않기 때문이다.

이에 의한 긴장을 전제하는 것이므로 동일화라기보다는 호환적인 구조로 이루어지기 때문이다. 바로 이 점에서 틸리히의 상호관계방법이 설정하는 있음과 앎의 관계, 즉 실재와 방법 사이의 관계는 그보다 앞서 전통형이상학을 귀결시킨 헤겔이 갈파하는 '존재와 사유의 동일성'과는 확연하게 구별된다. 말하자면 사물 자체의 온전한 있음과 이에 대한 앎이 부합됨으로써 '참'이 추구되기 위해서는 그러한 있음과 앎이 여전히 구별되는 긴장을 유지하면서도 어느 쪽에도 우선성을 둘 수 없을 만큼 동시적이고 등가적이어야 한다. 그리고 그가 제안하는 상호관계방법이란 바로 이것을 가리킨다.

그렇다면 틸리히는 신학방법론으로서 상호관계방법을 어떻게 제시했는가? 그는 신-인간 만남(divine-human encounter)[9]의 상호관계성을 온전하게 설정하기 위해 먼저 전통적으로 전개되어 왔던 접근방식들을 관계의 주도권에 따라 크게 셋으로 나누고 그 부적절성을 지적하는 데에서 시작한다.

첫째로, 전통적 정통주의에서 취하고 있는 '초자연주의적' 접근을 들 수 있다. 여기서는 영원히 고정적인 것으로 간주되는 계시된 진리가 신-인 관계의 기준으로 등장하며, 영원하고 불변한 진리 개념을 근거로 신의 초월성에 대해서만 강조한다. 따라서 이 접근방식은 인간 상황으로 매개하기 위한 접촉점을 설정할 수 없어서 상황적 연관성을 지니기 어렵다고 비판받는다.[10] 그리스도교 복음의 선포적인 차원은 유지되지만 인간의 수용적 차원이 지니는 비중을 부정하기 때문이다. 말하자면 '어떻게'를 다루는 방법에 대한 고려 없이 '무엇'에 해당하는 실재에만 초점을 둠으로써 객관주의적 환원주의를 벗어날 길이 없다. 따라서 틸리히는 "인간은 그가 묻지도 않은 질문에 대한 대답을 대답으로서 받을 수는 없다"[11]라고 함으로써 이 접근의 부적절성을 지적한다.

둘째로, 틸리히가 거부한 전통적인 접근은 자유주의 신학에서 볼 수 있

9) *ST* I: p.60.

10) *ST* I: pp.64~65.

11) *ST* I: p.65.

는 '자연주의적' 또는 '인본주의적' 접근이다. 이 접근은 자연의 질서 및 이에 속한 인간의 문제에서 출발하며, 그 문제에 대한 해결까지도 자연과 인간 안에서 모색하려는 접근이다. 물론 자연주의적 접근은 초자연주의적 접근과는 대조적으로 인간 경험의 내재적 차원에 무게를 실어준다. 그런데 이 접근은 인간 실존 자체가 문제라는 엄연한 사실에 대한 통찰이 결여되어 있다. 따라서 이 접근에서는 "질문과 대답이 동일하게 인간으로부터 파생된다"[12]는 비판을 면하기 어렵다. 왜냐하면 '어떻게'라는 방법에 집중한 나머지 그 방법이 오히려 '무엇'에 해당하는 실재로까지 둔갑하게 되면서도 이를 간파해 내지 못하기 때문이다. 결국 타자를 자기 안에서 투영하는 주관주의라는 환원주의적 오류를 지님으로써 그리스도교 복음에 대한 해석으로는 적절하지 못한 것으로 평가된다.

셋째로, 틸리히가 거부한 전통적 접근은 '자연이라는 하부구조 위에 초자연이라는 상부구조를 설치하는 이분법적' 접근이다. 물론 이 접근은 위의 두 방법을 영역별로 구분하여 병합한 것이라 할 수 있다. 이 접근은 '하느님과 인간 사이의 무한한 차이'를 염두에 두면서도 초자연적 영역과 자연적 영역 사이의 '긍정적 관계' 설정 가능성을 상정한다는 점에서 앞의 두 방법들보다 상호관계방법에 한층 더 가까운 것으로 평가된다. 물론 여기서 긍정적 관계란 초자연적 계시와 연속성을 지니는 '자연계시'라는 견지에서 이해될 수 있다. 그런데 중세 스콜라 신학에서나 현대 신토마스주의 신학에서 보듯이 두 영역이 계층구조적으로 서열화되어 있어서 진정한 의미의 '관계'라고 하기에는 미흡하다고 할 수 있다. 말하자면 '무엇'이 향하는 실재와 '어떻게'가 가리키는 방법이 함께 관련되기는 하는데, 양자 사이가 우열관계를 지님으로써 어떠한 형태로든지 왜곡 가능성을 배제하기 어렵다는 것이다.

간략하게 살펴본 바와 같이, 신-인간 관계를 중심으로 한 전통적 접근방

12) *ST* I: p.65.

식들에 대한 틸리히의 분석과 비판은 그가 제안하는 상호관계방법의 핵심 과제를 강력하게 명시해 준다. 즉, 궁극적인 '참'으로 이해되는 신을 향한 물음으로서 '무엇'이 추구하는 실재와 '어떻게'가 가리키는 방법 사이의 대등적인 상호성이 바로 그것이다. 그렇다면 실재와 방법, 즉 '무엇'과 '어떻게', 그리고 '있음'과 '앎'이 어떻게 등가적인 상호성을 이룰 수 있는가? 이 물음에 연관하여 우리는 틸리히의 상호관계방법이 그의 사상사적 계보인 아우구스티누스-프란시스의 존재론 전통에 대한 비판적 재해석에 뿌리를 두고 있다는 점에 주목할 필요가 있다. 말하자면, 그는 이 전통이 지닌 바, "인간은 이론적으로만 아니라 실제적으로도 주체와 객체의 구분과 상호작용에 앞서는 무제약적인 것(das Unbedingte)을 즉각적으로 인식하고 있다"13)라는 전제에서 상호관계성의 근거를 발견한다. 여기서 하이데거가 지적하고 불트만도 공유하는 선이해(Vorgriff)에 견줄 만한 신비적 선험 전제(mystical a priori), 즉 무제약자에 대한 인간의 즉각적 인식은 주체와 객체로 분리되기 이전의 경지로서 실재와 방법이 등가적으로 상호성을 이룰 수 있는 원초적 지평이라는 것이다. 말하자면 실재와 방법, 또는 있음과 앎으로 나누어지기 이전의 원초적인 전제는 규명될 수 없는 신비로운 근거라는 것이다. 다만 인간이 할 수 있는 것은 그러한 전제 위에서 실재와 방법, 즉 있음과 앎 사이의 대등적인 긴장 및 이 긴장이 엮어내는 상호성에 주목하는 것이고 바로 이를 위해서 상호관계방법이 요청된다는 것이다. 말하자면 상호관계방법이란 종래의 객관주의[실재론]나 주관주의[관념론]와 같은 일방적인 환원주의가 초래한 피폐들을 극복하고 쌍방의 대등성을 강조하는 상호주의의 구도에서 사물과 사태를 파악하고 이러한 구도위에서 신과 인간의 관계를 형성하자는 취지를 지닌다고 하겠다.

그렇다면 구체적으로 상호관계방법이 어떻게 무제약자에 대한 인간의

13) Paul Tillich, *Theology of Culture*, ed. Robert C. Kimball(London: Oxford University Press, 1980), p.29 [이하 *TC*로 표기].

즉각적 인식에서 출발하여 질문과 대답이라는 형식으로 매개되는 신-인간 관계의 상호성을 드러낼 수 있는가? 틸리히는 상호관계방법의 목표를 상호 의존 관계에 있는 실존적 질문과 신학적 대답을 통해 그리스도교 신앙의 내용을 설명하는 것이라고 하였다. 여기서 실존적 질문이 '어떻게'에 해당하고 신학적 대답이 '무엇'에 해당한다면 그리스도교 신앙은 바로 이를 등가적으로 묶어주는 원초적 터전을 가리킨다고 볼 수 있다. 왜냐하면 앞서 말한 신비적 선험 전제라는 것은 결국 믿음으로 풀이될 수 있기 때문이다. 물론 신비적 선험 전제는 그 자체로서 무제약자가 아님은 물론이지만 동시에 단순한 신 인식이나 신앙경험을 가리키는 것도 아니다. 그러나 틸리히는 우리가 실존의 상황 속에서 구체적인 종교적 실재에 대해 '즉각적으로 참여'할 때 이것은 인식과 분석보다 선행한다고 말한다. 즉, 실제적이고 즉각적 참여로부터 자신들의 종교적 삶에 대해 우주론적 확증을 나타내고 있다는 것이다. 따라서 우리는 이것을 삶으로부터 출발하여 종교적 실재에 참여한다는 의미에서 신앙이라고 불러도 좋겠다. 즉, 원초적 지평과 맞닿아 있다는 전제 안에서 신앙을 원초적 체험으로 부를 수 있는 것이다. 신에 대한 체험이 질문과 대답의 고리에 앞선다는 틸리히의 다음과 같은 통찰이야말로 이에 대한 더할 나위 없이 좋은 증거이다:

> 변증법적 사고는 …… 만일 신의 대답이 — 비록 예비적이거나 난해할지라도 — 이미 거기 그렇게 등장하지 않는다면 신적 가능성에 대한 어떤 질문도 제기될 수 없었을 것임을 주장한다. 왜냐하면 신에 관한 질문을 제기하기 위해서는 인간 자신이 제시할 수 있는 질문의 목표로서의 신을 이미 체험했어야 하기 때문이다.[14)]

결국 질문과 대답의 고리가 엮이게 되는 근거는 곧 원초적 체험으로서의

---

14) Paul Tillich, "What is Wrong with 'Dialectical' Theology?," *The Journal of Religion* 15(April, 1935), p.137.

믿음이라는 것이 틸리히가 제안하는 상호관계방법의 대전제이다. 그리고 이러한 점은 틸리히가 스스로 정의한 바 '궁극적 관심'으로서의 종교와 '궁극적으로 관심되는 상태'로서의 신앙이라는 개념에 의해서도 더욱 분명하게 확인된다.[15] 말하자면, 종교와 신앙에 대한 이러한 정의 안에는 신적인 실재와 인간의 수용성을 묶는 공통적인 요소가 들어 있다. '궁극적 관심'이 능동적인 행위와 수동적인 상태를 동시에 가리킨다는 것도 바로 이를 뜻하는 것이다. 결국 틸리히에게 있어 질문과 대답의 대등적인 상호성은 무제약자로서의 신에 대한 인간의 즉각적 인식으로 표현되는 신앙의 신비를 전제하고 있다.

그렇다면 이제는 틸리히의 상호관계방법이 원초적 신 체험으로서의 신앙을 대전제로 하고 있다는 점을 토대로 상호관계방법을 수행하는 방식에 대해 구체적으로 살펴보자:

> 상호관계방법은 특별히 변증신학의 방법이다. 질문과 대답은 종교적 상징이 인간 실존의 질문에 대해 적절한 대답이라고 해석되는 방식으로 서로 연관되어야 한다. 인간 실존에서 나오는 질문들은 종교적인 개념들로 나타난 대답들에 대한 신학적 해석의 의미를 결정한다. 질문의 형식은 그것이 원시적이든 철학적이든 대답이 주어지는 신학적 형식에 대해 결정적이다. 그리고 반대로 질문의 내용은 대답의 내용에 의해 결정된다. 이미 어떠한 대답을 받지 않았다면 아무도 신, 계시, 그리스도 등에 대해 질문을 던질 수 없다. 그러므로 인간의 궁극적 관심과 연관하여 질문은 대답의 내용을 포함하고 대답은 질문의 형식에 따라 조형된다.[16]

---

15) Paul Tillich, *Dynamics of Faith*(New York: Harper & Row, 1957), p.1 [이하 *DF*로 표기].

16) Paul Tillich, "The Problem of Theological Method", *The Journal of Religion* 27, no. 1 (January, 1947); Will Herberg, ed. Four Existentialist Theologians(New York: Doubleday & Co., 1958), pp.279~280 [이하 "PTM"으로 표기].

좀 더 상세히 살펴보면, 틸리히는 상호관계방법의 구조를 형식과 내용의 관계를 근간으로 하고 질문과 대답의 상호관계성으로 설명한다: "질문들의 형식은 그 대답이 주어지는 신학적 형식에 대해 결정적이다. 그리고 반대로, 질문의 내용은 대답의 내용에 의해 결정된다. …… 결국 인간의 궁극적 관심에 연관해서 질문은 대답의 내용을 포함하고 대답은 질문의 형식에 의해 조형된다고 할 수 있다."[17] 그런데 틸리히의 이러한 언명이 우리의 일상적인 상식에는 분명히 어긋나 보인다는 점을 주목하자. 일상생활에서는 물론이거니와 논리적으로도 질문이 먼저 제기되고 대답이 이에 따라 제시되는 것이 당연하지 않은가? 그러나 틸리히는 분명히 이를 거슬러 질문과 대답이 동시에, 서로가 서로에게 영향을 주고받는다고 말한다. 왜 그런가? 이에 대한 답은 이미 앞에서 논한 '무제약자에 대한 인간의 즉각적 인식'에서 찾을 수 있다. 왜냐하면 신에 대한 원초적 체험으로서의 신앙이라는 대전제가 질문과 대답으로 하여금 상호 간에 형식과 내용을 교차하면서 영향을 주고받도록 하기 때문이다. 다시 말하면 원초적 신앙의 지평에서 펼쳐지는 질문과 대답의 관계는 바로 그 지평을 어떤 식으로든지 드러내기 마련이다.[18]

그렇다면 원초적 전제로서의 신앙에서 질문과 대답은 어떻게 엮어지는가? 틸리히에 의하면 대답의 근거인 계시적 사건은 질문에 대해 독립적이고, 동시에 그러한 계시적 사건을 내용으로 하는 신학적 대답은 실존적 질문의 역사적 지평에 의존함으로써 상호관계성이 이루어진다.[19] 이처럼

17) 같은 책.

18) 그리고 바로 이런 이유로 틸리히의 상호관계방법은 신앙하는 사람의 신앙 행태에 대한 묘사와 분석을 위해서는 의미가 있지만 신앙하지 않은 사람들을 향한 변증신학으로서는 미흡하다. 본 연구는 바로 이러한 문제의식을 가지고 그의 방법론을 보완하기 위해 삶이라는 지평에서의 제안을 담고자 한다.

19) 이 점은 특히 하이데거의 탁월한 제자인 가다머의 발전적 제안에 비추어보면 더욱 확연히 드러난다. 가다머에 의하면 무릇 모든 사태에 관한 명제는 그 전제적 질문에 대한 대답이어서 바로 그 전제적 질문에 대한 이해 없이는 그 대답인 명제 자체의

상호관계성은 독립성과 의존성의 교차, 또는 상호 독립적인 요소들 사이의 상호의존성을 포함한다.[20] 그런데 서로 모순적인 듯이 보이는 독립성과 의존성이 상호관계성의 핵심요소라고 하는 것은 상호관계성이 정태적이 아니라 역동적이라는 것을 의미한다. 말하자면 상호관계방법은 연역법이나 귀납법처럼 어느 일방의 우선권을 인정하지 않는다. 이러한 분석은 틸리히가 상호관계방법을 말하는 첫 마당이 상황과 메시지의 관계라는 점에 의해서도 옹호된다. 그가 말하는 상황은 개인이나 집단이 처해 있는 심리적·사회적 상태라기보다는 그러한 조건에서 살아가는 그들의 실존에 대한 창조적 자기해석의 총체를 의미하는데, 여기서 메시지로서의 복음이 상황을 이루는 해석의 근거가 됨은 두말할 나위도 없다.[21] 말하자면 상황 안에

이해가 불가능하며, 이는 결국 원초적 질문으로 소급하는데 여기서 곧 인간 실존이 그 자체로 인간 자신에 대해 질문으로 등장한다는 점이 확증된다는 통찰이 이를 증명해 준다. 상호관계의 방법론에서 질문과 대답의 상관성이 결코 임의적인 것이 아님을 역설하는 틸리히도 이 점에서 가다머의 해석학적 정신을 공유하며, 특히 인간이 그 자체로 질문임을 선언하는 데서 극치에 이른다고 하겠다.

20) *ST* II: pp.13~15. 상호관계방법 안에 함축되어 있는 상호의존성은 방법 자체뿐 아니라 실재의 본성에 대해서도 적용되는 성질이다. 유한한 존재자의 구조는 무제약적인 심연으로서의 존재 자체인 신에 근거를 두는 방식으로만 있을 뿐이며 존재 자체로서의 신도 역시 그러한 구조의 근거라는 방식으로만 이해될 수 있을 뿐이기 때문이다. 그러나 신 자체가 이러한 이해 안에만 갇힌다는 것을 뜻하는 것은 결코 아니다.

21) *ST* I: p.4. 상황에 대한 이러한 정의는 조직신학의 구성요소, 즉 원천, 매개, 규범 등에 대한 그의 논의에서 원천의 하나로서 성서에 대한 그의 입장에서도 일관되게 나타난다. 즉, 성서만이 유일한 원천이라는 신정통주의적 성경주의 대해 그는 "제 종교와 문화에서 이에 대한 준비가 없었더라면 성서는 이해될 수도 없고 받아들여질 수도 없었다"(*ST* I: p.34)는 점을 지적하면서 비판한다. 더 나아가 성서의 형성 자체가 교회사적 사건으로서 여타의 교회사적 자료들도 같은 비중으로 다루어져야 하며, 이런 점에서 사실상 종교개혁 직후의 교의학적 주장에 의존하고 있으면서도 마치 원시교회 공동체의 정신을 계승하는 것으로 착각하는 급진적 성경주의는 자기기만일 뿐이라는 것이다. 그뿐만 아니라 조직신학의 구성을 위한 매개에 대한 논의에서 그는 체험을 다루는데, 매개로서의 체험은 제시된 바의 것을 채색하며 받아들인

서 살아가는 것이 이미 해석이고 그 해석은 대답을 염두에 둔 질문의 제기라는 형식으로 전개되기 때문에 상황과 메시지의 관계는 방법과 실재의 관계와 마찬가지로 그렇게 역동적이라는 것이다. 즉, 상황과 메시지의 관계도 여전히 '어떻게'와 '무엇' 사이의 역동적 논리를 구현하기 위한 시도에서의 논의라고 하겠다.

이와 같은 상호관계방법의 역동성은 그 방법이 소위 연속성과 불연속성의 원리를 동시에 포함한다는 데서도 다시 한 번 확인된다. 존재의 구조가 신성의 본질에 대해서도 적용된다는 점에서는 신과 인간 사이의 연속성을 분명히 한다. 그러나 신의 심연은 존재의 구조를 초월하며 그러한 구조에 의해 결정되지 않는다는 점에서는 신과 인간 사이의 불연속성을 결코 간과할 수 없다. 그런데 계시는 이렇게 연속성과 불연속성을 동시에 필요로 한다.[22] 만일 신과 인간 사이의 연속성이 없다면 계시란 불가능하다. 왜냐하면 인간이 받아들이지 않는다면 계시는 상호성을 지닐 수 없기 때문이다. 그러나 또한 불연속성이 전제되지 않는다면 신의 심연으로부터의 계시는 불필요하다. 따라서 계시는 구조적인 역설을 전제하지 않을 수 없다.

간략히 살펴본 바와 같이, 틸리히의 상호관계방법을 특히 그 역동성에 주목하여 본다면 결국 그의 신학방법론은 전통적으로 신-인 관계에 대한 대조적인 두 입장인 합리주의와 신비주의의 조합으로 이해될 수 있다. 구체적으로 말하자면, 합리주의는 존재론적 계층구조의 정점에 신이 위치함으로써 신-인간 있음의 연속성이 주어지며, 이것에 의존하여 지성적 앎의 확장을 통해 신적 지성을 상징적으로나마 상정할 수 있다. 반면 신비주의

것에 대한 해석을 결정한다고 설파한다. 그리고 규범이란 원천과 매개 사이의 관계를 결정하는 준거로서의 기능을 지닌 것으로 구약성서가 기독교의 경정으로 채택된 판정의 규범이 신약성서이고 신약성서 역시 이후의 초대교회사적 자료를 준거로 정경화된 것인 만큼 성서가 그 자체로 성서에 대한 해석의 준거일 수 없다는 지적이 아울러 함축된다.

22) Carl J. Ambruster, *The Vision of Paul Tillich*(New York: Sheed & Ward, 1967), pp.27~29.

는, 신은 있음의 구조에 의해 결정되지 아니하고 이를 초월하는 심연이므로 신과 인간 사이는 존재론적으로 불연속적이어서 신에 대한 앎도 당연히 부정될 수밖에 없다는 입장이다. 그런데 틸리히의 상호관계의 방법 안에는 합리주의와 신비주의의 양대 강물이 함께 흘러 들어가 있다는 것이다.[23] 이처럼 상호관계의 방법이 지니는 대조의 균형성은 그가 일찍이 쓴 논문에서도 단호하게 언명된다:

> 상호관계의 방법은 결코 어떤 점에서도 자연주의(합리주의)와 초자연주의(신비주의)사이의 상호 비방적 논란에 내몰리지 않는다. 그 방법은 단지 인간 상황의 견지에서 어떤 사건이 종교적 의식에 드러나는 대로 그 사건을 묘사할 따름인데, 단지 그 상황은 질문을 내포하며 또한 그리스도교적 메시지에 의해 주어지는 대답을 받는 상황이다. 이제 신학은 비로소 신학 자체의 상관성 및 실존적 성격을 재발견했을 따름이다. 그럼으로써 단지 객관적 진술형식(합리주의)이나 주관적 정서주의(신비주의)로의 함몰을 극복하고자 하는 것이다. 왜냐하면 궁극적 관심은 어느 한쪽에서만 접근되고 해소될 수 없기 때문이다.[24]

이처럼 틸리히의 상호관계방법은 역동적이어서 상호관계의 시원은 곧 상호관계의 종국이기도 하다. 사실상 상호관계성은 별개의 둘 또는 그 이

---

23) 나아가 틸리히에 의하면 계시의 사건은 그러한 합리주의적 연속성과 신비주의적 불연속성이 동시에 필요하다. 그 이유는 만일 전자가 없다면 인간의 수용성의 결여로 말미암아 계시의 사건 자체가 불가능하게 되며, 만일 후자가 없다면 심연의 드러남이라는 것이 불가능해서 계시가 공허해짐으로써 내용적 모순에 봉착한다는 것이다. 더 나아가 합리주의적 연속성의 원리가 다소 자연주의와 연관성을 가지는 한편 신비주의적 불연속성의 원리가 초자연주의와 관련되어 있다고 한다면 앞서 언급된 바 있었던 재래적 신학방법론에 대한 그의 비판은 그 자신의 표현을 빌리자면 결국 '자기초월적 실재로(gläubiger Realismus)'의 신학을 구성하려는 목적을 집요하게 향하고 있음이 다시금 확인된다.

24) "PTM", pp.263~264.

상의 실체에 부차적으로 부과되는 성질이 아니라 그 자체로 원초적 사건이어서 모든 피관련체가 이에서 파생된다. 따라서 상호관계성을 이루는 실존적 질문이란 "인간의 대상체험의 가능조건인 존재 구조에 대한 명료화"이며 신학적 대답이란 "바로 그러한 존재론적 구조의 심연에 대한 관점을 제공한다."[25] 다시 말하면 상호관계성이란 단지 한 방법론적 도식에만 해당되는 것이 아니라 실재의 구성적 본질을 가리킨다. 한마디로, 상호관계성은 있음의 꼴과 앎의 틀이 얽힌다는 통찰이다. 이를 틸리히의 용어로 환원한다면 실재와 방법이 서로를 규정한다는 것이다. 그렇지 않고서는 상호관계방법이란 애당초 불가능할 수밖에 없기 때문이다. 결론적으로, 상호관계방법이란 있음과 앎의 사이에 여전히 남아 있는 거리를 무시하지 않으면서도 서로를 이음으로써 신-인 관계의 참되고 바람직한 모형을 모색하려는 진지한 시도의 산물이라고 하겠다.

3. 상호관계방법에 대한 해석학적 비판: "있음과 앎의 상호성이 지니는 폐쇄성"

지금까지 살펴본 바와 같이 틸리히는 현대라는 새로운 상황에서 그리스도교 복음의 의미를 더욱 적절하게 선포하기 위하여 변증적인 방법으로 그의 신학을 전개하고 있다. 상호관계방법이란 이러한 목적을 위한 그의 방법론일 뿐이다. 이러한 변증적 동기가 틸리히 신학 전반을 지배하고 있기는 하지만 그럼에도 불구하고 그는 신학의 케뤼그마적인 차원을 등한시하지 않았다. 오히려 바로 이러한 균형적 조합을 위해 상호관계방법을 제안한 것이다. 그러므로 틸리히에 있어 신학의 방법과 내용은 상호 규정적이라고 할 수 있다.

---

25) *ST* I: p.61.

그럼에도 불구하고 틸리히가 말하는 상호관계성은 결국 인간의 종교적 체험 한계 안에 적용되는 개념임은 분명하다. 왜냐하면 하느님의 초월성은 여전히 그러한 상호관계성 안에서 해결될 수 없기 때문이다. 그러나 아무리 상호관계성이 하느님과 인간의 관계를 역동적인 것으로 드러내어 준다고 하더라도, 또 그럼에도 불구하고 하느님의 초월성이 상호관계성 안으로 완전히 스며들 수는 없다고 하더라도, 칼뱅의 지적처럼 인간은 끊임없이 우상을 만들어내는 공장 같아서 하느님의 초월성을 인간의 개념이나 경험 안으로 끌어들이려는 종교적 유혹에서 벗어나기 어렵다. 따라서 우리가 여기서 비판적으로 검토하지 않으면 안 될 요소가 있는데 그것은 바로 상호관계방법이 신과 인간 사이의 상호 독립성, 또는 상호 불연속성을 훼손하지는 않을까 하는 것이다. 즉, 상호관계성이 자칫 신의 초월성을 약화시키거나 인간의 타자성을 무시할 수도 있다는 비판이 제기될 수도 있다. 그는 이러한 문제와 연관하여 바르트와 같은 학자들이 신과 인간의 상호관계성이란 어떤 경우든지 신이 인간에게 의존하게 만든다고 비평한 것에 대해 다음과 같이 해명한다:

> 비록 본성의 심연 속에 있는 하느님이 결코 인간에게 의존하고 있지 않다고 할지라도, 인간에 대한 계시 속에 계신 하느님은 인간이 그 계시를 받아들이는 방식에 의존하고 있다. 즉, 우리를 향한 하느님(God for us)과 하느님을 향한 우리(we for God) 사이에는 상호의존성이 있다.[26)]

이 진술은 "신은 그 자체로는 결코 어떤 방식으로도 인간에게 의존적이지 않지만 그 자신의 창조행위 안에서 인간에 대해 자신을 의존적이도록 드러낸다"[27)]라는 트락의 설명과도 통한다. 즉, 신의 타자성은 상호관계성

26) *ST* I: p.61.

27) Joachim Track, *Der theologische Ansatz Paul Tillichs: Eine wissenschaftstheoretische Untersuchung seiner "Systematischen Theologie"*(Göttingen: Vandenhoeck & Ruprecht,

안에서도 여전히 전제된다는 것이다. 그럼에도 불구하고 틸리히 스스로 밝히고 있듯이 문자적 의미에서 하느님에 대한 유일한 묘사라고 하는 '존재 자체'라는 개념이 과연 신의 초월성을 온전히 가리킨다고 할 수 있을까라는 물음은 여전히 남는다. 그리고 이 점에서 우리는 한편으로는 신의 초월성이라는 것이 인간의 작업으로서의 신학에 어떻게 자리매김할 것인가라는 문제에 대한 고려와 함께 다른 한편으로 틸리히의 상호관계방법의 적용범위를 가늠할 필요에 이르게 된다. 그가 아무리 비의존성과 불연속성을 언급하였어도 상호관계성은 의존성과 연속성으로 더욱 기울어지는 인상을 극복하기 어렵기 때문이다.

그렇다면 다른 한편, 인간의 경우는 어떠한가? 다시 묻는다면, 앞서 논한 대로 실재가 '무엇' 물음이 향하는 '있음'에 해당하고 방법이 '어떻게' 물음이 가리키는 '앎'에 해당한다고 할 때 인간의 자리는 어디인가? 이런 물음을 제기하지 않을 수 없는 것은 틸리히에 있어 인간 실존은 여전히 개념적으로 설정된 추상적 인물이라는 느낌을 떨치기 어렵기 때문이다. 사실상 상호관계성의 한 축을 장식하는 인간이 신과의 관계에서 질문으로 정형화되어 있고 그 질문조차도 대답의 형식에 영향을 줄지언정 대답의 내용으로부터는 오히려 영향을 받는다고 하는 것은 인간이 한갓 이미 대답이 주어져 있는 질문 자체로 축소되고 마는 것이 아닌가라는 의문을 제기하게 한다.

또한 같은 맥락에서 질문과 대답이 대등적으로 상호관계를 지닌다는 것도 오히려 있음과 앎 사이의 호환적인 고리에 갇히는 폐쇄적인 구도가 아닌가하는 의문을 제기하게 한다. 물론 질문과 대답의 고리가 순환적이라든지 상호적이라고 하는 것은 종래의 전통에서 당연시되었던 일방성의 환원주의를 극복하는 바람직한 구도인 것은 사실이다.[28] 그러나 환원주의

1975), p.272.

28) 사실상 틸리히의 상호관계방법이 진정한 의미에서 쌍방적이기보다는 여전히 일방적이지 않은가라는 비판이 적지 않게 있었다. 예를 들면, 질문과 대답 사이의 상호성에

를 극복한다는 구실로 개진되는 쌍방성이라는 것도 역시 새로운 상황전개를 받아들일 만큼 개방성으로 나아가기보다는 그 자체의 순환성에 갇힐 가능성을 배제하기가 쉽지 않기 때문이다. 그리고 바로 이런 이유로 상호관계방법의 상호성(reciprocity)이 원초적 통일성을 기준으로 하는 단순한 공회전(cyclical)의 논리인가, 아니면 변화에 대하여 열려 있는 개방적 나선형(spiral) 구조인가라는 문제가 제기된다.

예를 들면, 틸리히 신학 비평가인 해밀턴은 "질문과 대답 사이의 밀착성이 전제되지 않는다면 상호관계성도 이루어질 수 없다"[29]라고 하면서 다음과 같이 신랄하게 비판한다:

> 상호관계방법이란 한편으로는 분석적인 질문이 있고 다른 한편으로는 종교적인 대답이 있는데 이 둘은 상호 간에 독립적이면서 동시에 최선의 결과를 낳는 방식으로 서로 연관된다고 주장하며, 나아가 이것만이 유일한 신학방법이라고 강조한다. 그런데 이러한 노력은 전개될수록 황량하고 믿을 수 없는 것으로 보인다. 그것은 분명히 조작적인데, 그 이유는 질문과 대답이 존재론적 분석이라는 하나의 원천으로부터 도출되고 모든 경우에서 그러한 원천을 드러내고 있기 때문이다.[30]

나아가 해밀턴은 이러한 비판을 토대로 하여 더욱 단호하게 다음과 같이 공격한다. 즉, 틸리히의 상호관계방법은 질문과 대답이 상호독립성에 의하여 서로 분리되면서 동시에 상호의존성에 입각해서 서로 연합하는데, 이

대해서 질문이 대답을 미리 규정하지 않는가, 또한 이미 규정해 놓은 대답에 부합되도록 질문을 짜 맞추지 않는가라는 비판 등이 그것이다. 어떤 경우이든 결국 상호관계방법의 논리적 구조는 질문과 대답 상호 간에 주고받는 관계라기보다는 결국 일방적이지 않은가라는 것이다. Alexander J. McKelway, *The Systematic Theology of Paul Tillich: A review and Analysis*(Richmond: John Knox Press, 1964), p.68. 참조.

29) Kenneth Hamilton, *The System and the Gospel: A Critique of Paul Tillich*(London: SCM Press, 1963), p.120.

30) 같은 책, pp.123~124.

두 개의 대조적인 움직임이 동시에 일어나는 것이어서 어떠한 진전도 기대하기 어려울 만큼 단순한 공회전일 뿐이라는 것이다. 말하자면 상호관계방법이란 결국 동어반복일 뿐이라는 것이다. 해밀턴은 "질문하고 대답하는 사람이 세계에 대한 하나의 공통적인 관점을 공유할 때에만 질문과 대답 사이의 상호관계성이 가능하다"라는 그 자신의 방법론적 통찰을 전제로 틸리히가 자신의 신학방법론에서 단순한 공회전 방식을 채택한 이유를 분석한다: "틸리히는 그의 신학체계가 이미 질문과 대답, 상황과 복음, 인간 실존과 신의 현현이 결국 본질적으로 하나라는 전제 위에 세워진 것이어서 상호관계방법의 타당성을 여기에 두고 있을 뿐이다."[31] 결국 틸리히가 말하는 상호관계성이란 원초적인 동일성의 단순회전일 뿐이라는 것이다. 해밀턴은 이러한 논거를 바탕으로 상호관계성의 무용론까지 주장한다:

> 틸리히의 신학 체계 안에서 질문과 대답은 철학과 신학의 층위가 그러하듯이 상호 관통한다. 그 체계는 질문을 제기하고 동시에 대답을 제공하는 지식의 포괄적인 창고이다. 분명하건대, 이미 연합되어 있는 것들이 새삼스럽게 상호관계적이어야 할 이유는 없다. 따라서 그 방법은 체계에 의해 제기된 질문에 대해 대답이 요청될 때 복음이 등장하는 장면에 관해 단지 묘사할 뿐이다.[32]

여기서 우리는 해밀턴의 비판이 지니는 의미를 주의 깊게 주목할 필요가 있다. 비록 틸리히가 질문과 대답이 애당초 한 체계에서 비롯된다는 원초적 동일성(original identity)이 아니라 서로 주고받는 과정을 거치면서 도달하는 변증법적 연합(dialectical unity)의 관계를 이룬다고 주장하지만 그것이 이미 주어진 체계 안에서의 도식이라는 점을 부인하기 어렵기 때문이다. 결국 틸리히에 있어 상호관계방법이란 새로운 발견을 위한 것이라기보다는 이미 주어진 것에 대한 묘사와 해석을 위한 것이라고 하겠다. 왜냐하면

31) 같은 책, p.129.
32) 같은 책, p.125.

그의 상호관계방법은 질문과 대답을 어떤 식으로든지 이미 경험하지 않은 사람은 사용할 수 없기 때문이다. 틸리히의 다음과 같은 진술은 우리의 이러한 분석을 오히려 입증해 준다:

> 어떠한 방법도 그 방법이 적용될 대상에 대한 앞선 지식이 없이는 개발될 수 없다. 조직신학에 대해서 이러한 원리는 방법이란 바로 그 방법을 통해 구성되는 체계에 대한 선험적 지식으로부터 도출된다는 것을 의미한다.[33]

이처럼 틸리히의 상호관계방법은 실재와 방법, 즉 있음과 앎으로 얽히어진 체계라는 틀 안에서의 구조요 방식이어서 그 틀을 넘는 삶의 다양성과 가변성, 심지어 예측불가성을 담아내기 어려운 것으로 보인다. 달리 말한다면, 새로이 신앙에 이르기 위한 방법이라기보다는 이미 행해지고 있는 신앙을 체계적으로 분석하기 위한 방법인 것이다. 이렇게 본다면 그가 현대의 시대정신에 부응하여 그리스도교 복음의 의미를 재해석하고 재구성하겠다는 목적으로 상호관계방법을 사용하여 전개한 변증신학조차도 결국 질문과 대답의 폐쇄적인 단순회전 안에 갇히는 것이 아닌가라는 의구심을 떨칠 수 없다. 따라서 우리는 그의 신학방법론에서 상호관계성의 통찰을 배워야 하겠지만 그 의도되지 않은 폐쇄성을 넘어서는 길을 모색하지 않으면 안 될 것이다. 왜냐하면 우리는 질문과 대답의 단순한 폐쇄회로로 설명하고 해석할 수 없는 다양한 정신문화적 토양을 가지고 있기 때문이다. 더욱이 이 땅에서 그리스도의 복음의 의미를 구현하기 위해 신학을 연마하는 입장에서는 이미 행해지고 있는 신앙의 모습에 대한 분석도 중요하지만 그에 못지않게 참된 신앙으로 이끄는 새로운 길에 관한 진정한 변증적인 신학이 절실하게 필요하기 때문이다.

---

33) *ST* I, p.60.

4. 우리 자리에서의 제안: "있음과 앎의 폐쇄성으로부터 삶의 개방성으로"

지금까지 살펴본 바와 같이, 틸리히의 상호관계방법은 결국 인간과 하느님의 관계를 질문과 대답의 관계로 설정하는 데 그 핵심을 두고 있다. 이처럼 신앙의 현실을 질문과 대답의 관계로 설정하는 신학방법이 현대의 시대정신인 상호성, 또는 관계성을 공유한다는 점은 분명하다. 그리고 이런 점에서 현대신학의 방법론적 발전에 기여한 바 또한 높이 평가되어 마땅하다. 하느님과 인간의 관계를 다소 일방적으로 그려왔던 전통적인 신학과 비교할 때 상호관계방법은 하느님과의 관계에서 인간의 위치에 대해 더욱 진지하게 주목한다고 할 수 있기 때문이다. 그리고 이 점은 특히 근세 이후 세속화를 통해 탈종교화를 거친 현대인들에 대해 분명히 더욱 설득력 있고 의미 있는 신학과 신앙의 모습을 제공한다.

그러나 앞서 살펴본 것처럼 질문이 대답의 형식을 결정하고 대답이 질문의 내용을 결정한다는 방식에 주목한다면 결국 질문이 '어떻게'를 가리키고 대답은 '무엇'을 가리키는 것으로 분석된다. 그리고 이런 점에서 상호관계방법은 '무엇'과 '어떻게' 사이의 관계를 조정하는 데 초점을 맞추고 있다고 볼 수 있다. 앞서 살핀 대로, 상호관계방법을 제안하기 위해 틸리히가 비판했던 전통적인 신학방법들, 즉 초자연주의적인 방법이 '무엇'에 초점을 맞추고, 자연주의적인 방법이 '어떻게'에 초점을 맞추었으며, 또한 이분법적인 방법이 '무엇'과 '어떻게'를 상하관계로 분리시켰다면, 틸리히가 제안하는 상호관계방법은 '무엇'과 '어떻게'가 서로 영향을 주고받기 때문에 양자를 동시에 동가적으로 고려해야 한다는 주장으로 평가될 수 있다. 물론 방법과 실재가 따로 분리될 수 없다는 그의 지론도 바로 이것을 강조하기 위함이었다. 그런데 이러한 구도가 바로 위에서 살펴본 것처럼 서로가 서로를 전제하고 결정함으로써 결국 폐쇄적인 상호성에 머무를 수밖에 없었다.

그렇다면 그 진지한 의도에도 불구하고 왜 그럴 수밖에 없었는가? 현대 상황을 위한 변증적인 신학을 의도했음에도 불구하고 왜 그 효과를 기대만큼 거두지 못하는 것으로 평가될 수밖에 없는가? 우리는 바로 이러한 물음을 제기하면서 틸리히의 상호관계방법의 한계를 지적하고 이를 보완하기 위한 대안을 제시하고자 한다. 우선 갸륵한 의도에도 불구하고 목적이 충분히 달성되지 못했던 이유는 논의의 구도가 의도하지 않았더라도 폐쇄적인 순환구조일 수밖에 없는 것에 있다. 즉, 실재와 방법의 관계가 '무엇'과 '어떻게'의 관계로 간주될 수 있다면 그것은 결국 목적과 수단의 관계에 해당할 것이고, 이는 곧 그 자체로서 합목적적 자기충족성으로 포장될 수 있기 때문이다. 말하자면 변증신학을 기획했음에도 불구하고 상황과 메시지의 관계도 여전히 '어떻게'와 '무엇'의 그것으로 간주될 수 있다면, 매우 조직적으로 짜인 체계가 오히려 족쇄로 작용했다고 볼 수 있다. 즉, 개방성과 가변성을 핵심으로 하는 상황을 적극적인 구성요소로 포함하기에는 폐쇄적 구도였다는 것이다.

따라서 이를 극복하기 위해서는 틸리히가 그렇게도 소중하게 여기는 상황에 대해 진지하게 열려 있는 구도를 모색해야 한다. 그리고 이러한 맥락에서 우리가 제안하는 것은 '무엇'과 '어떻게'의 고리를 넘어 그 뿌리인 '왜'로 나아가자는 것이다.[34] '무엇' 물음이 실재에 관한 것이고, '어떻게'가 방법에 관한 것이라면, '왜'는 당연히 의미를 추구하는 물음이다. 그리고 그러한 대안은 실재를 가리키는 '무엇'과 방법을 가리키는 '어떻게'가, 삶의 환원될 수 없는 원초적 의미를 묻는 '왜'라는 물음에 뿌리를 내림으로써만 가능하게 될 것이다. 물론 이것이 가능하기 위해서는 상호관계성을 이루고 있던 있음과 앎이라는 요소들이 그 고리를 풀어헤치고 더 큰 지평인 삶으로 확대되어야 한다. 그렇게 되면 이제 삶이라는 의미의 지평 위에서 있음이 가리키는 실재와 앎이 가리키는 방법은 더 이상 양자 사이

34) 이에 대한 상세한 논의는 정재현, 『신학은 인간학이다: 철학 읽기와 신학하기』(분도출판사, 2003), 들어가면서. 참조.

의 폐쇄적 상호성(closed reciprocity)에 머무르지 않고 삶의 의미를 향해 열린 순환성(open circularity)을 이루게 된다. 따라서 틸리히가 상호관계성의 원초적 전제로 제시한 '무제약자에 대한 즉각적 인식'이라는 것이 일상적인 차원에서 '삶의 환원될 수 없는 원초적 의미'로 풀이될 수 있다면 있음이 가리키는 실재와 앎이 가리키는 방법은 삶을 이루는 의미를 추구하기 위한 방향으로[35] 서로를 열어야 한다. 다시 말하면 신앙을 무반성적으로 전제하고 이로부터 끌어낸 실재와 방법 사이의 소통에만 주목할 것이 아니라 실재와 방법을 그렇게 엮어낸 신앙의 근거를 캐물어야 한다. 그래서 실재와 방법의 관계가 그 안에서 열려진 역동적인 관계로 그 모습을 드러내도록 해야 한다. 신학하는 방법에서의 더 큰 적절성을 확보함도 중요하지만 나아가 믿음의 순수성을 빌미로 초래되는 삶과 유리된 믿음이나 현실과 동떨어진 종교의 소외와 한계도 극복해야 하기 때문이다. 결국 우리는 틸리히의 상호관계방법으로부터 '무엇'과 '어떻게'가 적극적으로 연관되어야 한다는 점을 공감하면서도 더 나아가 믿음의 폐쇄회로를 넘어서 삶의 전 영역에 이르기까지 신앙의 의미가 구현될 수 있도록 '왜'를 진지하게 물어야 할 것이다.

구체적으로 말한다면, "신앙이란 무엇인가?", 또한 "어떻게 신앙해야 하는가?"라는 물음과 함께 더욱 근본적으로 "왜 신앙하는가?"를 우리 스스

35) 이런 점에서 고든 카우프만이 제시하는 신학방법론은 틸리히의 상호성이 지니는 폐쇄성을 넘어서려는 시도로 간주될 수 있다. 카우프만에 의하면 종래 고전적인 신학이 '있음'을 무조건 전제하고 이에서 출발하는 '1차 신학'의 형태라면 근세 인식론적 반성이 미미하게나마 반영된 근현대 신학의 일각에서는 있음에서의 출발이 불가능할 뿐 아니라 '앎'에서 시작할 수밖에 없다는 점을 깨달음으로써 방법론의 성숙을 이루었는 바 이를 '2차 신학'이라 부를 수 있다는 것이다. 이에 대해 그가 제시하는 신학방법은 가히 '있음의 불가능성'과 '앎의 불가피성'에 대한 성찰을 토대로 더 나아가 '삶 자체의 적실성'을 지평으로 하는 것으로서, 그 스스로 '3차 신학'으로 분류하는데 이 대목에서 매우 의미 있는 연관을 지니리라 본다. 고든 카우프만, 『신학방법론』, 기독교통합학문연구소 옮김(한들 출판사, 1999) 전권 참조.

로에게 물어야 한다. 왜냐하면 이 물음이야말로 신앙에 얽힌 우리 자신의 모습을 그 무엇보다도 적나라하고 진솔하게 파헤쳐줄 것이기 때문이다. 그리고 바로 이런 점에서 '왜' 물음은 여태껏 덮여져 있었던 '누가'라는 물음을 들추어낸다. 아울러 '누가'라는 것이 바로 우리 자신을 가리킨다면 그렇게 삶을 사는 사람인 우리는 시간과 공간 안에서 살 뿐 아니라 바로 그 시간과 공간을 살아간다고 할 때 '언제'와 '어디서'는 '누가'와 떼려야 뗄 수 없는 관계에 있다는 것은 재론의 여지가 없다. 결국 의미 물음인 '왜'는 '누가－언제/어디서'를 한 묶음으로 드러냄으로써 구체적이고도 고유한 인간 실존으로 하여금 하느님 앞에 정직하고도 진지하게 서도록 요구하는 데에까지 이른다.

아울러 '왜' 물음의 이러한 요구는 질문과 대답을 있음과 앎의 관계를 넘어서 삶 안에서 밝히 드러내고 비판적으로 성찰하는 일과 연관된다. 즉, 방법론이 상호연결에 기초하고 있다고 할지라도 물음과 대답이 '상호관계성'이 결국 지향해야 할 '의미'를 상실할 수도 있기 때문이다. 구체적으로 말해서 물음이 취하고 있는 전제가 개인의 종교적 욕구에서 벗어나지 못하고 있다면, 또한 물음에 대한 대답이 이데올로기적 허구성을 담고 있다면, 질문과 대답을 통한 상호관계성이란 도리어 시대적으로 중요한 과제나 사회역사적 갈등과 모순을 은폐하는 결과를 낳을 수도 있기 때문이다. 말하자면 인간은 자신의 삶에서 일어나는 질문에 대해, 그리고 신학은 자신이 선언한 대답에 대해, 안주하거나 소유의식을 가질 수 없다. 인간은 단지 그의 실존전체에서 일어나는 위기와 곤궁의 자리에서 신비적 선험에 참여하는 가운데서만 조심스럽게 묻고 대답할 수 있을 뿐이다. 그러나 그렇다고 해서 이 대답이 늘 계시의 빛을 소유하고 있다는 것을 의미하지는 않는다. '언제/어디서'를 살아가는 '누가'는 늘 변화되는 구체적 상황을 살아가는 한 개인이기 때문이다.

나아가 '왜' 물음의 이러한 요구는 개체 인간뿐 아니라 공동체에도 해당된다. '언제/어디서'는 다른 사람들과 공유하는 삶의 시공간적인 터전을 일컫는 것이므로 인간은 개체적이면서 동시에 관계적이고 공동체적이기 때문이다. 우리가 신앙에 대해서 말할 때 한 개인의 신앙만이 아니라 신앙 공동체로서의 교회의 의미를 강조하지 않으면 안 되는 이유도 여기에서 찾을 수 있다. 따라서 '왜'가 '누가-언제/어디서'로 이루어진 사람에게 있어서 의미 물음이라면 이제 비로소 이러한 의미 물음을 통해서 인간들이 함께 나누는 삶에 주목함으로써만 신앙의 삶을 사는 사람들뿐 아니라 여전히 교회 밖에 있는 사람들의 삶에 대해서도 의미 있는 진정한 변증신학이 될 수 있을 것이다.

결론적으로, 삶의 의미추구를 토대로 믿음의 현실적인 뜻을 구현하고자 하는 '왜' 물음은 바로 그러한 이유로 '다름에 대한 열림'으로 우리를 인도한다. 이때 '다름'이란 우선 하느님의 타자성을 가리킴으로써 하느님의 초월성을 인간이 어떻게 해보려는 오도된 욕망으로부터 우리를 해방시키는 요소가 될 것이다. 사실상 자기와 타자의 관계를 주체와 객체의 관계로 뒤바꾸고 타자를 객체로 간주함으로써 결국 '타자의 자기화'를 통해 주체라는 이름으로 자아의 지배를 확장하려는 것이 우리들의 일상적인 본능이거니와 하느님의 타자성에 대해서도 이러한 유혹을 떨치지 못하는 것이 우리의 모습이지만 하느님의 타자성이란 무엇보다도 신에 대해 어떠한 방식과 형태로도 형상화할 수 없다는 것, 즉 철저한 우상파괴를 목적할 따름이다. 나아가 '다름에 대한 열림'이란 인간들 사이의 다름에도 주목하게 함으로써 서구인들과도 다른 우리의 정신문화전통과 사회적 상황에 대한 고려를 신학적 성찰에 포함하도록 우리에게 요구한다. 다시 말하면, 다종교적 문화전통을 유산으로 받은 우리 한국에서 그리스도 복음의 의미를 구현하기 위해서는 틸리히의 상호관계방법에서 탁월한 사례를 확인할 수 있는 '무엇'과 '어떻게'의 얽힘을 적극적으로 엮어내되 그 얽힘의 의도되지 않는 폐쇄성을 넘어서는 '왜'의 물음이 더욱 절실하게 요구된다. 그리고 이를 위해서는 그러한 '왜' 물음이 터뜨려내는 '누가-언제/어디서'라는 물음에, 그래서 결국 우리 자신에게 새삼스럽게 눈을 돌려야 할 것이다.

제2장 고든 카우프만의 '구성신학'에 대한 분석과 비판

신학이란 무엇인가? 이에 대해 공존하기 어려울 정도의 견해와 입장들이 난무해 왔지만 그럼에도 불구하고 애써 신학이라는 표현을 쓸 수 있는 최소한의 근거는 무엇인가? 그것은 일치된 규정을 추리는 것은 불가능하더라도 신-인 관계를 기축으로 해야 한다는 당위성에서 찾아야 할 것이다. 그리고 신학을 하는 방법도 당연히 이러한 기축에서 모색되어야 할 것이다. 그러나 작금의 현실뿐 아니라 그간의 종교문화사가 반드시 그렇게만 엮어져 왔던 것으로 보이지는 않는다. 앞서 살핀 바와 같이 '무엇'의 시대는 '누가'가 아직도 떠오르기 전이었으니 신-인 관계가 기축이 되었을 리가 만무하다. '어떻게'로 넘어오면서 '누가'가 등장함으로써 그러한 기축의 설정이 본격화되긴 했지만 익히 살핀 대로 '언제'와 '어디서'가 없는 '누가'는 '무엇'과의 사이에서 주도권을 두고 실랑이를 벌일 뿐이었다. 결국 '왜'가 터져나오면서, 아니 '왜'를 터뜨려낸 '누가－언제/어디서'의 전면적인 등장과 함께 비로소 신-인 관계에 대한 그림의 조각들이 맞추어지기에 이르렀다. 따라서 신학의 정체와 방법을 논하고자 할 때 최소한 이런 점을 염두에 둔다면 방법론 자체의 진화과정에 대해서도 밀도 있는 성찰이 요구된다.

그러나 우리가 여기서 작금의 신학에서 논의되는 모든 방법론들을 망라할 수도 없고 그럴 필요도 없다. 오히려 그리스도교 전래 역사가 상대적으로 짧은 우리나라에서 받아들여지고 새겨진 과정과 방식을 염두에 두고, 우리에게 큰 깨달음의 경종을 울려줄 만한 이야기를 집중적으로 분석하고 이로부터 한 수 배우면서, 또한 우리 자리에서 아쉬운 점들을 지적하는 것으로써 서로 간의 깨달음이 될 수 있다면 그것으로도 적지 않은 의미를 지닐 것이다. 그리고 이를 위해 본 연구에서는 최근 신학방법론 영역에서 다소 외롭게나마 자신의 지론을 오롯이 개진해 온 고든 카우프만(Gordon Kaufmann)의 구성신학을 살피고자 한다. 그를 선택하는 가장 중요한 이유는 아무래도 우리 자리에서의 신학하기를 위해 그가 개진한 고민이 시사해 주는 바가 상당히 클 것으로 여겨지기 때문이다. 특히 믿음과 삶의 괴리를 그 어느 다른 문화권보다 진하게 겪을 수밖에 없는 한국사회의 현실에서, 더욱이 공허한 종교적 주술 안에 하느님을 가두고도 이를 전혀 의식하지 못하는 한국 그리스도교계의 실상에 비추어 볼 때, 일상적인 삶에서 하느님과 세계 사이의 말 되는 가교를 통해 믿음의 뜻을 엮어야 할 절실한 필요성에 매우 탁월하게 부응할 수 있을 것으로 기대되기 때문이다. 그렇다고 해서 카우프만의 구성신학이 만병통치약과 같은 처방이라는 것은 아니다. 오히려 우리는 여기서 우리에게 익숙한 우리의 전통 문화와 정신으로부터 그에게 한 수 가르쳐 줌으로써 이를 통해서 더욱 적실하고 풍부한 방법론적 성찰로 다듬어가고자 한다.

1. **'구성신학'의 바탕과 뜻**

1) **신학하기의 일상화**

탈종교화와 세속화의 기치를 내걸었던 과학이 선도했던 근세를 거쳐 나온 현대는 여러 방면에서 인간해방을 향한 괄목할 만한 발전을 이루었으면서도 동시에 그 이면의 모순들을 함께 겪어가는 시대이다. 적어도 전통

형이상학이 지배했던 고중세 시대에는 신의 실재를 전제하고 신봉하는 것이 가능했었지만 근대화를 거친 우리 시대에는 이 최소한의 일치점마저 가정할 수 없으리만큼 신의 의미가 다양하다 못해 불확실해지기까지 했기 때문이다. 말하자면 신의 실재의 일의적 확실성으로부터 신의 의미의 다의적(혹은 무의적) 모호성으로의 변환이 일어나면서 '신에 관하여 여전히 어떤 식으로든지 말할 수 있는가?'라는 회의적인 물음까지 등장했기 때문이다.[1]

그러나 오늘날 이 물음은 신 자체의 실재성에 대한 것이라기보다는 '신학의 출발점, 또는 터전으로서의 피조적 세계와 신학의 지향점으로서의 신 사이를 어떻게 연관 짓는가?'에 대한 관심의 표출이라 하겠다. 전통적으로 신학을 어떻게 할 것인가, 즉 '신'과 '학'을 어떻게 엮을 것인가라는 문제는 '위로부터'나 '아래로부터' 등과 같이 신과 세계 사이에서 출발점을 어디에 두는가 하는 문제로 간주되었는 바 이는 사실상 신학 방법의 문제라기보다는 구원의 근거에 대한 종교적 물음에 더욱 연관된 것이었다. 말하자면 구원을 위하여 신이 인간을 찾아오셔야만 하는가, 아니면 신을 향한 인간의 애달픈 노력이 일말의 뜻이라도 지닐 수 있는가 하는 문제였지 신학의 출발점과 전개과정에 대한 것은 아니었던 것이다. 왜냐하면 자고로 '신'과 '학'을 엮어내는 인간의 작업으로서의 신학이라는 것에 있어 '위로부터'라는 것은 애당초 불가능할 뿐 아니라 '아래로부터'라는 것도 인간이 도대체 어느 자리에 있기에 '아래'를 말할 수 있는가를 되묻는다면

1) 고든 카우프만, 『신학방법론』, 기독교통합학문연구소 옮김(서울: 한들, 1999), 16쪽; 이하 『신학방법론』으로 표기하고 아울러 같은 책을 인용할 경우도 참조의 효과를 위하여 이 표기를 사용하고자 한다. 본 연구는 카우프만의 신학방법론에 관한 것이므로 카우프만의 저서들 중에서 *An Essay on Theological Method*(1975)에 주로 집중하여 분석할 것이며, *The Theological Imagination*(1982)을 보조 자료로 사용하고자 한다. 그의 저서들 중 방법론 문제에 연관된 *Systematic Theology: A Historicist Perspective*(1968)는 카우프만 자신도 지적하듯이 계시에 대한 단순한 관점에 토대를 둔 미숙한 작업이었으며, *God the Problem*(1972)도 *An Essay on Theological Method*를 통해 상당히 보완되었기 때문에 굳이 포함하지 않았다.

어불성설일 따름이기 때문이다. 그러기에 카우프만도 신학이 관심하는 개념으로서의 신이 세계의 창조자로서의 이념을 포함한다면 피조계 어디에서도, 세계 어느 구석에서도 신학적 반성이 시작될 수 있을 것이라고 하면서 다음과 같이 읊조렸다: “문제는 우리가 어디에서 시작하느냐가 아니라 오히려 우리가 어떻게 예비적인 것으로부터 궁극적인 것으로, 즉 피조물로부터 신에게로 나아가느냐이다.”[2] 그러나 신학의 과제는 여기에 머무를 수 없다. 신이 더 이상 ‘무엇’이 향하는 실재의 동일성이라는 범주로 받아들여지지도 않을뿐더러 그렇게 갇혀 있을 수도 없기 때문이다. 다시 말하면 우리가 신을 말할 때 그 자체로서의 실재적 차원에서라기보다는 이미 피조된 질서와 연관성 안에서 지니는 의미의 차원에서 그렇게 하고 있기 때문이다.

그러나 이와는 달리, 종래의 신학은 “하느님이 실제로 그 스스로를 계시하고 있다는 신앙을 전제해야만 한다”[3]라고 주장했던 것으로 보인다. 따라서 신의 말씀으로서의 계시는 신학에 있어서 대체로 출발점의 자리에 위치해 왔으며 신학은 신에 대한 관심에 집중하고 이를 잘 보듬는 것을 지상최대의 ‘거룩한’ 사명인 양 받들어왔다. 기껏 인간의 신앙에 대해 관심을 확장했어도 ‘무엇을 신앙하는가?’라는 물음에 대한 대답에만 초점을 맞춤으로써 사실상 ‘신앙이란 무엇인가?’라는 물음으로 시작될 신앙 자체에

---

2) 『신학방법론』, 26쪽. 이것이 ‘아래로부터’의 방법을 지지하는 것으로 읽혀져서는 안 된다. 왜냐하면 카우프만은 앞으로 살펴보게 될 것과 같이 결국 신 개념과 세계 개념 사이의 상승적 순환 운동을 제안하고 있기 때문이다.

3) 같은 책, 27쪽. 물론 신앙을 전제해야 한다는 것 그 자체가 문제는 아닐 것이다. 문제는 어떤 형태와 방향을 지니는 신앙인가 하는 것이며 나아가 전제된 신앙이 결론까지 지배할 만큼 재론의 여지없이 애초부터 당연하게 주어진 것으로 간주되어서는 안 될 것이다. 말하자면 신앙이 전제되어야 하기는 하지만 그렇게 전제된 신앙도 여전히 반성되어야 하는 것이다. 따라서 신학이 신앙을 전제해야 한다는 것은 신앙에 대한 성찰까지 포함하여야 하는 것이며 결국 신학(神學)이란 신학(信學)이기까지 해야 하는 것이다.

대한 반성의 계기조차 충분히 확보하지 못했었다. 이런 점에 비춘다면 “신학은 이미 특정한 종교적 입장을 견지하고 있는 사람들의 신앙을 분석하는 것을 주요 업무로 해왔다”[4]라는 카우프만의 진단조차도 매우 과장된 것일 수 있다. 실상은 그만하지도 않았기 때문이다.

따라서 신학의 근본이 신의 계시라는 주장은 충분히 타당하지만 그것이 곧 우리의 작업으로서의 신학이 신의 계시에서 시작해야 한다는 것으로 읽혀져서는 안 된다.[5] 카우프만은 오히려 “하느님 계시의 근본성에 대한 주장이 우리에게 신학 작업을 어떻게 해야 하는지 알려 준다는 가정, 즉 하느님의 계시가 신학함의 근본이라는 주장이 신학하는 인간인 우리에게 어디서 신학을 시작해야만 하는지를 알려주고 있다는 가정이 잘못되었다”[6]고까지 주장한다. 그럼에도 불구하고 많은 경우에 ‘근본’과 ‘시작’ 사이의 혼동으로 인하여 암암리에 계시주의가 부상하는 것이 일반적인 상황이다. ‘근본’이라는 용어가 뿌리라는 뜻을 지니다 보니 곧 ‘시작’을 가리키는 것으로 여겨졌을 수도 있겠지만 ‘근본’이 있음 차원의 개념이라면, ‘시작’은 앎의 영역에서 설정되는 개념이라고 하겠다. 따라서 필요하다면 ‘근본’이라는 용어 대신에 ‘목표’라는 표현이 어떨까 한다. 신의 계시가 신학의 출발적인 전제라기보다는 오히려 신학이 도달해야 할 목표이고 결론으로 간주되어야 하기 때문이다.[7] 그리고 이것이 오히려 신의 계시를 더욱 잘 모시는 태도이기도 하다. 만일 신학이 신의 계시를 출발로 삼는다면, 한편으로는 계시의 권위를 업고 스스로를 신격화하는 작태를 연출하게

---

4) 『신학방법론』, 27쪽.

5) Gordon Kaufmann, *The Theological Imagination: Constructing the Concept of God* (Philadelphia: The Westminster Press, 1981), pp.30~31; 이하 *Theological Imagination*으로 표기. 카우프만은 신학은 ‘계시’에 대한 반응으로서의 ‘신앙’으로부터 시작하여 ‘신앙’에 봉사하는 것이라고 분명한 입장을 표명한다. ‘계시’를 앞세우는 태도는 사실상 신의 자리를 넘보는 경거망동의 꼴불견 이외에 아무 것도 아니다.

6) 『신학방법론』, 29~30쪽.

7) 『신학방법론』, 30쪽.

될 것이고, 다른 한편으로는 계시에 대한 해석을 구실로 임의적으로 변형함으로써 오히려 계시에 대한 경박한 왜곡으로 이어질 수도 있을 것이다. 따라서 신의 계시는 신학의 전제나 출발이기보다는 목표요, 결론으로 자리매김을 하는 것이 신학을 위해서뿐 아니라 신의 계시에 대한 적절한 자세를 위해서도 더욱 타당한 것이라고 하겠다.8)

그렇다면 도대체 왜 신의 계시가 신학의 전제이기보다는 결론이어야 하고 더 나아가 결론일 수밖에 없을지언정 전제일 수 없는가? 이에 대한 대답은 신의 계시 자체의 본성에서보다는 신의 계시에 대한 인간의 수용과 해석에 나타나는 인간의 본성과 한계로부터 주어져야 할 것이다. 삼라만상은 '있음의 질서'를 따라 창조되거나 생성되었을지라도 우리는 어쩔 수 없이 이에 대한 우리의 경험에서, 즉 '앎의 순서'를 따라 더듬어갈 수밖에 없기 때문이다. 그럼에도 불구하고 앎의 순서를 따라, 즉 우리의 경험에서 시작한다는 것을 인간의 경험으로부터 신의 존재와 신앙의 원천을 도출시키는 것으로 오해한 나머지 신의 계시를 전제의 자리에 위치하도록 고집하는 경향이 아직도 많은 신학자들에게 집요하게 도사리고 있다는 것을 부정할 수 없다. 그 이유인즉 "신학자들이 신과 더불어 혹은 신의 계시와 더불어 신학적 설명을 시작해야 한다고 가정하는 것은 그들이 바로 앎의 순서와 있음의 질서를 혼동하기 때문이다."9)

그렇다면 엄연한 있음의 질서에도 불구하고 우리는 왜 앎의 순서를 따를 수밖에 없는가? 그것은 우리의 사고가 체험과 해석의 불가분리적인 관계에 뿌리를 두고 있기 때문이다. 즉, 있음으로 자리하는 그 무엇에 대한 우리의 체험이 없이는 그 무엇은 있음으로도 간주될 수 없고, 체험 안에서 체험을 통해 그 무엇이 비로소 있음으로 새겨지기 때문이다. 그런데 이때 체험은

8) 카우프만은 "하느님의 인도하심과 계시에 대한 주장은 신학 작업의 결론이 되는 것이지 신학 작업의 전제가 아니라는 점을 유념해야 한다"라고 역설한다. 『신학방법론』, 30쪽.

9) 『신학방법론』, 31쪽.

무색무취의 현상이거나 무념무상의 사건이 아니라 바로 그 체험을 체험되게 하는 해석이라는 행위로 엮어져 있으며 이미 어떤 방식으로 체험되도록 해석하는 작업이 없이는 체험조차 성립될 수 없다. 카우프만의 말을 빌린다면,

> '궁극적인 것' 혹은 '무한한 것'의 체험과 구별되는 '초월'의 순수한 언어 이전의 체험 따위는 없다. 이 '체험들' 각각은 언어적 상징들을 통해 형성되고 경계지워지며 알려지는 것으로서, 바로 언어적 상징들을 통해 그 체험들에 이름이 부여되는 것이다.[10]

여기서 언어적 상징으로서의 해석이 '어떻게'를 가리킨다면 체험의 내용인 '무엇'은 '어떻게' 없이는 '무엇'으로조차 새겨질 수 없으며 '무엇'이 가리키는 있음은 '어떻게'가 향하는 앎이 없이는 있음으로 새겨질 수도 없다.[11] 따라서 우리는 불가피하게 앎의 순서를 따라 우리의 경험에서 시작할 수밖에 없는 것이다. 그리고 사실상 이미 그렇게 하고 있다. 누구나 예외 없이 이미 그렇게 하고 있으면서도 단지 그것을 인식하지 못할 따름이다. 왜냐하면 체험에서 '체(體)'가 '나 안에서'를 가리키고 '험(驗)'이 '남에 의해서'를 가리키는데 이 사이의 긴장을 쉽게 잊어버리기 때문이다. 다시 말하면 이 긴장의 간극이 체험으로 하여금 해석을 통해 체험이게 하지만, 우리의 일상은 안정 욕구로 인해 그러한 입체적 긴장을 평면적 공식으로 추려내려고 하기 때문이다. 결국 체험은 '남에 의해서'이지만 '나 안에서' 벌어지는

10) 『신학방법론』, 33쪽.

11) 카우프만은 이를 다음과 같이 말한다: "언어 이전적 경험이란 있을 수 없다. 왜냐하면 경험들은 언어들을 통해 형성되기 때문이다. 그리고 이때 언어란 해석의 또 다른 이름일 뿐이다. 그러므로 언어 이전적 경험이 우리의 신학적 사고의 근본토대라고 주장하기보다는 우리가 말하고 있는 언어가 우리의 경험을 종교적이게 하며 그리함으로써 종교적 경험에 근본토대를 제공하고 있다고 말하는 것이 더욱 솔직한 표현일 것이다." 『신학방법론』, 33~35쪽.

일인데 '남에 의해서'가 우리의 주목을 끄는 반면에 '나 안에서'라는 차원은 잊혀져버리기 때문에 자기가 이미 그렇게 하고 있다는 것을 깨닫지 못하고서는 내내 남에게서 주어진다는 착각에서 벗어나지 못하는 것이다.[12)]

체험이 이처럼 해석과 불가분리의 관계에서 구성되는 것이라면 신학적 성찰의 대상인 종교 체험은 어떻게 보아야 할까? 이 대목에서 체험을 형성시키는 해석이 채택하는 개념들의 의미가 변화하거나 상실될 때에는 체험의 원초적 차원으로 되돌아가야 한다는 상식적인 원리를 상기할 일이다. 말하자면 일상경험을 종교적으로 형성시키는 해석이 사용하는 개념들이 탈종교화 또는 세속화의 단계를 거쳐 점차 소멸되어가는 것이 오늘날의 상황이라면 이제는 종교체험의 본 모습을 드러내 주는 일상적 차원에 새삼스럽게 주목해야 한다. 그런데 체험과 해석이 불가분리적인 것이라면 체험의 바로 그러한 원초성과 일상성을 형성하는 해석이 사용하는 언어의 일상성에 초점을 맞추는 것은 당연한 일이다. 다시 말하면 종교 언어의 근거로서의 일상 언어에 주목해야 한다. 계시라는 이름으로 포장되는 특별하고 전문적인 의미의 언어라는 것도 사실상 일상 언어로부터 변형된 것으로서 일상 언어에 기생하는 것일 뿐 결코 이와 동떨어져서는 형성될 수도 없고 이해될 수는 더욱 없는 것이기 때문이다. 카우프만도 역설한다:

> 신학이 본질적으로 교회의 일이고 그러므로 신학자는 교회의 '신앙'을 의심 없이 받아들일 수 있고, 또 그래야만 한다고 가정하는 것은 사회와 문화 속에 그 뿌리를 내리며 존재해 온 교회의 삶의 방식을 터무니없이 단순하게 취급해 버리는 꼴이다. 이는 하느님, 인간, 교회, 화해, 계시, 기도, 신앙 등의 핵심용어

12) 뒤에서 말하게 될 '있음의 질서'와 '앎의 순서' 사이의 관계가 바로 여기에 적용되는데, '나 안에서'가 불가피하되 잊혀지는 '앎의 순서'를 가리킨다면 '남에 의해서'는 거부할 수는 없어 보이지만 '나 안에서'가 없이는 도대체 불가능한 '있음의 질서'에 해당하는 것이라고 하겠다.

들을 포함하여 교회의 전체 어휘들이 일상을 살아가는 사람들의 일상 언어로부터 취해진 것이라는 사실을 완전히 무시하는 것이다.[13)]

따라서 신학의 언어는 무슨 유별나게 종교적이거나 비의적인 주술이 아니라 그러한 신학이 속해 있는 사회와 문화의 일상 언어일 수밖에 없으며 또한 마땅히 그러해야 한다. 만일 그렇지 않다면 신앙은 현실로부터 동떨어져 비의적인 암호 안에 갇히게 되며, 믿음과 삶 사이에는 넘을 수 없는 '요단강'이 가로놓이게 되어 삶의 현실에서 신앙인은 불가피하게 위선적일 수밖에 없게 되기 때문이다. 그리고 결국 종교와 인간 사이의 관계가 일그러짐으로써 종교가 인간을 해방시키기보다는 오히려 억압하는 비극이 벌어지게 된다. 새삼스러울 것도 없이 종교의 역사는 사실상 이에 대한 증거들로 넘쳐난다. 따라서 엄연히 일상을 살아가는 우리들에게 신학이 의미가 있으려면 일상적 삶에서의 뜻으로 새겨질 수 있는 방식으로 엮어져야 한다.

2) 신의 실재의 근원적 자존성과 신 개념의 파생적 의존성

종교체험에 대한 우리의 읽기가 일상적 삶에서의 뜻을 향해야 한다면, 이제 우리가 믿는 신은 어떻게 새겨지고 그려져야 하는가? 이에 답하기 위해 우리는 먼저 신 자신은 철저히 근원적이어서 존재하기 위해 자기 이외의 어떠한 것에도 의존하지 않는 '자기원인'이지만 그 신에 대한 개념이 곧 그러한 지위를 갖는 것은 아니라는 점을 염두에 두어야 한다. 왜냐하면 신 개념은 다른 모든 개념들에 의존하여 그로부터 엮어지는 가장 복잡한 것이어서 파생과 추론의 끝자락에서나 더듬어질 수 있는 개념이기 때문이다.[14)] 카우프만이 말한 대로, "비록 하느님 자신은 철저히 독립적이고 비파

13) 『신학방법론』, 28~29쪽.

14) *Theological Imagination*, pp.21~22.

생적이며 자기유지적 실재로, 즉 홀로 자존성을 갖는 것으로 인식될 수 있고 그 외 다른 모든 실재들은 파생적이고 부차적이며 우발적인 것으로 간주될 수 있다지만 하느님 개념이 그와 같은 고양된 신분을 갖는 것으로 이해될 수는 없다."[15] 말하자면 신의 있음은 가장 원초적이지만 신에 대한 우리의 앎은 우리 자신을 포함하여 주위 세계를 훑어감으로써만 비로소 가까이 다가갈 수 있는 것이다. 이를 일컬어 '있음의 질서와 앎의 순서 사이의 반비례적 역전,' 또는 '있음의 질서를 따르는 것의 불가능성과 앎의 순서를 따르는 것의 불가피성'이라는 방식으로 추릴 수도 있겠다. 그럼에도 불구하고 신 자체의 근원적 지위 때문에 신 개념도 당연히 그러할 것이라는 착각이 상당히 맹위를 떨친다. 신 자신이 그러하다면 신에 대한 개념도 마땅히 그러해야 한다는 것이다. 그러나 이러한 혼동은 앞서 말한 바 있음의 질서를 따르는 것이 불가능하고 앎의 순서를 따르는 것은 불가피하다는 원리에 대한 통찰에 미처 이르지 못했기 때문이다. 묻건대 앎 이전의 있음을 새기거나 그릴 수 있는가? 엄연히 불가능함에도 불구하고 이것이 불가능하다는 점을 왜 그토록 깨닫지 못하는가? 이유를 캐본다면 우선 자기의식의 결여 및 이에 대한 반성의식의 결여를 들 수 있다. 말하자면 스스로 의식하지 못하더라도 신에 대한 인식에 자신이 이미 어떠한 역할을 하고 있다는 사실에 대한 의식이 없기 때문이다. 그렇다면 왜 그러한 의식이 없을까? 자기에 대해서 자기는 언제나 너무도 자연스러워서 없는 것 같기 때문이다. 게다가 신의 지위, 신의 자리, 아니 신 자체로부터 직접 비롯된다는 확실성과 권위를 확보하려는 욕망이 워낙 거대해서 그렇게 욕망하고 있는 자기 자신을 드러내고 깨달을 겨를이 없기 때문이다.

그러나 우리가 결코 부인할 수 없는 신 개념의 파생적 의존성은 신관이 인간관과 세계관에 뿌리를 둔다는 것을 가리킨다. 그러기에 카우프만도 "피조된 질서에 대한 우리의 개념이 변화해 감에 따라 창조자에 대한 우리

15) 『신학방법론』, 41~42쪽.

의 개념도 그에 상응하여 필연적으로 변화하기 마련"[16]이라고 갈파한다. 무릇 회자되듯이 '신학이 인간학이라는 것'도 이것을 말하려 함인데, 이것이 신 자체의 근원적 자존성을 손상하거나 위배하기라도 하는 듯이 오해하는 것도 역시 있음과 앎 사이에서의 어쩔 수 없는 거리와 긴장에 대해 무감한 소치일 따름이다.

그러나 신 개념의 진화과정을 진지하게 살핀다면, 이러한 원리의 당위성은 더욱 확연하게 드러난다. 즉, 원시문화나 전반성적 사유에 머물러 있는 경우 경험과 세계의 통일성에 대한 물음을 묻지 않고 모든 것을 즉발적이고 단편적으로 받아들이지만, 삶에 대한 반성을 통해 나름대로의 틀로 체험을 추리려는 의도적인 노력이 축적되면서 결국 이를 포괄할 수 있는 궁극적 판단 근거를 요청하거나 제안하기에 이르게 된다는 점에서도 위의 갈파는 타당한 것이다. 그런데 신 개념에 있어 특히 절대성이나 무제약성과 같은 개념이 가리키는 궁극성이라는 '논리적 신분'은 분명하게도 앎의 순서에서는 종점일 수밖에 없되, 있음의 질서에서는 당연히 시점임으로써 종교적 욕구를 충족시키는 '안전의 근거'가 될 수 있다.[17] 이로써 신 개념은 한 마디로 '있음의 시작'이되 '앎의 끝'일 수밖에 없는 오묘한 생리를 지니고 있어 과연 그리스도교 신비주의자들이 신의 모습에 관해 일찍이 그렸었던 '대립의 일치(coincidentia oppositorum)'[18]라는 것이 바로 적용된

---

16) 『신학방법론』, 42쪽.

17) 『신학방법론』, 46~47쪽.

18) 루돌프 오토, 『성스러움의 의미』, 길희성 옮김(분도출판사, 1987) 참조. 신 개념의 이러한 양면성은 사실상 신에 대한 인간의 체험의 양면성에 기인한다. 오토가 말하는 '두려움과 이끌림'이라는 대조적 신비도 그러하거니와 카포니그리도 이러한 양면성에 호응하여 다음과 같이 말한다: "신에 대해 말하는 것은 인간의 온갖 언술들 중 가장 우아한 것이면서 동시에 가장 깊은 좌절과 절망의 원천이기도 하다." A. Robert Caponigri, "Icon and Theon: Role of Imagination and Symbol in the Apprehension of Transcendence," in Robert Scharlemann, ed. *Naming God*(New York: Paragon House, 1985), p.29.

다. 다시 말하면 신 개념은 앎의 순서에서의 종국에서나 이르게 되는 궁극성이라는 논리적 특성에도 불구하고 있음의 원천을 향한 실존적 요구에 부응하는 구체적 표현으로 새겨지지 않으면 안 된다. 말하자면 겉보기에 상반적인 것 같은 궁극성과 구체성의 오묘한 얽힘인 것이다. 종래의 신 개념에서 전능성과 인격성의 공존 등이 바로 이에 상응하는 좋은 예라고 할 수 있다. 그래서 카우프만은 말한다:

> 하느님에 관한 인간의 현실 언어는 '궁극적 한계'에 관한 추상적이고 논리적인 담론이 아니라 오히려 우리 삶과 세계 그리고 우리의 가장 깊은 어려움들, 파탄과 승리, 인간의 불행과 영광 등에 관한 담론이다. …… 그러나 그 하느님 개념이 모든 사물의 근거가 되는 궁극적 지향점에 관한 것으로 주장될 때라야만 우리의 이러한 현실적인 문제들에 대해 말해질 수 있는 것이다.[19]

신 개념이 이처럼 궁극성과 현실성이라는 양립불가해 보이는 속성들을 함께 아울러야 한다면 이는 곧 신학의 고유성이 일상성과 만나야 한다는 것을 가리킨다. 그러기에 카우프만은 '신학 고유의 할 일'이라는 제목의 장에서 신학의 뿌리는 오히려 하느님이라는 단어의 뜻을 새기면서 살았던 사람들의 살아 있는 일상 언어, 즉 삶에서 발견되어야 함을 역설한다.[20] 즉, 신학의 고유성이라는 것이 일상성으로부터 떨어진 교리나 문서와 같은 독자적 영역을 구축함으로써 엮어지는 것이 아니라는 것이다. 그런데 교리가 가리키는 실재에 대한 기술이나 설명이 '무엇' 물음의 방식이라면 삶의 언어로 새겨지는 의미를 새삼스럽게 재/구성하는 것은 '왜' 물음에 뿌리를 둔 작업이라고 하겠다. 무엇이 이미 있는 것을 그리기 위한 물음이라면

19) 『신학방법론』, 49쪽.

20) 『신학방법론』, 52~53쪽. 그는 종교 언어의 일상화는 곧 문화일반에 대한 신학적 관심으로 이어져야 한다고 주장한다: "궁극적으로 신학을 일상 언어에 그 뿌리를 두고 있는 것으로 이해하려는 필자의 시도가 옳은 것이라면 이것은 문화 일반을 중요하게 생각하는 일이 된다." 『신학방법론』, 54쪽.

왜는 지금 엮어낼 것을 요구하는 물음이다. 결국 신 개념이 '상상적인 구성 개념(imaginative construct),' 즉 이미 있는 것이라기보다는 '지금 여기서 엮어져야 하는 것'이라는 엄연한 사실을 과거에 미처 깨닫지 못했기 때문에 '이미 거기에 그렇게 있는 것'이라는 뜻으로서의 실재라는 구도 안에 갇혀 있었고 이에 대한 기술로서의 교의신학을 개발해 왔었다면 이제 상상과 구성을 통한 의미 추구라는 구도에서는 당연히 재구성까지를 전제하는 구성신학의 방법을 택하지 않을 수 없다는 것이다.

2. 신학의 구성을 위한 전환: 있음에서 앎을 거쳐 삶으로

1) 1차 신학: 있음을 있음으로

그렇다면 서구에서 신학은 어떻게 '즉각적 계시'로부터 '상상적 구성'으로의 혁명적인 전환을 이루었는가? 가장 우선적으로 전통신학은 "하느님과 인간과 세계에 대하여 가급적 그 자체로 적절하게 서술하는 것, 즉 하느님과 세계와 인간을 우리와 대자하여 있는 대상들로 간주하여 서술할 수 있다"[21]는 신념에서 시작했다. 따라서 하느님은 무엇보다도 있음의 질서에서의 시점이라는 데에서, 즉 "우리에 반하여 '거기에 존재하는 대상'을 모델로"[22]하여 그려졌다. 이것이 곧 '참이란 무엇인가?'를 묻고 실재를 탐구하였던 고전 형이상학에 토대를 둔 서구신학의 원형이었다. 카우프만은 이를 다음과 같이 묘사한다:

하느님 개념을 마치 어떤 대상이나 실체를 지시하는 듯이 간주하는 것은

21) 『신학방법론』, 92쪽. 이에 대한 좋은 사례로서 Edward Farley, *Ecclesial Man*(Philadelphia: Fortress Press, 1975)을 참조하라.

22) *Theological Imagination*, p.22; 『신학방법론』, 63쪽.

대다수 전통 신학의 특징이었다. 하느님 혹은 신적인 것은 '저기 바깥에' 존재한다. 즉, 하느님에 대한 인간의 사유로부터 하느님의 존재는 멀리 떨어져 실재성을 갖는다고 가정되었다.[23]

말하자면 신은 '무엇' 물음의 궁극적 목표였으며 그 대답은 '무엇'이 향하는 '있음'인 실재의 본성인 동일성의 원리에 충실한 형이상학적 신론이었던 것이다. 위의 글에서 '하느님의 존재'가 '무엇'이 향하는 '있음'이라면 '인간의 사유'는 그러한 형이상학적 전제에 대해 후에 인식론적 성찰을 함으로써 신의 존재와 관련되게 될 '어떻게'가 향하는 '앎'에 해당하는 것이라 하겠다. 그런데 고전적 전통 신학에서 신은 있음의 질서에서의 시점으로서 앎의 순서를 따르는 인간의 사유 이전에 애당초 거기 그렇게 있으며 인간은 다만 그러한 있음의 질서를 따라 복종할 것만이 요구되었다. 따라서 카우프만에 의하면 이러한 구도에서 "하느님에 대한 전통적인 이미지는 군국주의나 도피주의를 지지하면서 지구의 운명을 위해 요구되는 인간의 책임성에 대해서는 관심하지 않는 경향이 있다."[24] 카우프만은 이를 다음과 같이 설명한다:

진리를 둘러싼 모든 물음들의 기준은 하느님 자신이 소유한 지식의 객관적 실재 그 자체이며 따라서 유한한 인간들의 이해 범위 안에서 직접적으로 구해질 수 있는 것은 아무것도 없었다. …… 인간의 정신은 오류에 빠지지 않으려면 하느님 진리의 객관적 실재에 순응해야만 했다.[25]

여기서 '하느님의 객관적 실재 그 자체'가 곧 '무엇'이 향하는 '있음'을 가리키고 '인간의 이해 범위'가 '어떻게'가 드러내는 '앎'을 가리킨다면

---

23) 『신학방법론』, 70쪽.

24) 샐리 맥페이그, 『은유 신학: 종교 언어와 하느님 모델』, 정애성 옮김(다산글방, 2001), 11쪽.

25) 『신학방법론』, 65쪽.

서구 고전신학은 철저하게 '무엇' 물음이 향하는 동일성의 원리를 기조로 하는 형이상학적 신학이었다. 더욱이 인간이 앎에서 오류에 빠지지 않기 위해서 있음을 뜻하는 객관적 실재에 복종해야 했었다는 것은 당시 '초인간적이고 신적인 진리를 손 안에 지니고 있다는 신념'[26]을 토대로 한 형이상학적 사고에서는 재론의 여지가 없는 것이었다. 그러나 카우프만이 지적한 대로 형이상학적 신학의 그러한 동일성의 신화적 원리에도 불구하고 구체적인 문제들에 연관하여 교회 안에서 엄청난 불일치들이 있었다는 사실은 바로 그러한 형이상학적 객관성이라는 것이 실제로 신봉되지 않았었음을 웅변해 준다. 좀 더 상세하게 살펴본다면, 한편으로는 전제된 신의 있음에 대해서는 "누구나 자신의 주장을 펴나갈 수 있고 더구나 각 사람들의 주장을 판결해줄 수 있는 법정 같은 것도 존재하지 않았다."[27] 그러나 다른 한편으로는 "하느님의 진리가 인간에 반하여 대자적으로 독립성과 객관성을 갖는다는 개념을 체계 있게 구성한 기본도식에는 거의 모두가 이의를 달지 않았다"[28]는 것이다. 그렇다면 당시 상황에서 이러한 대조야말로 형이상학적 객관성이 신의 실재성의 핵심으로 등장하면서 벌어진 비극이 아니고 무엇이겠는가? 여기서 객관성이 결국 동일성이나 보편성의 또 다른 이름이었다면 '신의 동일성(유일성)인가? 동일성의 신인가?'라는 의혹을 제기하지 않을 수 없게 할 정도로 객관성으로 표방되는 동일성의 위력은

26) *Theological Imagination*, p.263.

27) *Theological Imagination*, pp.35~36; 『신학방법론』, 75쪽. 더 나아가, "모든 종교 공동체들은 하느님을 자신만의 어휘로 이해하려는 경향을 갖고 있고, 그들 스스로를 하느님이 '선택한 백성', 즉 하느님이 다른 사람보다도 특별히 편애하는 백성으로 생각하려는 경향을 갖고 있다. 결국 하느님의 보편성이 단일신론적 유혹에 굴복하여 훼손된다면 그 하느님은 특정 부족이나 교파의 우상들 중의 하나에 불과한 존재가 되고 만다." 『신학방법론』, 145쪽.

28) 『신학방법론』, 66쪽. 왜냐하면 "과거에는 신학 작업에 내재한 철저한 구성적 특성이 명쾌하게 인식되지 못했었기 때문에 우리에게 방법론적인 절차를 안내해 줄 만한 전통이 거의 없었"기 때문이다. 같은 책, 88쪽.

가히 막강한 것이었다. 나아가 동일성을 구실로 객관성을 말하지만 이는 이에 마주하는 주관성을 상정하지 않음으로써, 즉 사실상 그러한 있음이 어떻게 알려지는지에 대한 기본 도식을 전혀 문제 삼지 않음으로써 "이 문제는 계시에 대한 믿음을 통해 계속 은폐될 수 있었고"[29] 또 실제의 역사가 그래왔다. 말하자면 있음이 있음 그 자체대로 읊어질 수 있다는 원초적이고 소박한 신념으로 신학이 엮어졌으니 카우프만은 이를 일컬어 '1차 신학(first-order theology)'[30]이라고 불렀다.

2) 2차 신학: 앎을 통하지 않고서는 있음이라고 할 수도 없다

그러나 역사상 수많은 순교와 배교라는 종교적 비극이 객관성을 표방한 동일성의 원리를 신격화시켰던 형이상학적 신관으로부터 비롯된 것이었다면 신학의 역사가 여기에만 머무를 수는 없는 일이었다. 왜냐하면 신에 대한 이해와 믿음에서 '있음'에만 머무른다면 힘을 숭배하려는 원초적 종교성의 요구에 따라 신의 실재에 대한 실체화를 거쳐 우상숭배로 전락할 수밖에 없기 때문이었다. 아울러 신에 대한 우상화는 결국 인간 스스로에 대한 자기절대화에 뿌리를 두고 있다는 종교심리학적 통찰이 이 대목에 적용된다. 따라서 신에 대한 단순한 대상화의 논리일 뿐인 1차 신학이 계시를 빙자하여 신의 실재 자체에 대한 직접적 언술인 양 행세하는 것은 우상숭배와 자기절대화가 함께 얽힌 어불성설일 뿐인 것이다. 그래서 카우프만은 "하느님에 대한 우리의 앎은 즉각적이거나 직접적인 것이 결코 아니며 하느님 자체에 대한 것도 결코 아니다"[31]라고 하면서 이러한 형이상학적 신학의 한계를 다음과 같이 지적한다:

---

29) 『신학방법론』, 67쪽.
30) 『신학방법론』, 92쪽.
31) 『신학방법론』, 119쪽.

> 계시에 관한 주장들의 타당성 혹은 진리가 의문시되기 시작한다면 그 전체 도식은 붕괴되기 시작한다. 이렇게 되면 어떻게 하느님 개념이 인간 의식 속에서 구성되는지를 이해할 수 있는 다른 방식들을 발전시켜 나가는 것이 필연적인 일이 된다.[32]

여기서 '하느님의 객관적 실재'를 일컫는 '계시'[33]나 '진리'가 곧 '무엇'이 물은 '있음'이었다면 '인간 의식'이나 '구성' 등은 '어떻게'라는 물음이 들추어내는 '앎'의 차원을 가리킨다. 결국 있음이 앎 이전의 있음 그 자체로서 군림하는 것이 아니라 앎 안에서 앎을 통하여 이러저러한 모습으로 있음을 드러낼 수밖에 없다는 데에 이르게 된다. "따라서 그 개념들[앎]이 직접적으로, 혹은 일대일 대응하는 방식으로 '사물들이 존재하는 방식[있음]'을 표상해 주고 있다고 가정하는 것은 심각한 착오에 빠지는 것이다."[34] 그런데 많은 경우 '무엇'의 동일성에 뿌리를 둔 계시적 진리의 객관성이라는 신화에 대한 향수를 떨치지 못한 채 '있음'이 '앎' 안에 담기는 만큼만 생각되고 이해될 수 있을 뿐이라는 통찰을 매우 안타까워하거나 심지어 신성모독으로 여기는 경향들을 볼 수 있다. 그러나 이러한 태도는 언뜻 하느님의 객관적 실재를 그 자체대로 잘 모시는 신실한 자세처럼 보일 수도 있지만 사실은 있음에 대한 앎의 불가피한 제한적

---

32) 『신학방법론』, 67쪽.

33) 소위 계시실증주의자들은 바로 그 계시를 근거로 하여 1차 신학의 가능성과 필수성을 주장하며, 따라서 2차나 3차 신학으로의 개진에 반대할 수밖에 없을 것이다. 그러나 "그러한 반대 입장들은 하느님의 계시 개념 자체가 이미 하느님 개념을 전제하고 있다는 것, 그리고 사실은 이 하느님 개념이 계시가 진정한 것으로 간주되어야 한다는 주장의 근거를 제공하고 있다는 사실을 간과하고 있을 따름이다." 『신학방법론』, 147쪽.

34) 『신학방법론』, 83쪽. 예를 들면, 안셀무스의 '그보다 더 큰 것을 생각할 수 없는 가장 큰 존재'라든지 틸리히가 말하는 '궁극적 실재'라는 표현은 그 자체로 신의 '있음'을 직접적이고 즉각적으로 가리킨다기보다는 이에 대해 생각할 때 염두에 두어야 할 '앎'의 틀에 관한 것으로 보아야 한다. 같은 책, 118~119쪽.

생리를 인지하지 못함으로써 오히려 우리가 신을 묘사 가능하고 인식 가능한 대상으로 폄하하면서도 그렇게 하는 줄로 인식하지도 못하는 범주오류(category mistake)의 신성모독일 뿐이다. 오히려 '무엇'이 향하는 '있음'이 교회 안에서조차 심지어 상충하는 모순에 이를 만큼 엄청난 불일치를 겪으면서 이제 '어떻게'라는 물음을 묻지 않을 수 없게 되었으며 이는 때마침 시대적으로도 근세를 선도한 자연과학에 의해 더욱 추동되었던 것도 결코 역사적 우연이라고만 할 수는 없다. 카우프만은 이를 다음과 같이 진단한다:

> 우리의 하느님 개념을 뛰어넘어 하나의 객관적 실재로서 하느님 자체에 도달할 수 있는 길이 없다는 것은 분명해졌다. 더 나아가 만일 하느님이 우리의 모든 개념들에 반하여 전적으로 객관적이어서 우리의 모든 개념들과 구별되는 것이라면, 그 하느님은 모든 면에서 우리와 관계가 없을 것이다.[35)]

말하자면 하느님의 존재가 '전적 타자'처럼 '앎 이전의 있음'이기만 하여 앎에 무관하다면 우리 인간과 아무런 관계가 없게 되는 자가당착에 이르게 된다는 것이다. 따라서 앎의 순서를 따르는 것이 불가피하다는 통찰은 바로 신과 인간의 관계성에 대한 최소한의 전제에서 비롯된 것인바 이를 거슬러 아직도 '앎 이전의 있음'에 대한 향수를 떨치지 못한다면 이는 신-인 관계의 거부를 의미하거나 앞서 살핀 대로 신의 대상화를 통한 우상숭배, 그리고 이에 따른 인간의 자가당착적 신격화를 도모하는 것 이외에 다른 것이 아니다. 결국 앎의 순서를 따르는 것은 이미 그 자체로서 존재에 대한 사유의 구조적 본성으로 인하여 불가피할 뿐 아니라, 신-인 관계를 위해서는 오히려 적극적으로 필요하기까지 하다면 있음에 대해 앎은 "하느님이 우리와 대자하여 존재하는 실재 혹은 우리와 전적으로 구별되는 타자가 아니라 사실은 우리의 사유와 경험 속에서 특별히 중요한

---

35) 『신학방법론』, 73~74쪽.

기능들을 수행하는 인간 상상력의 구성 개념이라는 대안적 이해가 배태되는 동기"[36]가 된다. 나아가 "모든 하느님 개념이 인간이 만들어낸 구성 개념들이라는 사실을 깨닫는 순간, 전통적 하느님 상들이 제기하는 파괴적인 타율성으로부터 우리는 보호받을 수 있게 된다."[37] 그리고 바로 이로써 우리는 '2차 신학(second-order theology)'[38]으로 나아가게 된다. 말하자면 신이 1차 신학에서는 '있음의 질서에서의 시점'이었다면 이제 2차 신학에서는 '앎의 순서에서의 종점'에 자리하게 되는 것이다.

물론 여기서 하느님이라는 개념이 '인간 상상력의 구성 개념'[39]이라고 하는 것은 섬세한 설명을 필요로 하는 조심스러운 주장임에는 분명하지만, 이것은 하느님의 실재 자체가 인간의 상상적 구성의 산물이라고 말하는 것이 아님은 더욱 분명하다. 만일 그렇다면 이는 카우프만이 강조하는 바 있음의 질서를 따르는 것이 불가능하다는 원리적 통찰을 스스로 거스르는

36) 『신학방법론』, 74쪽.

37) 『신학방법론』, 129쪽. 라이언은 바로 이 인간적 구성을 "부를 수 없는 존재에 대한 이름(naming the unnamable)"이라는 역설적 표현을 사용하여 자리매김한다. Samuel Rayan, "Naming the Unnamable," in Robert Scharlemann, ed. *Naming God*(New York: Paragon House, 1985).

38) 『신학방법론』, 93쪽. '상상적 구성'이라는 개념 자체가 주체와 객체 사이를 구별하는 명증한 의식이 발전된 후에, 즉 있음이 그저 있음이기만 한 것이 아니라 부득이 앎을 거치지 않을 수 없다는 인식론적 성찰이 등장한 후에야 배태될 수 있었던 것임은 두말할 나위가 없다. 따라서 1차 신학의 단계에서 앎의 불가피성에 의한 상상적 구성의 필연성에 대한 인지와 수용을 기대할 수는 없다. 다만 오늘날에도 여전히 1차 신학에 대한 향수를 간직한다면 이는 신 인식의 구조에 대한 무지와 인간적 성찰의 결여라는 문제뿐 아니라 우상숭배를 통한 자기절대화의 욕망에 대해 소박을 가장한 포장이 아닌가의 여부도 살펴야 할 것이다.

39) 이에 대해 카우프만은 "하느님과 세계를 우리의 경험 질서와 인격적 의미를 부여해주는 구성 개념으로 간주하는 것은 결코 직접적으로 지각 가능한 대상들에 비교해 하느님과 세계 개념을 폄하하는 것이 아니라 오히려 그 반대이다"(같은 책, 76쪽)라고 말한다. 그리함으로써 신에 대한 대상화, 나아가 우상화를 극복할 길을 모색할 수 있기 때문이다.

것이요 따라서 종래의 형이상학적 유신론에 대한 단순한 반대주장으로서의 천박한 무신론으로 전락하고 말게 될 것이기 때문이다. 결국 카우프만이 '상상력'[40]과 '구성'[41]이라는 다소 급진적인 표현을 굳이 사용한 것은 근세 후기 칸트의 선험적 구성설이 가리키듯이 우리가 앎 이전으로 결코 거슬러 갈 수 없다는 구조적 한계에 대한 절감을 표출하려 함이요, 또한 현대 반형이상학적 무신론[42]이 시도하듯이 그러한 한계에 대한 정직한 투시를 통해 신-인 관계를 더욱 적절하게 읽어내고 엮어낼 수 있는 방법을 모색하려는 의도를 지닌 것으로 보아야 할 것이다. 그러나

> 이러한 일은 물론 맹목적인 신앙인들을 자연스럽게 혼동에 빠뜨릴 것이다. 왜냐하면 종교적 신앙인들이 자신들이 헌신하고 있는 대상에 대해 자의식적이고 자기비판적인 태도를 갖기란 쉽지 않은 일이기 때문이다. 그러나 그와 같은 자의식적이고 자기 비판적인 성찰을 통해서만 신앙은 자신의 무지하고 비인간적이고 우상숭배적인 하느님 개념을 극복하게 되고 더 나아가 예배를

---

40) 카우프만이 신학 작업의 특성을 규정하기 위해 '상상력'이라는 표현을 사용하면서 염두에 둔 중요한 요소들에는 자연에 대한 우주론적 이해와 존재론을 중심으로 한 형이상학과의 연관성을 들 수 있겠다. *Theological Imagination*, pp.224~259 참조.

41) *Theological Imagination*, pp.46~48 참조. 여기서 '구성(construction)'은 '창조(creation)'와는 엄격히 구별되어야 하는 것인데 창조가 없음으로부터(ex nihilo)라는 전제에서라면, 구성은 이미 거기에 그렇게 있되 결코 앎 이전의 차원에서 잡아낼 수 없는 실재에 부합되는 방식으로 앎을 엮어내는 것을 말한다. 그렇다면 그러한 앎이 있음에 부합된다는 것을 어떻게 판단할 수 있는가라는 문제가 당연히 제기되는데 이 물음에 대한 답이 온전히 주어지기 위해서는 삶의 차원으로까지 확대 심화되어야 하며 3차 신학으로 나아가야 하는 이유도 바로 여기에 있다.

42) 현대 반형이상학적 무신론은 현대라는 시대의 서두를 장식한 포이어바흐, 마르크스, 니체, 프로이트 등을 포함한 일련의 혁명적 사상가들의 주장을 일컫는데, 이는 결코 종래 형이상학의 유신론에 대한 단순한 반대의 입장으로 읽혀서는 안 될 것이다. 아직도 이들의 무신론을 형이상학적 있음에 대한 반대로서의 형이상학적 없음으로 새기는 통속적 경향이 적지 않지만 이들은 오히려 삶의 세계에서 체험되는 무신성에 대한 예언자적 통찰로서의 뜻으로 읽혀져야 마땅하다.

받기에 적합한 개념들을 점차 발전시켜 나갈 수 있는 것이다.[43]

여기서 '우상'이 1차 신학의 표상인 '있음'에 대한 왜곡된 변형이라면 그러한 우상을 파괴하려는 앎은 결국 종교적 헌신을 위한 상상적 구성의 방식으로 2차 신학을 엮어낸다. 말하자면 2차 신학은 파괴를 통해 구성하는 역설적 과업인 것이다. 여기서 그러한 역설의 핵심이 자기비판적인 성찰임은 두말할 나위도 없다. 그리고 바로 이러한 자기비판이 뒤에 논하게 될 인간 실존에 대한 조망에서 시작하는 3차 신학으로 이어질 실마리가 될 것이다. 따라서 이제 "신학은 더 이상 그 자체로 사물이 존재[있음]하는 방식에 관한 사상[앎]을 편견 없이 제시해 주는 작업으로 인식될 수 없다."[44] 말하자면 이미 주어진 있음에 대한 사후의 앎을 통한 묘사나 기술이 결코 아닌 것이다. 언뜻 보기에 그랬으면 좋겠고, 그래야만 신일 것 같지만, 만일 아직도 그토록 이를 간절하게 붙잡고 싶다면, 그것은

> '스스로 결정을 내리고 인간의 구성 혹은 재구성에 종속하지 않는 존재'에 대한 개념이 그 자체로 복잡한 구성 개념이라는 사실을 깨닫지 못하고 있는 것이다. 그와 같은 추상적 질서를 담지하고 있는 실재는 지각이나 직관을 통해 우리에게 직접 알려지지 않는다. …… 전적으로 보편적이고 철저하게 타자적이면서 독립적인 것이 상상이나 관념을 통하지 않고 어떻게 우리에게 표상될 수 있겠는가?[45]

---

43) 『신학방법론』, 90쪽.

44) 『신학방법론』, 76쪽. 그는 이어서 말한다: "오히려 신학 작업은 집을 짓는 것과 비슷하다고 생각할 수 있다. 즉, 경험 속에 주어진 소재들을 사용하여, 재료들 자체를 통해서는 볼 수 없으나 그 재료들에 중요한 질서와 의미를 부여해 주는 근본 설계를 따라 세계를 구성해 나가는 작업이라고 할 수 있다." 우리는 신학하기에 대한 카우프만의 이 간결한 규정에서 신학이 신에 대한 논의에 머무르기보다는 그처럼 구태의연하게 주술적인 종래 영역을 넘어 게토를 극복할 가능성을 읽을 수 있다.

45) 『신학방법론』, 88쪽.

결국 앞서 누차 강조했듯이 앎으로 말미암지 않고서는 있음이 있음으로 읽힐 수도 없으니, 이것이 바로 있음이 지니는 생래적 꼴이요 앎이 지니는 생리적 틀이다. 그런데 앎의 순서를 따르는 것이 불가피하다는 것은 적어도 신이 '거기 그렇게 사심 없이 있는 것'이라기보다는 '인간과 밀접하게 관계한다는 것'을 가리키는 결정적인 구조로서의 뜻을 지닐 뿐 아니라, 바로 그렇기 때문에 앞서 살핀 대로 어떠한 형태의 대상화도 거부함으로써 종교 안에서 끊임없이 작동하는 우상숭배의 유혹도 넘어설 수 있는 계기가 된다는 것을 가리킨다. 말하자면 있음에 대해 앎이 부득이 얽힌다는 것을 새삼스럽게 깨닫는다는 것은 앞서 말한 자기비판적인 성찰이 가리키듯이 인간 스스로의 주제파악이 시작됨을 알리는 일이다. 앎을 전면에 끌고 나온 인식론이 의식철학에서 삶에 대한 반성철학으로까지 개진될 수 있었던 것도 바로 이 때문이다.

이제 이러한 앎은 카우프만에 의하면 신 개념에 대한 상상적 구성을 위하여 바로 이에 밀접하게 연관되는 세계 개념을 구성한다.[46] 세계란 그 세계 안에 있는 온갖 대상들처럼 만나고 겪을 수는 없지만 우리가 그러한 세계 안에서의 다양한 경험들을 특정한 목적과 의미를 위해 통일적인 전체 안에 싸안고자 할 때 부득이 설정하지 않으면 안 되는 개념이기 때문이다.[47] 또한 그래야만 그러한 세계와 마주하면서 관계하는 신 개념이 자연스럽고도 당연하게 구성될 수 있기 때문이다. 좀 더 구체적으로,

세계는 근본적으로 인간적 의미와 가치를 부여받았고 의식과 의도를 담지한

---

46) 세계 개념이 상상적 구성의 산물이라는 증거는 재론의 여지가 없다. 신 개념은 상상적 구성의 산물일지라도 세계는 경험의 대상이라고 주장하는 자연주의적 입장이 있지만 다음과 같은 지적을 고려한다면 그러한 주장이 얼마나 어불성설인지를 밝히는 것은 어려운 일이 아니다: "인간이 배태해 왔던 수없이 다양한 신화들과 형이상학들을 다시 일별해 보면 인간의 경험이 얼마나 다양한, 심지어는 상호 모순되기까지 한 세계 개념들을 담지하고 있는지 알게 된다." 『신학방법론』, 106쪽.

47) 『신학방법론』, 76~82쪽.

채 전적인 이해와 사랑과 교제를 갈망하고 있는 인간 삶은 궁극적으로 안락한 우주적 질서 속에 그 뿌리를 두고 있는 것으로 이해된다. 우주의 질서는 이제 근본적으로 인격적인 하느님의 목적들과 사랑과 보살핌을 통해 상징화되는 것이다.[48)]

3) 3차 신학: 앎의 뿌리인 삶에서야 비로소 있음이 뜻을 지닐 수 있다

그렇다면 카우프만이 새삼스러울 정도로 세계에 대하여 이렇게 접근하는 이유는 무엇일까? 그것은 우선 세계가 신 개념의 상상적 구성을 위한 현실적 전제로서 필요하다는 것을 말하고자 한 것이다.[49)] 또한 세계가 그저 물리적인 지구이거나 자연적 환경에만 한정되는 것이 아니라 신과 인격적 교류를 갈망할 만큼 의미와 가치로 이루어진 것이어서 신 개념과 불가분리의 관계를 지닌다는 것이다. 그리고 신 개념과 세계 개념 사이의 이와 같은 형식적 연관성과 내용적 공통성을 근거로 신 개념의 현실성을 확보하고자 한 의도 때문인 것으로 보인다. 그러나 '안락한 우주적 질서'나 '인격적인 하느님의 목적'이라는 표현이 가리키듯이 카우프만의 세계 개념은 다소 지나치게 낙관적이어서 굳이 '인격적인 보살핌'을 제공하는 신 개념을 필요로 하는 세계 개념일까 하는 의문을 제기하지 않을 수 없게 한다. 그럼에도 불구하고 결국 세계의 현실성을 통해 인간의 삶을 신학하기의 전면에 이끌어내고 또한 있음의 불가능성과 앎의 불가피성을 거쳐 삶의

---

48) 『신학방법론』, 82쪽.

49) 『신학방법론』, 104~105쪽. 사실상 카우프만이 신 개념과 밀접하게 세계 개념의 구성적 차원을 강조하는 이유는 이것 없이는 세계 안에 있는 어떤 경험적 대상들뿐 아니라 그 대상들 사이의 관계에 대해서도 적절하게 설명할 수 없을 만큼 필수적인 개념이기 때문이다. 그런데 그러한 세계 개념조차 그 전체로서 경험의 대상이 될 수 없을 만큼 상상에 의한 구성적인 개념이라면 이미 우리는 신 개념을 논하기 전에 상상적 구성으로서의 세계 개념을 지니고 있다는 것을 드러냄으로써 신 개념의 상상적 구성의 가능성과 필수성을 논하고자 하기 때문이다.

현실성이라는 지평에 뜻있게 맞닿을 수 있는 신 개념을 엮어내려는 깊은 뜻을 지니고 있다는 것을 부정할 수는 없다. 왜냐하면 신 개념과 세계 개념은 "본질적으로 실천적인 목적들을 일구어내기 위한 상상적 구성"[50] 이기 때문이다. 말하자면 신이나 세계의 실재 그 자체가 초점이 아니라 오히려 그러한 실재에 그렇게 관심하게 만든 의미가 중요하기 때문이다.

그러나 이처럼 실재보다 의미가 더 중요한 것임에도 불구하고 도대체 왜 아직도 신의 실재가 아니면 어떠한 신학도 불가능하며 어떠한 신앙도 무의미하다는 주장들이 난무하고 있는가? 카우프만은 그 이유를 다음과 같이 단호하고도 명백하게 설명한다:

> 다양한 관심이 하느님 개념을 구성하는 데 영향을 미쳤다. 그러나 신학 작업의 철저한 구성적 특성이 미처 인식되지 못하였었기에 신학자들은 구성적 활동에 관련된 인간적 목적들이나 기능들을 전혀 주목해 볼 수 없었고, 또 어떤 비판 기준들이 이 구성 활동을 길잡이하고 평가하는 데 가장 적합할 것인지의 물음을 의식하거나 제기할 수 없었다.[51]

말하자면 신의 실재인 있음에 맹목적으로 고착된 나머지 신 개념이 앎의 산물이라는 것조차 깨닫지 못했을 뿐 아니라 그러한 앎이라는 것이 목적이나 관심으로 이루어진 삶을 터로 한 것이라는 데 대해서는 더욱이나 생각도 할 수 없었던 것이다. 다시 말하면, 있음의 위력 앞에 앎이 질러대는 소리를 듣기에도 여의치 않은 마당에 삶은 애당초 자리를 깔 수도 없었다. 그러나 여기서 '구성'이 '앎'의 방식이라면 '관심'이나 '목적들', 또는 '비판적 기준들'은 '삶'을 가리킬 터인즉 "관심이 구성에 영향을 미쳤다"라는

50) 『신학방법론』, 83쪽.

51) 『신학방법론』, 같은 쪽. 그러나 이 대목에서 미리 살펴본다면, "하느님 개념은 부분적으로 인간이란 참으로 무엇인가라는 개념들을 근거로 하여 구성된다. 참 인간을 이해하는 데에는 분명히 다양한 입장 차이가 있게 마련이고 이것은 다양한 하느님 개념이 구성될 가능성을 높여 주게 된다." 『신학방법론』, 146쪽.

것은 삶이 있음에게 앎을 들이댐으로써 앎으로 하여금 앎이게 하는 뿌리가 곧 삶이라는 것을 드러내 준다. 말하자면 앎은 있음을 있음으로 드러내게 하는 불가피한 통로나 방법이긴 하지만 그저 무색무취한 중립적 행위가 아니라 이미 가치판단이 개입됨으로써 특정한 목적과 관심으로 엮여진 삶의 지평 위에서 벌어지는 일인 것이다. 결국 삶을 이루는 목적이나 관심은 우리로 하여금 신 개념과 세계 개념의 관계를 중심으로 한 신학의 지평을 있음에서 헤어나와 겨우 앎의 영역을 꾸리는 데에서 만족하지 않고 그러한 앎을 그렇게 엮어낸 삶으로 더욱 넓히고 깊게 하도록 이끌어간다.

그러나 삶은 바로 그 삶에서의 목적이나 관심이라는 이유로 신과 세계 개념이 임의적으로 구성되어도 무방하다고 방치하지는 않는다. 만일 그렇다면 삶의 지속성과 조응할 수도 없을 뿐 아니라 종교적 헌신에도 합당하지 않을 것이기 때문이다. 오히려 카우프만은 신학은 '안에서 체험되어야'[52] 한다고 주장한다. 왜냐하면 '체험'이란 자기가 임의로 조작하는 것이 아니라 타자에 의해 일어나지만 여전히 자기 안에서 겪어지는 것이기 때문이다. 말하자면 체험이란 있음을 고수함으로써 결국 빠지게 되는 형이상학적 객관주의나 앎이 가리키는 인식의 주관주의적 성향과 같은 일방적 환원주의를 넘어서 '자기 안에서 타자에 의해서'라는 구도가 가리키는 바 주체와 객체 사이의 대등적 교호성을 그려낼 수 있는 터전을 가리킨다. 바로 여기서 우리는 일상적인 경험 대상에 대한 인식과는 확연하게 다른 신학의 상상적 구성이 임의적이거나 심지어 독단적인 주장으로 함몰되지 않을 수 있는 근거로서 삶의 체험에 진지하게 주목하게 된다. 그래서 그는 "신학 작품은 대중들이 삶으로 수용할 수 있는 것이어야만 한다"[53]라고 역설한다. 그리고 그럴 수 있기 위해서는 2차 신학이 그렇게 엮어낸 상상적 구성 체계를 통해서 인간 실존을 조망해야 하며, 이것이 바로 카우프만이 말하는 '3차 신학(third-order theology)'[54]이다.

---

52) 『신학방법론』, 86쪽.

53) 『신학방법론』, 같은 쪽.

그렇다면 신의 실재가 비매개적으로 현시될 수 있다는 환상이 착각임에도 불구하고 아직도 대다수의 신학과 신앙이 1차 신학의 유형에 머물러 있는 현실에 비추어볼 때 2차 신학으로의 전환도 사실상 벅찬 과제일 수밖에 없는 마당에 다음 절에서 상세하게 논하려는 3차 신학으로의 전진은 다른 어떤 의미를 지니는가? 사실상 앎의 불가피성에 대한 통찰에 바탕을 둔 2차 신학은 1차 신학이 빠질 수밖에 없는 우상숭배의 유혹에서 벗어나게 하는 작업으로서의 뜻을 지니지만 바로 그러한 이유로 있음에 대한 앎의 갈래들이 지니는 비중에 주목하게 함으로써 오히려 판단 기준에서의 혼돈과 갈등만을 초래한다.[55] 이런 점에서 2차 신학은 다른 문화와 다양한 종교들을 만나면서 삶의 실존적인 방향성을 갈망하는 현대인들의 욕구를 충족시키기에는 상당히 빈약할 수밖에 없다. 그렇다면 이러한 현대인들의 욕구에 어떻게 부응하여 이를 충족시킴으로써 명실 공히 3차 신학이 될 수 있는가? 사실상 상상적 구성을 통해 신 개념과 세계 개념을 엮어내고 그러한 체계들을 통해 인간실존을 조망하는 3차 신학의 작업은 이런 점에서 도전적이면서도 두려운 일이기도 하다. 그리고 바로 이런 이유로 일상의 종교인들은 물론이거니와 신학자들조차도 임의적 상대성으로의 전락가능성을 구실로 3차 신학으로의 진입을 거부하거나 꺼려하는 것이 작금의 현실이다. 그러나 카우프만은 3차 신학의 과업을 성공적으로 수행한다면,

> 우리는 삶에서 보다 큰 질서와 평안을 얻을 것이다. 왜냐하면 사람들은 그렇게 된다면 결국 자신들이 살고 있는 세계와 그 세계 속에서 살아가는 자신들을 다시금 목적론적이고 인간적인 질서를 통해 성찰할 수 있을 것이기 때문이다. 그와 같은 미래적 안목을 통하여 우리는 보다 내실 있는 인간화를 향하여 나아가게 될 것이다.[56]

---

54) 『신학방법론』, 95쪽.

55) 『신학방법론』, 96쪽.

56) 『신학방법론』, 같은 쪽.

물론 여기서 3차 신학은 인간실존의 조망을 통해 내실 있는 인간화를 향하려는 데에 그 목적이 있음을 분명히 하고 있다. 그리고 그러한 인간화란 그에 의하면 삶에서의 질서와 평안을 가리키는 것으로 보인다. 표면적으로는 이의를 제기할 만한 이유가 없어 보이지만 '질서와 평안'이라는 것이 인간화의 다양한 내용적 요소들 중에서는 사회적 지배층이나 '가진 자들'의 추구 가치로서 피지배층과 '못가진 자들'을 관리하는 논리로 흔히 사용되어온 역사를 지닌 것임을 고려한다면 카우프만이 제시하는 인간화의 내용에 대해서는 재론의 여지가 있다. 물론 뒤에서 이에 대해 논하겠지만 그럼에도 불구하고 그가 1차 신학의 구조적 불가능성과 2차 신학의 추론적 불가피성, 그리고 3차 신학의 실존적 현실성에 대해 체계적이고도 예리한 분석을 전개하면서 신학 구도의 전환을 제시한 것은 작금 신학계의 방법론적 성찰에서의 일천한 분위기에 비추어 볼 때 탁월한 공헌을 이룬 것으로 평가되어야 마땅하다.

3. '삶의 신학'으로서의 구성신학에 대한 방법론적 분석

우리는 지금까지 신에게서 신의 실재를 그 자체대로 받을 수 있다고 소박하게 생각했던 1차 신학으로부터 이제 인간이 어쩔 수 없이 나름대로의 방식으로 받아 엮어낼 수밖에 없다는 것을 깨닫게 된 2차 신학을 거쳐, 신학의 본래적 사명으로서의 진정한 인간화를 위하여 신 개념과 세계 개념사이의 상호 작업을 통해 인간 실존에 대해 깊이 꿰뚫으려는 3차 신학으로까지 나아가야 함을 살펴보았다. 그렇다면 카우프만이 주장하는 3차 신학은 구체적으로 어떻게 전개되는가? 다시 묻는다면, 신을 있음의 질서에서의 시점으로 모셨던 1차 신학으로부터 앎의 순서에서의 종점으로 모셨던 2차 신학을 거쳐 나아가게 되는 3차 신학은 어떠한 구도를 펼쳐야 하는가?

이에 대한 답을 구하기 위하여 우리는 우선 카우프만이 말하는 신 개념과 세계 개념 사이의 관계에 대해 좀 더 상세하게 살필 필요가 있다. 우선 세계 개념이라는 것은 앞서 논한 대로 일상적인 경험 대상들과는 달리 "다가갈수록 계속 뒤로 물러나는 수평선과 같아서, 우리를 둘러싸고 있지만 우리가 결코 그에 도달할 수 없는 개념"인지라 '한계 개념'으로 간주된다. 그런데 신 개념은 "세계 개념을 상대화시키고—따라서 세계 개념의 절대성과 궁극성을 파괴하고—있기 때문"에 "세계 개념이 조장하는 우리의 사고에 대한 규정을 교정하고 감리하는 기능"을 지닌다는 것이다.[57] 그럼에도 불구하고 "세계는 하느님에 대한 사유 없이도 인식될 수 있지만, 세계 개념 없이 하느님 개념을 발전시키는 것은 논리적으로 불가능"[58]하기 때문에 결국 카우프만은 다음과 같이 신 개념과 세계 개념의 상호공속적 구성관계에 도달하지 않을 수 없었다:

> '하느님'과 '세계' 개념 각각은 서로를 해석하고 논리적으로 결정하게 된다. 형식적으로 세계 개념은 하느님에 논리적으로 선행한다. 왜냐하면 하느님은 세계 개념 없이는 발전될 수 없기 때문이다. 그러나 실질적으로 하느님 개념은 세계 개념에 존재론적으로 선행한다. 왜냐하면 세계가 인식되는 방식은 창조자, 혹은 근거로서의 하느님 개념으로부터 결정적으로 영향받기 때문이다.[59]

이제 신 개념과 세계 개념 사이의 상호구성적인 관계는 있음과 앎의 차원에서 각각 선행적 위치를 나누어 가짐으로써 삶이라는 지평 위에서 상호 간의 순환을 위한 기본 구도를 이룬다. 소위 '해석학적 순환'이라는

---

57) 『신학방법론』, 106쪽.

58) 『신학방법론』, 108쪽.

59) 『신학방법론』, 같은 쪽. 이 구절은 있음의 질서를 따르는 것이 불가능하다고 하여 있음의 질서에서 시점인 신의 지위가 폐위되는 것은 아니라는 것을 분명히 하는 뜻을 지닌다. 오히려 이를 전제로 하되 우리의 논의 전개가 앎의 순서를 따를 수밖에 없다는 점을 인정한다는 것이다.

것이 여기에도 재론이 여지없이 해당되니 순환적 상호관계의 또 하나의 탁월한 사례를 우리가 보게 되는 것이다. 이렇게 신과 세계 개념의 순환적 상호관계는 신학 작업의 구체적인 방식, 또는 구성 순서를 제안하게 된다. 즉, 카우프만에 의하면 신학 작업은 다음과 같이,

(1) 세계 개념 구성: 경험의 대상들의 총합을 넘어서는 전체로서의 세계 개념 구성

(2) 신 개념 구성: 세계 개념에 한계를 부여해 상대화시키는 구성적 도약

(3) 세계 개념으로 복귀: 신 개념의 빛에서 세계 개념을 수용함으로써 경험 세계로 복귀

라는 3단계로 이루어져 왔고 앞으로도 그러해야 한다는 것이다. 다만 과거에는 누차 되뇌이었듯이 이미 그래왔었다는 것을 되돌아 살필 눈이 없었을 뿐이라는 것이다. 그렇다면 신학 구성의 3단계는 구체적으로 어떻게 수행되어야 하는가?

1) 1단계: 세계 개념 구성

카우프만은 첫째 단계인 세계 개념 구성을 위해 세계를 이루고 있는 대상들에 대한 "경험의 모든 요소들과 차원들을 공정하게 평가할 수 있는 전체 개념을 일관성 있고 조리 있게 사유할 수 있도록"[60] 형이상학의 작업, 구체적으로 우주론이 필요하다고 역설한다. 그리고 이를 통해 '실재하는 것, 진정한 것, 참된 것'을 분별 있게 접촉할 수 있게 된다는 것이다.

2) 2단계: 신 개념 구성

둘째 단계에서는 이러한 세계 개념을 상대화시키는 신 개념을 구성해야 한다.[61] 왜냐하면 그러한 신 개념 없이는 세계 개념이 그 자리를 대신해

60) 『신학방법론』, 111쪽.

궁극자의 지위로 등극함으로써 우리를 우상숭배에 빠지게 만들고 그 안에서 인간이 자신의 실존에 대해 망각하고 스스로 교만하게 만들기 때문이다.[62] 아울러 실존망각과 자기교만은 우리로 하여금 삶의 신앙적 차원에서 요구되는 자기 비움과는 정반대의 길로 치닫게 하기 때문이다. 따라서 신은 '궁극적 상대화의 원리'[63]나 '지고의 상대화시키는 자'[64]로서 세계 개념의 한계를 철저하게 깨닫게 하고 이를 통해 "경험 속에서 체득된 가치들을 우상화시키고 싶은 계속적인 유혹을 극복할 수 있도록"[65] 해주는 역할이 기대된다. 그러나 우리가 경험적 가치들에 대해서뿐 아니라 심지어 신에 대해서조차 우상화하려고 하는 것은 사실상 우리의 종교적 욕구 때문이며, 만일 그런 틀에 머무르고 만다면 우리는 우리 입맛에 맞는 '임기응변의 신'[66]일 수밖에 없는 우상을 숭배하게 될 것이다.[67] 그러나 카우프만이 특별히 강조하여 역설하듯이,

---

61) 그러기 위해서 카우프만은 신학의 주요 과제가 성서의 관념들이나 교리에 대한 설명이나 해설이 아니라 신 개념에 대한 분석과 비판, 그리고 재구성이라고 천명한다(*Theological Imagination*, p.265) 참조. 그러나 신학에서 신 개념이 핵심이라고 하는 것은 세계와 인간에 대하여 지니는 관계를 전제로 할 때임은 재론의 여지가 없다.

62) 『신학방법론』, 115쪽. 카우프만은 비록 다음과 같은 통찰에 적극적으로 이르지는 못한 것으로 보이지만, 우상숭배와 자기교만이 동전의 앞뒤면 관계라면 우상파괴와 자기 비움도 또한 그러한 관계이다. 이것이 곧 삶의 생리이고 종교적 역설이다.

63) *Theological Imagination*, p.264.

64) 『신학방법론』, 117쪽.

65) 『신학방법론』, 116쪽.

66) 카우프만은 임기응변의 신을 다음과 같이 묘사한다: "어떤 이가 직접 하느님을 이용할 수 있다거나 혹은 처리할 수 있다고 말한다면 우리는 그가 주장하고 있는 하느님은 우리와 관계 있는 우상이지 결코 하느님이 아니라고 확신할 수 있다." 『신학방법론』, 119쪽.

67) 이에 대해 카우프만은 상호의존적 관계 안에서 자신의 욕망을 성취하려는 인간의 성향에 대해 신의 근본적 초월성과 타자성이 지니는 의미를 상상적 구성을 통해 새길 것을 주장한다. *Theological Imagination*, pp.35~37.

하느님은 단순히 우리의 욕망과 희망을 성취시켜 주는 분을 의미하는 것은 아니다. 그 분은 제한하고, 제약하고, 잘라내고, 심지어 파괴하기 위하여 스스로를 규정하는 분으로 인식되어야 한다. '상대화시키는 자'로서 하느님을 말하는 것은 바로 종교적으로 우리가 그 앞에서 두려움과 전율로 엎드려 절할 수밖에 없는 두려운 신비로 인식되고 있는 분을 추상적으로 기술한 것에 불과하다.[68]

우리의 경험 대상들 사이의 상충 가능성을 넘어 전체를 아우르는 세계 개념을 구성하더라도 여기에 머무른다면 우리의 욕구 충족의 논리를 따라 움직여줄 것으로 기대되는 임기응변의 신과 대응하는 세계일 뿐이다. 그러나 현실의 세계는 그렇지도 않거니와 결국 가상의 희망을 따른 우상으로 둔갑하게 될 뿐이라면 신 개념은 바로 이러한 허상적 비극을 극복하기 위해서라도 요청된다. 그런데 여기서 신은 언제나 우리에게 우리가 원하는 방식으로 다가오리라고 기대한다면 아직도 우상화의 유혹을 떨치지 못한 증거이며, 오히려 '불붙는 떨기나무 앞에서의 모세'처럼 섬뜩할 만큼 전율을 일으키는 방식으로 침노할 가능성을 적극적으로 포함해야만 세계 개념을 상대화시키는 신 개념으로서의 뜻을 이룰 수 있을 것이다.

그러나 신 개념에서 세계 개념을 상대화시키는 기능은 더욱 중요한 역할을 위한 예비적인 요소일 따름이다. 그러한 기능도 신 개념의 핵심인 인간 실존을 위한 궁극적 방향 지표를 위한 것이기 때문이다.[69] 신 개념이 이와 같은 인간적 의미를 지니고 있다는 점이 의인화라는 혐의를 벗어나려는 역사적 강박 때문에라도 때로 무시되기도 하였지만 결코 부정될 수는 없었다. 그리고 여기서 인간적 의미란 결국 인간의 관심들이 신 개념 구축에 상당히 반영되었다는 것을 가리킨다. 카우프만은 말한다:

68) 『신학방법론』, 117쪽.

69) *Theological Imagination*, p.264.

> 만일 하느님이 전혀 윤리적 실재가 아니라면 우리는 우리 삶을 하느님과의 관계에서 규정할 수 없을 것이다. 우리는 진리를 추구하는 지적인 존재이면서 또한 미와 조화를 추구하려는 깊은 갈망을 품고 살아가는 심미적 존재들이다. …… 우리 자신의 이와 같은 지성적, 윤리적, 심미적 관심들이 중요한 의미에서 하느님에게 돌려질 수 없는 것들이라면 그 분은 사실상 우리 실존의 모든 양상을 상대화시키는 궁극적 판단근거가 될 수 없다.[70]

여기서 우리가 주목해야 할 점이 있다. 그것은 공교롭게도, 그리고 당연하게도, 카우프만이 말하는 신 개념 구성 요소의 인간적 차원이 포이어바흐가 말하는 인간의 희구적 투사로서의 신 개념과 상당히 유사하게 상응하면서도 동시에 결정적인 차이를 보인다는 점이다. 우선 인간정신의 세 요소들이 신 개념의 핵심을 이룬다는 점에서 당연한 공통성을 보인다. 말하자면 지성이 향하는 참됨, 의지가 추구하는 착함, 감정이 갈망하는 아름다움이라는 가치가 종국적으로 거룩함으로 엮어져 신이라는 개념에 이른다는 것이다. 그러나 각 요소들 사이의 관계에 대한 논의에서는 상당한 차이를 보인다. 포이어바흐에서는 지성의 필연성이 그려내는 신의 참됨 안에서 인간이 자기를 확인하려는 종교적 욕구를 충족시킬 수 없기 때문에 이를 추구하는 의지가 발동되고 이러한 의지는 도덕적 완전자로서의 신을 그려내게 되는데 여기서도 인간은 오히려 죄의식을 느끼게 됨으로써 구원에 대한 감정을 일으키게 되고 따라서 사랑의 신을 갈망하게 된다는 연계적인 방식을 취한다.[71] 그러나 카우프만은 위 인용구에서 보듯이 세 요소들이 신 개념 형성에 동시다발적으로 연관되는 것으로 그려지면서 나아가 "하느님 개념은 단순히 경험적으로 인간의 상을 확장시킨 것에 불과한 것이 아니"[72]라는 점에서 포이어바흐와 분명하게 차이를 보인다. 그럼에도 불

70) 『신학방법론』, 124쪽.
71) 루드비히 포이어바흐, 『기독교의 본질』, 김쾌상 옮김(까치, 1992), 115~153쪽 참조.
72) 『신학방법론』, 125쪽.

구하고 어느 경우이든 다음과 같은 점에서는 같은 입장을 취하는 것으로 간주된다:

> 우리가 지적으로 신학 작업을 수행하려 한다면 인간학이라는 것을 명확하게 이해하는 것이 절대적으로 필연적인 일이 된다. …… 따라서 인간적으로 중시되는 하느님 개념이란 결국 거의 불가피하게 신인동형동성론적 측면을 지닐 수밖에 없다.[73)]

위에서 우리는 우상파괴를 목적하는 상대화와 인간 실존의 자리매김을 위한 인간화라는 두 동기들이 신 개념 형성에 중요한 역할을 하고 있음을 보았다.[74)] 그런데 인간화라는 것이 과도하게 강조될 경우 인간중심주의와 우상숭배적인 이데올로기를 만들어내게 됨으로써 이 두 개의 동기들은 서로 긴장관계나 불안정한 관계를 이루게 된다. 사실상 상대화의 동기가 신 자체의 절대성으로부터 비롯된 것이라면,

> 절대성의 동기와 궁극적 인간 실현이라는 동기의 결합은 역으로 극단적인 타락의 위험에 노출되어 있는 것이 사실이다. 왜냐하면 예를 들어 하느님이 요구하시는 일을 수행하고 있다는 확증을 통해 인간에게 능력을 위임하는 것은 엄청나게 끔찍한 광신을 만들어내어 인간사를 파탄에 빠뜨릴 수 있기 때문이다.[75)]

---

73) 『신학방법론』, 같은 쪽. 프레데릭 페레도 이 대목에서 신에 관한 의인화가 부정적이기만 한 것이라기보다는 오히려 불가피한 것 이상으로 인간에게 이해되고 적용되는 신성을 말할 수 있는 긍정적인 순기능을 지닌다고 주장한다. Frederick Ferré, "In Praise of Anthropomorphism," in Robert Scarlemann & Gilbert Ogutu, *God In Language*(New York: Paragon House, 1987), pp.188~189.

74) *Theological Imagination*, pp.272~274. 카우프만은 상상적 구성으로서의 기독교 신학이라는 제목의 장에서 구성신학의 네 번째 테제로서 이 두 동기들에 대해 말하는데 이들은 현실적 삶에서 신의 의미 있는 임재와 현존을 위한 계기로서의 뜻을 지니고 있다는 점을 강조한다.

모든 것을 상대화시키는 절대성의 동기가 앎의 순서를 따르는 것의 불가피성에 토대를 둔 것이고, 궁극적 인간화의 동기가 삶의 현실적 지평에서의 요청이라면 두 개의 동기들 사이의 긴장은 사실상 앎과 삶 사이의 간극에서 비롯된 것이라고 해야 할 것이다. 말하자면 하느님의 일을 빙자하여 권력을 휘둘렀던 '가진 자'의 횡포는 앎이 있음에 대해 지니는 불가피성을 구실로 삶까지 지배하려는 유혹에 적지 않게 시달려 왔었던 인식론의 역사를 보더라도 여실히 확인할 수 있다. 이것이 바로 자아론적 선험주의라는 방식으로 개진된 앎의 논리와 생리가 일으킨 비극이라면 과연 앎도 그 권리 원천인 삶에 대해 진솔하게 자신의 지위를 내어주어야 한다. 그리고 이 또한 2차 신학에서 꿈틀거릴 수도 있는 "인간의 오만에 대해 제약과 구속을 요구하는"[76] 3차 신학으로 애써 나아가야 하는 이유이기도 하다. 실로 인간의 역사를 돌이켜본다면, 잔인무도한 살육을 벌였던 수많은 전쟁들이 거의 대부분 신과 종교의 이름을 빙자한 인간의 탐욕과 오만으로 자행되었음을 부인할 수 없을 것이다. 그리고 바로 이러한 이유 때문에라도 신학의 구성 작업은 신 개념 형성에서 멈출 수 없는 것이다.[77] 물론 3단계인 세계 개념으로의 복귀가 필요한 것도 바로 이 때문이다.[78]

---

75) 『신학방법론』, 128쪽.

76) 『신학방법론』, 같은 쪽.

77) *Theological Imagination*, p.274. 왜냐하면 신학은 신 개념에 대한 인간적 구성인데, 한편으로는 인간 정신에 알려질 수 있는 최고의 관념이라는 점에서는 영광이지만, 다른 한편으로 유한성, 상대성, 편견, 죄 등에 종속될 수밖에 없는 개념이라는 점에서는 깨지기 쉬운 개념이기도 하기 때문이다.

78) *Theological Imagination*, p.277. 카우프만은 이를 위해 구체적으로 다음과 같은 명제를 제시한다: "명제 6: 모든 신학적인 은유, 모델, 개념들에 대한 지속적이고도 온전한 토착화는 그것들이 성서나 전통적인 개념들로부터 아무리 멀리 벗어나게 되더라도 적절하고 필요하다. 그러나 동시에 불의와 비인간화에 책임이 있는 무리들뿐 아니라 그러한 우상숭배적 절대화의 단계에 이른 토착적인 세력이나 관념들, 기관들은 오로지 홀로 절대적이신 그 분의 빛 아래에서 상대화되고 제지되어야 한다."

3) 3단계: 세계 개념으로의 복귀

그렇다면 이러한 신 개념을 가지고 어떻게 세계 개념으로 복귀함으로써 신학적 구성의 핵심에 이를 수 있는가? 분명한 것은 우리의 앎을 이루는 모든 현실 경험의 체계로서의 세계 개념이 먼저이고, 그러한 세계를 상대화시키는 한계 개념으로서 애당초 있음인 신 개념이 구성되어야 한다는 것이다. 왜냐하면 있음의 질서를 따르는 것은 불가능하고, 앎의 순서를 따르는 것은 불가피하기 때문이다. 그러나 신 개념 없이 엮어진 세계 개념은 "자칫 자율적이고 자기 결정적인 실재의 전체로 간주될"[79] 가능성을 지니기 때문에 두 개념 사이의 정합을 위해 세계 개념을 재구성할 필요가 있게 된다. 말하자면 이제 세계는 "기껏해야 유한한 실재의 전체, 즉 피조물의 전체"[80]일 뿐인 것으로 재구성된다. 그럼에도 불구하고 신 개념과 세계 개념을 이렇게 서로 조율시킨다고 해서 정합적인 재구성이 그저 이루어지는 것은 아니다. 오히려 결정적으로는 신 개념이 공허한 주술에 빠지지 않으려면 '일상적인 삶의 언어로' 세계 개념과 만날 수 있어야 한다:

> 현대신학이 당면하고 있는 주요 문제 중의 하나는 바로 전통 신학의 어휘들이 현대의 경험을 다룰 만한 적합성을 결여하고 있다는 것이다. 결론적으로 죄와 구원, 성례전과 신앙, 그리스도와 교회 등을 언급하는 담론들은 대개 추상적이고 공허한 의미만을 전달해 주고 있는 듯이 보이며, 따라서 머나먼 꿈나라에 존재하는 실재들과 경험을 지시할 뿐이며, 우리가 살아가고 있는 실제의 일상 세계와는 하등의 관계가 없는 듯이 여겨진다. …… 하느님에 대한 신앙은 이제 많은 사람들에게 자신들의 현실적 삶과 무관한 것으로 여겨지고 있다. 그런데 이것은 그들의 완고한 죄성과 하느님에 대한 반역 때문이 아니라 오히려 하느님에 관한 담론 때문이다.[81]

79) 『신학방법론』, 133쪽.

80) 『신학방법론』, 같은 쪽.

81) 『신학방법론』, 134, 136쪽.

믿음과 삶의 괴리가 있음에 대한 단순한 거부인 반역적 죄성 때문이 아니라 앎의 오만과 왜곡이 자아낸 공허한 종교적 주술로 이루어진 신 담론 때문이라는 카우프만의 통찰은 신학적 재구성이 일상적 삶을 토대로 해야 한다는 주장에서 절정에 이른다:

> 그 전통의 어휘들이 우리의 경험을 신학적으로 공정하게 해석해 낼 수 있을 때, 현대 심리학과 물리학, 예술과 일상적인 삶의 언어를 통해 우리가 그 전통적 어휘들을 현실적으로 이해할 수 있을 때 그 어휘들은 비로소 활용될 수 있을 것이다. …… 신학적 재구성은 단순히 지적, 혹은 사색적 충동을 충족시키기 위함이 아닌 것이다. 그것은 신앙 자체의 삶으로부터 발원하는 요구인 것이다.[82)]

그리고 이렇게 될 때에만 하느님은 "우리의 진정한 예배와 헌신을 받기에 적합한 대상이 되신다."[83)] 말하자면 세계 개념으로 복귀한다는 3단계는 1단계의 세계 개념을 2단계의 신 개념과 조율함으로써 삶의 경험들을 신학적으로 해석하고 이로부터 신앙적 과제를 엮어내는 단계라고 하겠다. 이렇게 본다면 카우프만이 말하는 신학의 구성/재구성은 종래 조직신학의 정합성이 지닐 수도 있는 폐쇄성을 넘어서는 열린 구도라고 할 수 있다.[84)]

---

82) 『신학방법론』, 135~136쪽.

83) 『신학방법론』, 135쪽. 새뮤얼 라이언도 이 대목에 조응하는 것으로 보인다. "신 개념에 대한 인간의 물음은 과연 그 심연에서 볼 때 우리 자신의 운명과 삶의 의미에 관한 물음이 아닌가? 그리고 종교는 여기에 대해 무엇으로 대답하기보다는 침묵함으로써 오히려 그 실재를 이해하는 길에 접근하도록 하지 않는가? 그러나 침묵은 대답이 아니다. 오히려 침묵은 그 자체로 물음이다. 그러나 침묵으로써 모든 무의미한 질문들을 침묵시킨다. 그래서 더 이상 묻지 않는다. 그리고 일상의 삶으로 되돌아온다. 그런데 이러한 마음의 침묵에서 하느님은 영과 진리로 경배를 받으신다." Samuel Rayan, "Naming the Unnamable," in Robert Scharlemann, ed. *Naming God*(New York: Paragon House, 1985), p.5.

84) 구체적으로 일반적인 세계 개념을 구성하는 1단계는 기초신학, 또는 신학적 방법론이

그리고 이러한 개방성은 사실상 앞서 1차 신학의 근거로 옹립되었던 신의 계시를 신 개념의 근거로 천명하는 입장을 분명하게 표명함으로써 그 깊이를 더하고 있는 것으로 보인다. 즉,

> 신학적 인식은—그 인식을 만들어내는 데 특정한 인간의 사유과정이 관여한다 하더라도—궁극적으로 하느님의 자기계시 활동에 뿌리를 두고 있는 것으로 이해되어야 한다. …… 이러한 견지에서 하느님 개념 자체는 복잡한 세 단계를 통해 신적 계시에 뿌리를 두고 그 계시를 전달하는 수단으로 이해되어야 한다.[85]

물론 여기서 계시의 지위를 부각시키는 것이 카우프만이 앞서 신학의 구성을 위해 주장한 구도 전환에 견주어 언뜻 상충되는 것으로 비칠 수도 있을 것이다. 그러나 만일 그렇게 읽고 만다면 이는 계시실증주의자들의 오류를 정반대의 각도에서 동일하게 저지르는 것 이외에 다른 것이 아니다. 오히려 앎의 순서를 따르는 것의 불가피성을 논하기에 앞서 있음의 질서를 따르는 것의 불가능성을 먼저 살폈다는 것은 논리적으로 당연하기도 하지만 다른 한편으로는 있음의 원초성에 대한 단순한 부정을 주장하는 관념론적 유아론의 오류에 빠지지 않기 위한 적절하고도 타당한 장치로서의 뜻을 지니고 있는 것이라고 할 수 있다. 말하자면 있음의 질서를 따르는 것이 불가능하다고 하는 것이 있음 자체를 부정하는 것과는 전혀 다른 것이라는

라고 한다면, 2단계는 교의신학에 해당한다고 하겠고, 3단계는 현실의 구체적인 문제들을 다루는 주제적인 신학들을 가리키는 것으로 분류해 볼 수도 있겠다. 이렇게 본다면 3단계를 이루는 주제적 신학들, 예를 들면 해방신학, 민중신학, 여성신학, 생명신학, 생태신학 등과 같은 특정 문제들에 대한 신학적 성찰은 앞선 단계들에 못지않게 '방법론적 반성'이 더욱 절실하게 필요할 터인데, 실제 수행되는 주제적 신학들을 보면 앞의 두 단계들이 이미 완성된 듯이 불쑥 3단계로 뛰어든다는 것이 카우프만의 진단이며, 필자도 유보 없이 동의하는 바이다. 『신학방법론』, 141쪽.

85) 『신학방법론』, 148쪽.

점을 주목해야 한다. 따라서 계시에 대한 카우프만의 새삼스러운 부각은 칸트의 물자체 불가지론적 구도로 이해해야 하며, 결코 버클리의 지각설이나 피히테의 절대자아론과 같은 방식으로 곡해되어서는 안 될 것이다. 왜냐하면 신의 계시가 앎의 영역에서 다루어지기 전에 있음의 차원에서 뿌리의 자리를 취함으로써만 신은 궁극적 근거이면서 안전의 원천으로서 진정한 예배와 헌신을 받기에 적합한 존재로 다가올 수 있기 때문이다. 말하자면 하느님은 자신을 전달하기 위해 계시하시며 인간은 이를 수용하기 위해 해석을 통해 개념을 만들기 때문이다. 서론에서 말한 바 신의 계시가 전제라기보다는 결론이어야 한다는 것도 이와 같은 맥락이다.

4. 구성신학에 대한 해석학적 비판과 제언

서구신학은 과연 신의 실재로부터의 즉각적인 계시에서 시작하여 신의 개념에 대한 상상적 구성으로까지 혁명적인 전환을 이루었다. 그러나 앞서 살폈던 바와 같이, 실재로부터의 계시라는 것이 '앎 이전의 있음'이라는 가상일 뿐이었다면, 사실상 이러한 방법론적 변화는 전환이라기보다는 실상의 폭로에 더 가깝다고 하겠다. 그러한 폭로가 펼쳐낸 것들은 신학사에서 뿐 아니라 신앙의 현실에 대해서도 지대한 의미를 지닌다. 무엇보다도 있음은 앎으로 말미암지 않고서는 있음일 수 없다는 통찰로 인해 '앎 이전의 있음'이라는 허상이 우상으로 둔갑했던 역사에 대해 반성할 수 있었다. 있음에만 머무르면 신의 실재에 대한 실체주의적 표상을 거쳐 우상화로 전락할 수밖에 없는 것이 어쩔 수 없는 인간 정신의 생리이고, 이는 결국 자기절대화의 욕구 때문인 것이다. 이런 점에서 앎은 인간 주제파악의 시작이니만큼 있음에 머무르면서 엮어낸 그림이 우상일 뿐이라는 것을 드러내고 따라서 이를 파괴할 것을 요구한다. 그럼에도 불구하고 앎이 있음의 문 앞에서 지키고 있는 것만으로 우상이 파괴되는 것은 아니다. 왜냐하면 사실상 우상이란 앎의 문제가 아니라 삶의 문제이고, 앎을 건너 뛰어 삶 위에 군림한 있음이기 때문이다. 따라서 삶의 차원으로까지 가야하는데 카우프만이 내실 있는 인간화를 목표로 인간 실존에 대해 조망하는 3차 신학으로의 전환을 역설한 것도 바로 이 때문이다.

그런데 카우프만이 말하는 3차 신학에서 인간은 앞서 2차 신학에서 이루어낸 우상 파괴의 성과에 힘입어 진정한 인간화의 기치 아래 자기실현을 목적하는 존재로 그려진다. 그리고 우상 파괴라는 중대한 과제를 수행해야 하는 인간으로서 그러한 모습은 당연한 것일 수도 있다. 그러나 우상 파괴라는 2차 신학의 과제가 단 한 번 시행됨으로써 완수되는 등록증 같은 것은 결코 아니다. 본디 우상화라는 것이 인간의 자기절대화와 동전의 앞뒷면 같은 관계라면 우상 파괴라는 과제는 인간의 집요할 정도로 지속적인 자기절대화라는 욕구의 문제와 불가분리의 관계에 있기 때문이다. 따라서 우상 파괴라는 과제는 지속적으로 수행되어야 하며 그러기 위해서는 3차 신학에서 인간의 자기절대화라는 문제를 다스리는 방향으로 인간화의 방향을 개진해야 한다. 왜냐하면 우상 파괴는 자기 비움과 함께 가지 않으면 안 될 것이며, 오히려 자기 비움이 없이는 우상 파괴가 불가능할 것이기 때문이다.[86] 이처럼 우상 파괴와 자기 비움을 한데 묶도록 요구하는 것이 바로 다름 아닌 삶과 얽혀 있는 죽음이다.

그러나 카우프만은 이런 점을 다소 지나친 것으로 보인다. 그가 신학의 영역이 일상적 삶의 차원으로 나아갈 것을 역설하면서 3차 신학으로의 전환을 제안했을 때, 그가 말한 삶이 앎의 뿌리요 있음이 드러날 자리이긴 하지만, 세계 개념을 근거로 오히려 이에만 집중함으로써 삶과 불가분리하게 얽혀 있는 죽음을 적극적으로 끌어들이지 않은 것으로 보인다. 따라서 죽음이 가르치고 요구하는 자기 비움의 차원이 지니는 신학적 함의, 즉 죽음이야말로 우상 파괴를 요구하고 또한 가능하게 하는 기저라는 점을

86) 폴 리쾨르, 『해석의 갈등』, 양명수 옮김(아카넷, 2001), 4~5장 참조.

꿰뚫어볼 기회를 놓치게 된 것이 아닌가 한다. 죽음을 덮어버리고 잊어버린 역사가 오히려 삶의 깊이마저 잃어버리게 되었다는 것을 배운 인류에게 이제는 죽음이 더 큰 삶을 위해 자기를 버릴 뿐 아니라 아울러 알량한 자기를 지키고 확고히 하기 위해 세웠던 우상들을 깨부술 것을 준엄하게 명령하는 결정적인 계기로 자리 잡게 되는 것은 차라리 자연스러운 일이다.

사실상 죽음이 없었다면 삶이 굳이 있음이나 앎에 대해 별도의 뜻을 지닐 이유는 별로 없었을 것이다. 삶이라는 것이 죽음과 얽혀져 있다는 것을 보지 못한다면 그러한 삶은 앎의 통제를 받거나 있음의 지배권 안으로 들어가게 될 것이기 때문이다. 한국사회에서 그리스도교 신앙이 정신문화적 차원을 포함하는 삶에 뿌리를 내리지 못하고 교리적 방식의 있음이나 도덕적 방식의 앎으로 축소되는 것이 그 좋은 증거이다. 결국 삶은 죽음과 역설적으로 얽힘으로써만 온전하게 뜻을 자아내는 것이니 바로 이러한 삶은 당연하게도 우리에게 자기 비움을 요구한다. 그리고 이럼으로써만 우리는 비로소 우상을 파괴할 수 있는 실마리를 더듬게 된다. 비록 카우프만 자신이 그만한 정도로 인식하지는 못했지만 앎의 생리에 주목하는 2차 신학에서 이미 우상 파괴라는 과제의 필요성이 논의되었음에도 불구하고 내실 있는 인간화를 향한 삶의 차원에 관심하는 3차 신학으로의 진전을 요청했던 것도 바로 이러한 이유와 무관하지 않을 것이다.

그럼에도 불구하고 우리의 이러한 아쉬움이 카우프만의 방법론적 성찰의 성과를 축소시키지는 않는다. 무엇보다도 삶의 일상성에 대한 그의 체계적인 분석과 면밀한 강조는 특히 믿음과 삶의 괴리에 무디어져 버린 한국의 그리스도교 신앙과 문화에 대해 시사하는 바가 실로 지대할 것이기 때문이다. 앞서도 논한 바와 같이, 신학의 고유성이라는 것이 일상성으로부터 떨어진 교리나 문서와 같은 독자적 영역을 구축함으로써 엮어지는 것이 아니라는 일침을 한국 신학과 교회는 특히 주목해야 한다. 한국 반만년 역사에서 그리스도교가 전래되어 보급된 역사가 상대적으로 짧아 문화적 주체화를 논하기에 이르다 하더라도 그것이 종교적 신앙의 일상화라는 당연한 과제를 미루는 핑계가 될 수는 없기 때문이다. 말하자면 신학이 해야 할 일의 고유성은 오히려 종교의 일상화, 즉 탈종교화에서 찾아져야 하며 결국 고유성의 뿌리가 일상성이어야 한다면 일상성과 고유성 사이의 역설적 얽힘이야말로 신학의 과제이며, 특히나 우리 한국 문화권에서는 더욱 절실한 과제이다.

제3장 샐리 맥페이그의 '은유신학'에 대한 분석과 비판

1. 왜 은유인가?

오늘 우리가 살고 있는 세계는 과연 신과 어떠한 관계를 지니고 있는가? 카우프만은 신 개념과 세계 개념 사이의 밀접한 관계를 근거로 구성신학을 제안했지만 맥페이그는 신과의 관계에서 세계의 비종교성에 주목하는 데에서 큰 차이를 보인다:

> 우리가 살고 있는 세계는 세계 만물, 기쁨과 재난, 수확과 가뭄, 출산과 죽음이 신의 능력과 사랑에 맞닿아 있고 그것으로 가득한 세계와는 거리가 멀다. 우리의 경험, 하루하루의 경험은 대부분 비종교적이다.[1)]

우리가 살고 있는 세계는 이미 비종교적이다. 탈종교화와 세속화에 박차를 가한 자연과학이 열어 놓은 근대를 지나 탈근대까지 운위하는 현대는 과연

1) 샐리 맥페이그, 『은유신학: 종교 언어와 하느님 모델』, 정애성 옮김(다산글방, 2001), 16쪽; 이하 『은유신학』으로 표기함. 이 연구도 맥페이그의 신학방법론에 대한 밀도 있는 분석을 목적으로 하기 때문에 잡다하게 여러 자료를 늘어놓기보다는 이 분야에서 그의 주저인 이 저서를 집중적으로 다루면서 이에 연관되면서도 앞서 출간된 『비유로 말하기: 은유와 신학』(*Speaking in Parables: A Study in Metaphor and Theology*)을 참고로 사용할 것이다.

시대착오적인 형이상학적 무신론(Atheismus)이야 해당되지 않는다고 하더라도 체험적 무신성(Gottlosigkeit)[2]의 시대라는 점에서는 재론의 여지가 없어 보인다. 이런 상황에서 비록 신의 실재에 대해서 즉각적 접근이 가당치 않더라도 신 개념만큼은 현실 세계에 대한 이해와의 깊은 연관에서 엮어내야 한다는 카우프만의 주장은 꽤 낭만적이기까지 해보인다. 이에 비해 맥페이그는 훨씬 더 현실적으로 있음과 앎 사이의 거리에 주목하고 이것이 삶에 대해 지니는 긴장도 덮어둘 수 없다고 역설한다. 종교 언어에 대한 그의 일침은 이러한 주장을 뒷받침한다:

> 종교적 정황과 동떨어진 종교 언어는 우상적이고 부적절하다. 경외감, 놀라움, 신비감을 놓친 언어는 인간의 언어와 신적 실재 사이에 놓일 수밖에 없는 거리를 망각하기 때문에 우상적이다. 인간의 삶 속에 내재된 신성을 감지하지 못한 언어는 하느님 언어를 공허하고 무의미하게 만들기 때문에 부적합하다.[3]

여기서 '인간의 언어'가 앎을 가리키고 '신적 실재'가 있음을 가리킨다면 있음 그 자체에서 시작하는 것이 불가능하고 앎에서 시작할 수밖에 없기 때문에 있음과 앎 사이에는 어쩔 수 없이 거리가 벌어지게 된다는 것이다. 그런데 이를 잊어버리면 곧 신적 실재가 그 자체대로 깔끔하게 현현 또는 계시된다고 착각하게 되며 여기서 바로 우상화가 시작된다는 것이다. 그러나 바야흐로 인식론적 전환이 근대성의 핵심이라면 있음의 문지기로서의 앎은 그러한 앎이 없이 군림하는 있음의 우상화를 제어하는 장치로서 심대한 비중을 지닌다. 그럼에도 불구하고 있음과 앎은 그러한 거리를 구실로 떨어져 있는 것만으로는 아무런 역할도 할 수 없다. 바로

2) 체험적 무신성을 말하자면 당대의 행동신학자인 디트리히 본회퍼를 떠올리지 않을 수 없지만 동방정교회 전통에서도 호응한 니콜라스 베르자예프를 지나칠 수는 없다. Nicholas Berdyaev, *Truth and Revelation*, trans. R. M. French(New York: Harper & Brothers, 1953), 제6장 참조.

3) 『은유신학』, 16쪽.

이어서 맥페이그가 말하는 '삶 속에 내재된 신성'에서 '신(神)'이 있음이고 '성(性)'이 앎에 해당한다면 '삶 안에서 있음이 앎으로써 새겨지는' 사건이 없이는 하느님은 우상은커녕 아무런 뜻도 지니지 못하게 된다고 예리하게 갈파한다. 말하자면 그 무엇이 뜻을 지니려면 '왜'를 묻는 삶에서만 가능하다는 것이다. 그리고 여기서 '삶 안에서 있음이 앎으로써 새겨지는 사건'은 곧 해석을 뜻하는데, "해석의 상대성과 다원성에 대한 인식은 종교 언어가 하느님에 대해 적합하게 말하려는 '그리스도인들'의 떠듬거리는 시도일 뿐만 아니라, 특정 개인의 불완전한 시도이기도 하다는 것을 깨닫게 한다."[4] 말하자면 삶에서 있음과 앎 사이의 거리는 망각되지 말아야 하지만 또한 있음과 관계되지 않은 앎도 가당치 않다는 대조적 양면성의 차원이 종교 언어에 대해 요구된다는 것이다.

그렇다면 먼저 삶에서 있음과 앎 사이의 거리를 잊어버림으로써 빠지게 되는 우상화의 문제부터 살펴보자. 있음과 앎 사이의 거리를 망각하면 앎이 곧 있음 자체인 줄로 착각하게 되니 그 앎에 대한 절대화는 불가피한 것이었다. 그리고 이러한 절대화는 구체적으로 우상화로 나타난다: "우리가 하느님의 여러 이미지 가운데 한 전통을 절대화할 때, 그 종교 언어는 우상화된다."[5] 여기서 종교전통이라는 것이 결국 그 종교를 추종하는 인간이 속하여 형성하면서 자신을 동일시하는 것이라면 종교적 우상화의 뿌리에는 이미 인간의 자기절대화가 작용하고 있다는 것을 뜻한다. 이러한 뿌리로부터 비롯된 우상화의 현실적인 예로 맥페이그는 문자주의를 거론한다. 그런데 그에 의하면 문자를 많이 사용하지 않았던 고대인들에 비해 오늘날 종교적 문자주의가 더욱 횡행하는데, 그 이유는 과학주의에 의한 척박한 진리관 때문에 상징적 사고가 망실되었기 때문이라는 것이다. 그렇다면 고대인들에게 익숙했던 상징적 사고가 왜 현대인들에게서는 사라졌

4) 『은유신학』, 18쪽. 결국 앞으로 논의하겠지만 삶 안에서 있음과 앎 사이의 거리가 우리에게 은유를 요구하게 된다는 주장의 기본구도가 이루어진다.

5) 『은유신학』, 19쪽.

는가? 맥페이그는 그 이유를 현대를 특징짓는 '불일치, 회의주의, 세속성' 등이 인간의 안위에 대한 위협이 되고, 이에 대해 현대인들이 방어적이게 된다는 데에서 찾는다: "이 세계의 건설이 전통 안의 다원적인 시각에 의해서든 아니면 전통 밖의 경쟁 구조에 의해서든 상대화될 때, 그 건설은 더더욱 문자적이고 절대적이며 교리적인 성향을 띠게 된다."[6] 여기서 맥페이그는 종교 언어의 우상화로 인한 문자주의가 "손가락을 달과 동일시하거나 달은 모르고 손가락만 아는, 핵심을 놓치는 것"[7]이라는 트리블의 말을 인용하면서 '은유적 방법'을 제안한다.

그러나 맥페이그가 은유법을 제안하는 이유는 문자주의라는 문제에 연관된 것만은 아니다. 종교 언어는 우상화되지 않더라도 여전히 현실적으로 부적합하다는 문제를 지니기 때문이다. 말하자면 삶에서 있음과 앎 사이의 거리가 결국 양자를 무관하게 떼어놓기 때문이다. 그런데 이러한 부적합성은 현대 언어-분석철학적 성찰이 드러내는 바 언어와 세계의 상호구성적 관계에 주목한다면 더욱 명백하게 드러난다. 특히, 페미니스트들이 지적하는 바와 같이, 남성주의적 사고가 종교 언어를 지배해 왔던 전통에서 '하느님 아버지'와 같은 모델은 가부장적 사회제도와 궤를 같이하면서 서로 증폭됨으로써 결국 우상이 된다는 것이다.[8] 결국 문자주의라는 문제뿐 아니라 부적합성의 문제도 우상화와 뗄 수 없는 관계임이 드러난다. 그런데

6) 『은유신학』, 24쪽.

7) Phyllis Tribe, *God and the Rhetoric of Sexuality: Overtures to Biblical Theology*(Philadelphia: Fortress Press, 1978), p.16; 『은유신학』, 25쪽에서 재인용.

8) 『은유신학』, 29쪽. 그는 이어서 "실제로, 어떤 모델이 우상이 될 때, 이미지와 실재 사이의 거리가 무너지게 된다"라고 지적한다. 여기서 실재가 '있음'을 가리킨다면 '이미지'는 '앎'을 일컬을 터인데, 카우프만과 마찬가지로 있음의 직접적 현시가 불가능하기 때문에 앎과는 부득이 거리를 지닐 수밖에 없다는 칸트의 통찰을 공유한다. 사실상 우리의 시대인 현대는 이미 칸트 이전으로 되돌아간다는 것은 불가능할 뿐 아니라 오히려 억압적이기까지 한데, 그럼에도 불구하고 이에 대한 향수가 유달리 종교 안에서 강한 이유를 오히려 되돌아볼 일이다.

"종교 언어가 종교적일 뿐 아니라 인간적이며, 하느님에 대해서만 아니라 인간에 대해서도 말한다"[9]라는 페미니스트 신학자들의 분석은 곧 종교 언어에 얽힌 우상화와 인간의 자기절대화가 불가분리의 관계에 있다는 사실에 대한 좋은 증거가 된다. 그리고 바로 이렇게 대조적인 듯이 보이면서도 서로 얽혀 있는 문제들을 극복하기 위해서는 종교 언어의 은유성을 일구어내야 한다는 것이다.

그렇다면 그가 주장하는 '은유'라는 것에 대해 좀 더 구체적으로 살펴보자. 은유는 그에 의하면 "서로 닮지 않은 두 대상과 사건을 유사성의 실로 꿰는 것"[10]이며 "비유사적인 것들 속에서 유사성의 끈을 발견하는 것"[11]이다. 그런데 여기서 '유사성'이 일상성을 가리키고 비유사성과의 '실' 또는 '끈'이 곧 긴장을 뜻한다면, 긴장을 조화로 흡수시키는 상징[12]과는 달리 은유는 일상성과 긴장이라는 두 마리의 토끼를 한꺼번에 잡으려는 시도로 읽힐 수 있다. 이 대목에서 맥페이그가 인용하고 있는 글들 중 은유에

9) 『은유신학』, 같은 쪽.

10) Sallie McFague, *Speaking in Parables: A Study in Metaphor and Theology*(Philadelphia: Fortress Press, 1975), pp.56~57, 이하 *Speaking*으로 표기; 『은유신학』, 40쪽.

11) 『은유신학』, 41쪽.

12) 맥페이그는 상징과 관련하여 가톨릭교회의 성례전주의에서의 극단적인 예로서 화체설에 대해 "상징화가 사실주의에 양도되고 만다"(32쪽)라고 비판하면서 이처럼 상징을 실재로 환원시키는 세계에서는 "종교 언어의 진리와 의미가 전혀 문제되지 않는다"라고 덧붙인다. 여기서 실재가 '무엇'이 가리키는 '있음'이고, 진리는 '어떻게'가 드러내는 '앎'이라면 의미는 마땅히 '왜'가 뿌리박힌 '삶'일 터인데, 맥페이그도 역시 이 구도에 입각하여 문자주의와 사실주의 등에 대해 비판한다. 그러나 그는 "상상적 언어의 의미가 상징이 초월적인 실재에 참여한다는 믿음에 달려있다고 한다면, 종교 언어의 미래는 너무 냉혹하다"(34쪽)는 일갈로써 문자주의적 현실주의를 넘어서 '침묵 속에 부정을 내포하고 있는'(35쪽) 은유를 역설한다. 그런데 그가 말하는 은유는 하느님과 피조세계의 관계에 대한 가톨릭적 연속성에 대해서는 부정을 통한 거리감을 강조하며, 프로테스탄트적 구별에 대해서는 불연속적 연관성을 가리킨다고 한다.(36~37쪽) 그러나 교회 전통 사이의 벽을 허물면서 긴장되는 갈래들은 포괄적인 방향으로 나아간다고 한다.

대한 핵심적인 설명들이 특별히 주목할 가치를 지니는데, 예를 들면, "예언자는 유비적인 대조라는 더욱 확실하고 안정된 길을 걷는 사람들과 갈라서게 된다. 그는 대립적이고 상반된 것처럼 보이는 것을 과감하게 창조적인 관계 안으로 끌어들인다"[13]라든지 "예수의 비유에 응답하는 것은 그리스도인의 삶의 궁극적인 역설에 관여하는 것이다"[14]라는 서술이 그것이다. 여기서 특별히 '대립'과 '상반', 그리고 '역설'은 앞서 말한 긴장의 구체적인 모습들이라고 한다면, 은유는 그동안 안정을 구실로 옹립되어 왔던 '있음과 앎의 같음'에 대한 '삶의 다름'의 항거요 표출이라고 하겠다. 이미 '삶의 다름'에서 '삶'이 일상성을 가리키고 '다름'이 긴장을 뜻한다면, 은유란 과연 '삶의 다름을 드러내는 것'이 아니고 무엇이겠는가?

은유의 이러한 특성을 밝혀내기 위해 이미 자리 잡고 있는 유사성에 근거한 상징과 견주는 다음의 구절은 압권이다:

> 상징적이고 성례전적인 사유는 제사장적 특성을, 은유적인 사유는 예언자적 특성을 지닌다. 전자가 이미 현존하는 질서와 통일성의 완성을 기다린다면, 후자는 앞으로 실현되어야 할 변화가능한 질서와 통일성을 시험적으로 투사한다.[15]

더 나아가 성례전적 사유의 탁월한 사례로서 성육신적 그리스도론이 인간과 신 사이의 연속성이나 통일성에 대한 가정에 뿌리를 두고 있는 반면, 은유적 그리스도론은 그러한 '예수 우상'을 파괴한다는 것이다.

그러나 은유가 긴장을 구실로 부정하고 파괴하기만 하는 것은 당연히 아니다. 맥페이그는 이러한 부정의 방법 일변도에 대해 명백하게 경고한다:

---

13) F. W. Dillistone, *Christianity and Symbolism*, (London: William Collins, 1955), p.161; 『은유신학』, 44쪽에서 재인용.

14) John Donahue, "Jesus as the Parable of God in the Gospel of Mark," *Interpretation* 32(1978), p.386; 『은유신학』, 45쪽에서 재인용.

15) 『은유신학』, 44쪽.

> 그렇다고 해서 은유 신학이 현대판 부정의 방법이나 우상 파괴의 실행에만 머무는 것은 아니다. 그것은 "~이 아니다"만 아니라 "~이다"도 말하는가 하면, 부정뿐 아니라 긍정도 말한다.[16]

그렇다면 은유가 말하는 긍정은 무엇인가? 맥페이그에 의하면 신학을 포함하여 서구문화의 저변을 흐르는 가부장적 사고가 은유를 생각하도록 몰고 갔다면, 오히려 그러한 유발 동기로부터 은유의 긍정적 차원과 적극적 기능을 끌어낼 수 있다고 한다. 즉, 성서의 많은 비유들이 보여주듯이, 은유는 가부장적 사고의 일방성과 획일성을 깨는 역동적 관계성과 이에 뿌리를 둔 인격성에 대한 다양하고도 풍부한 관심을 일깨우는 역할을 한다.[17] 물론 은유의 이러한 역할을 위해서는 오히려 "은유가 문자화되는 것을 막고 그것을 우리 시대에 걸맞게 해석하기 위해서라도 은유를 넘어서는 것이 반드시 필요하다."[18] 그리고 이를 위해 "우리는 일차적인 은유 언어와 이차적인 개념 언어를 구분해야 한다."[19] 말하자면 은유에 대한 개념의 견제가 필요하다는 것이다.

그렇다면 어떻게 개념이 은유에 대해서 견제할 수 있는가? 맥페이그에 의하면,

> 이미지는 개념에 의한 해석, 서로 경쟁관계에 있는 이미지에 대한 개념의 비판, 혹은 문자화된 모델에 대한 개념의 탈신화화의 필요성에서 결코 자유로울 수 없다. 개념은 이미지의 지원을 받고, 이미지의 감정적이고 실존적인 풍요함에 의해 개념적 자만을 완화해야만 한다.[20]

---

16) 『은유신학』, 47쪽.
17) *Speaking*, pp.62~64 참조.
18) 『은유신학』, 53쪽.
19) 『은유신학』, 51쪽.
20) 『은유신학』, 58쪽. 맥페이그는 칸트의 격언을 따라 "이미지는 개념을 '먹이'고, 개념은 이미지를 '훈련'시킨다. 개념 없는 이미지는 맹목적이고, 이미지 없는 개념은

이 인용구에서 이미지가 은유의 대체 표현이라고 할 때, 은유는 개념의 도움으로 문자주의에 의한 우상화로의 전락 가능성을 경계할 수 있고, 개념은 은유를 통해 삶의 다의성이라는 뿌리를 지킬 수 있다는 것이다. 말하자면 은유는 개념과의 연관성에서 은유 본연의 기능을 수행할 수 있으며, 개념도 은유 없이는 일관성의 자만으로 인해 오히려 삶의 다양성을 억누를 수 있다는 것이다. 결국 은유와 개념은 당연히 구분되어야 하지만 또한 서로를 필요로 할 만큼 상보적이라는 것이다.

그러나 실제로는 은유가 개념을 포함하고 개념이 상상을 안고 있기 때문에 둘 사이의 경계를 분명히 설정할 수는 없다. 그런데 바로 이런 이유로 이 경계불분명한 영역에서 어떤 혼합된 유형이 나타나는데 맥페이그는 그것을 '모델'이라고 불렀다.[21] 말하자면 모델이란 다소 '지속적이고 체계적으로'[22] 개념화된 은유라고 할 수 있는데, 결국 은유와 개념이 서로를 필요로 한다는 상보적인 관계가 모델을 출현시켰다고도 할 수 있다. 그러나 굳이 모델에 관심 갖는 이유는 "은유와 개념의 매개자인 모델이 양자의 특성을 고루 갖추고 있기에 은유 신학을 결실 맺게 하는 표현 형태이기 때문이다."[23] 말하자면 맥페이그는 은유 - 모델 - 개념이라는 일련의 표현양식들을 통해서 "훈계적 정통주의 전통에 도전하고"[24] "변혁적 급진적 모델의 가능성을 모색함"[25]으로써 은유 신학을 제안하고자 한다. 아울러 그러하지 않는다면 빠질 수밖에 없는 종교 언어의 문자주의적 우상화를 극복하고 일상적 상황에의 적합성을 높이고자 한다. 그런데 종교 언어의 문제인 우상화는 문자의 위력이라는 신화에서 비롯되었다면 부적합성의 문제는 전통주의라는 망령

황폐하다"(같은 쪽)라고 간결하게 표현한다.

21) 『은유신학』, 53쪽.

22) 『은유신학』, 126쪽.

23) 『은유신학』, 61쪽.

24) 『은유신학』, 62쪽.

25) 『은유신학』, 61쪽.

과 얽혀 있다는 맥페이그의 진단은 그 문제들을 해결할 실마리를 포함하고 있다. 그 대안으로서 은유신학이 우리의 언어에 대해 "개방성, 긴장성, 세속성, 간접성, 우상타파성, 개혁성을 담보할 것을 요청하는"[26] 것도 바로 이런 맥락에서임은 물론이다.

2. '삶의 말'로서의 은유와 성서 해석

유사성과 비유사성 사이의 긴장이 은유를 필요로 했다면, 은유 자체가 이미 양면적임은 두말할 나위도 없다. 맥페이그의 다음 진술은 이를 간결하게 압축한다:

> 우리와 실재 사이에 언제나 언어가 존재한다면 언어가 우리와 존재와의 관계성과 그 거리감을 깨닫게 하는 매개라고 한다면, 어린이들의 첫 마디에서 극도로 복잡한 철학자들의 실재 이해에 이르기까지 은유는 우리에게 주어진 짐이자 영광이다.[27]

여기서 '실재'가 있음을 가리키고 '언어'가 앎을 지시한다면, '우리'는 곧 삶에 해당하는 것인 바 은유는 결국 있음과 삶 사이의 거리에 대한 매개로서의 앎이라 하겠다.[28] 그런데 그 '거리'가 긴장으로 인하여 '괴리'로 흩어

26) 『은유신학』, 65쪽.

27) 『은유신학』, 69쪽. 맥페이그는 그의 다른 저서에서 이와 관련하여 시웰(Sewell)을 인용하여 "은유란 우주를 탐구하는 인간의 방법"이라고 규정한다. 여기서 우주가 실재를 가리키고 방법이 언어를 가리킨다면 본 인용구와 같은 맥락으로 연결할 수 있을 것이다. *Speaking*, p.59.

28) 물론 우리는 여기서 언어와 앎을 동치시켰지만, 그것이 곧 신을 묘사하는 언어와 신에 대한 지식을 동일시하는 것은 아니다. 캐셔는 오히려 신에 대한 앎에 있어 언어의 한계를 절절히 통박한다: Asa Kasher, "What Effect does Language as a Medium Have on Knowledge of God?" "In a Sense None," in Robert P. Scharlemann

지지 않고 매개를 통해 '고리'가 되는 것이 바로 은유의 기능이고 매력인 것임을 맥페이그는 '짐이자 영광'이라는 양면성으로 그린다. 먼저 '짐'에 해당하는 그의 이야기는 유사성을 구실로 비유사성을 잊어버리거나 덮어버리거나 심지어 억누르게까지 된다는 다음 구절에서 찾을 수 있다:

> 우리가 해석을 할 때, 즉 일련의 사건, 구조, 대상을 분석하고 분류하고 종합할 때, 그것들 사이에서 중요한 유사성을 발견했다는 이유로 그것들이 유사하지 않다는 사실을 억누르게 된다. 우리가 중요하다고 여기는 것이 실은 우리 자신의 제한된 시각에서 나온 것임은 말할 나위도 없다.[29]

그런가 하면, 은유가 '영광'인 것도 그것이 추적하는 유사성에 의한 것이다:

> 우리가 보는 전체가 우리에게 이미 익숙한 것과 똑같지는 않지만, 유사성은 우리에게 새로운 것을 보도록 만든다.[30]

이처럼 우리에게 짐이면서 동시에 영광인 은유는 유사성을 찾아냄으로써 비유사성을 배제하는 유혹에 빠지지만 바로 그 유사성 덕분에 창조적이게 되기도 한다.

그러나 바로 이런 이유로, 즉 은유의 양면성이 유사성에 근거하고 있기 때문에, 악용될 소지가 있다. 맥페이그의 분석을 들어보자:

> 은유가 지닌 가장 큰 위험은 동화의 문제다. 충격적이고 강력한 은유가 일단 수용되고 나면 진부해지고 만다.[31]

& Gilbert E. M. Ogutu, ed. *God in Language*(New York: Paragon House Publishers, 1987), pp.3~11. 참조.

29) 『은유신학』, 70쪽.

30) 『은유신학』, 72쪽.

결국 은유는 처음 만들어졌을 때 비관습적이라는 이유로 거부되기도 하지만 그 다음에는 의미상의 거리에 대한 통찰력 덕분에 살아 있는 은유가 되다가 상투적이게 되면서 생명력을 잃어버리게 된다는 것이다. 그의 덧붙이는 다음의 말은 더욱 분명하게 유사성이 동화를 거쳐 동일성이 된다고 주장한다. 그야말로 비유사성의 은폐요 망각이며 아울러 긴장의 실종이고 결국 은유의 사멸이다:

> 유사성이 동일성이 되고 만다. 은유에서 아주 결정적으로 중요한 긴장이 사라졌다. …… 종교적 이미지들이 — 전통과 의식을 통해서 — 좀처럼 변하지 않고 일상 언어로 받아들여진다는 점에서, 종교는 확실히 은유를 익숙하게 만들고 침잠시키는 선두주자다.[32)]

은유의 일상화가 오히려 불가피할 정도로 은유를 악용하고 결국 은유를 죽이게 되는 이율배반적인 과정으로 전개된다는 것이다. 왜 그런가? 가까운 이유를 추적할 수는 있겠지만 은유를 요구하면서 동시에 은유의 터전인 삶이 시간과 공간이라는 유한성의 지평에서 엮어질 뿐 아니라 바로 그러한 시공간적 요소들로 이루어져있기 때문이다. 말하자면, 시간의 흐름을 고려하지 않는다면 은유가 교리처럼 화석화될지도 모르지만,[33)] 엄연한 시간으로 이루어진 은유의 생명과 역사는 바로 그 흐름으로 인해 그러한 운명을 겪지 않을 수 없다는 것이다.[34)] 그리고 은유의 이러한 운명은 은유의 생명

---

31) 『은유신학』, 81쪽. 맥페이그는 이에 대한 좋은 예로서 예수의 최후의 만찬 장면을 언급한다: "예수는 '이것이 나의 몸이다'라고 말했지만, 우리는 놀라거나 기뻐하거나 불신하기는커녕 그 은유에 귀 기울이지도 않는다."

32) 『은유신학』, 82쪽.

33) 우리가 관심하는 종교 언어에서의 은유는 "전통 안에서 보존되고 제의를 통해 반복되기 때문에 특히 우상화되기 쉽다." 『은유신학』, 76쪽.

34) 폴 리쾨르의 『시간과 이야기』라는 저서가 바로 이 문제를 파고들었다. 생명성뿐 아니라 이야기나 은유가 시간 안에서 시간으로 살고 죽는다는 점에 대한 통찰이 이 대목에서 연관될 것이다.

성에 새삼스럽게 주목하게 한다. 이 대목에서 맥페이그의 간결한 선언은 이에 대한 좋은 부응이다:

> 명백한 은유, 혹은 살아 있는 은유는 우리에게 이 세계 속에서 우리가 존재하는 방식의 역동성과 긴장을 깨닫게 한다. …… 은유란 서로 영속적인 긴장 관계에 있는 두 사상 사이의 유사성과 차이에 대한 주장이나 판단이다. 그리고 이것은 결론을 열어놓고 실재를 재기술하면서 구조적인 힘과 정서적인 힘을 가지고 있다.[35]

그렇다면 이제 은유에 대한 이런 이해를 토대로 성서에 대한 적절한 해석을 위한 방법을 모색해 보자. 먼저 비유에 대해 살펴볼 것인데, 그 이유는 성서가 은유의 특수한 형태인 비유를 지배적인 언어 유형으로 사용했기 때문이다. 우선 맥페이그는 많은 성서학자들을 따라서 구약성서는 풍부한 은유들을 통해 하느님 이미지를 절대화하는 우상화 경향에 반대하며 아울러 인격적이고 관계적인 차원을 강조한다는 데에 동의한다. 그리고 이러한 방식은 신약성서에도 그대로 해당된다고 한다. 그런데 여기서 우리가 잠시 되돌아보아야 할 것이 있다. 절대화에 의한 우상화가 신을 대상(對象)으로 간주한다면 인격적이고 관계적인 이미지는 인간의 상대(相對)로서의 신을 그린다. 그러나 성서가 그토록 중시하는 신의 인격성이라는 것이 의인화에 뿌리를 둔 투사에 의한 대상화로 전락할 위험으로부터 벗어나는 것이 그리 간단한 일이 아니라는 점이다.[36] 사실상 은유뿐 아니라 그 한 형태인 비유도 "서로 영속적인 긴장 가운데 있는 두 사상 사이의 유사성과

35) 『은유신학』, 82쪽.

36) *Speaking*, pp.71~72. 참조. 여기서 맥페이그의 분석은 우리의 이러한 판단을 옹호하는 것으로 보인다: "우리는 비유를 해석하는 것이 아니라, 비유가 우리를 해석한다. …… 비유를 은유로 신중하게 간주하면 이렇게 볼 수 있다. 은유는 '해석될' 수 없다－은유는 메시지를 가지고 있는 것이 아니라 은유가 이미 그 자체로 메시지이기 때문이다."

차이에 대한 판단이나 주장"[37]인 것은 바로 이 때문이다. 또한 비유가 다음과 같은 급진적인 특성을 지니는 것도 관계적 인격성이 대상화를 통한 우상화로 전락하지 않기 위한 뜻을 지닌 것으로 보아야 할 것이다. 말하자면, 비유는 과연 "관습적인 안전의 종말"[38]을 의미함으로써 우상화로의 전락가능성을 스스로 경계한다:

> 비유는 전통적인 세계 이해 방식을 모욕하는 것이다. 그것은 사람들이 자신의 안위와 안전을 목적으로 쌓아올린 사회적, 경제적, 신화적인 구조에 대한 모욕이다. 비유는 그러한 구조들을 뒤집고 전복하려고 할 뿐 아니라, 하느님 나라의 방식은 세상의 방식과 다르다고 주장하는 이야기이다.[39]

결국 예수의 많은 비유들에서 보듯이, 그리고 비유로서의 예수[40] 자신의 삶과 죽음에서 보듯이, 비유는 진실로 '기대가 반전되는'[41] 역설의 구조로 이루어진다. 그리고 이러한 역설성은 비유뿐 아니라 예수의 격언, 그리고 기적 사건과 치유 행위에도 일관되게 나타난다.[42] 말하자면 비유는 이처럼 역설적임으로써, 즉 인간의 안전욕구로 인한 기대를 뒤집어버림으로써, 그러한 욕구에 토대를 둔 우상화의 경향을 파괴시킬 수 있게 된다. 무엇보다도 비유는 "결론을 열어놓은 종교 언어로서 하느님에 대한 우선적인

37) 『은유신학』, 89쪽.

38) 『은유신학』, 93쪽.

39) 『은유신학』, 92쪽.

40) '비유로서의 예수'라는 것은 예수가 존재나 인격으로서가 아니라 행위나 업적에서 정체성을 지닌다는 것을 가리킨다: "참되고 진기한 은유이자 비유인 예수는 스스로 끌어들인 낯설고 비관습적인 유형에 의해서 우리의 익숙하고 관습적인 하느님 이해를 재조정하고 뒤집어엎는다." 『은유신학』, 98쪽.

41) 예수의 십자가 사건이야말로 "'구세주'의 운명에 대한 기대를 뒤집어엎은" 반전의 정점이다.

42) *Speaking*, pp.72~80. 참조. 맥페이그는 여기에서는 우선 비유로서의 예수보다는 예수의 비유에 대해 초점을 맞추고 분석한다.

믿음을 전제로 하지 않기"[43] 때문에 우상타파와 인격적 관계라는 과업을 동시에 수행할 수 있다는 것이다. 결국 비유는 초일상성과 역전성으로 이루어진 무전제성이라는 특성으로 인하여 이미 대답이 정해진 뻔한 물음을 묻는 방식으로 예정된 결론을 향해 가는 구태의연한 종래의 신학을 거부한다. 그리고 이런 점에서 은유 및 은유로서의 비유는 신학방법에서도 시사하는 바가 실로 지대하다.[44]

이제 이러한 신학방법으로서의 은유는 성서해석에서 새로운 방향을 제시하기에 이른다. 이에 대한 상세한 논의를 위해 맥페이그는 은유를 해석과 밀접하게 연관지어 분석한다. 그는 해석에 대한 일상인의 통속적 무감성에 새삼스레 주목한다:

> 보통 우리는 해석 행위를 잘 느낄 수 없다. 일상적인 삶 속에서 우리는 사전적 의미의 관습적인 언어 렌즈와 기존의 문화적, 계급적, 사회적 관점을 수용하고 사용하고 있기 때문이다.[45]

---

43) 『은유신학』, 96쪽.

44) 이 대목에서 맥페이그는 예수에 대한 이해를 중심으로 하는 그리스도론의 예를 들어 이를 구체적으로 입증하고자 한다. 그에 의하면, 첫째로, 은유적 진술을 통해 동일화의 논리를 넘어섬으로써 우상화를 피할 수 있었고, 따라서 예수와 하느님을 동일하게 여기는 부당한 일을 범하지 않음으로써만 하느님을 '부족적' 지위에 제한하고 결국 그리스도교의 한 우상으로 만들게까지 되지 않을 수 있다는 것이다. 그의 다음과 같은 진술은 타종교에 대한 개방이 우상파괴의 지름길이라는 통찰을 담고 있다: "비유적 그리스도론은 예수의 특수성을 상대화하는 반면에 예수가 하나의 은유인 하느님을 보편화한다. 그러므로 신적 실재에 대한 다른 표지와 표현에 우리를 개방하는 것은 촉구일 뿐 아니라 명령이다."(『은유신학』, 100쪽). 말하자면 타종교에 대한 우리의 개방이 선택사항이 아니라 명령이라는 것은 배타주의가 사실상 우상화의 산물임을 강변하는 것이다. 둘째로, 하느님에 대한 호칭에서 '아버지'가 가부장적 사회제도를 모델로 했던 것으로부터 다름과의 관계를 위한 윤리적 의미를 담은 은유로 새겨져야 한다는 주장도 반전시키는 비유가 필요한 이유라는 것이다. 셋째로, 예수 자신의 삶과 죽음이 통째로 비유적인 사건, 즉 종교적 기대를 무너뜨림으로써 '공허한 영성과 지나친 지성주의' 모두를 물리치게 만드는 쾌거인 것이다.

카우프만의 방식대로 말하자면, 있음의 질서를 따르는 것이 불가능함에도 불구하고 이를 고수하려는 동일성 지향의 본능이 우리로 하여금 이토록 해석에 대해 무감하게 함으로써 반성적인 거리두기를 거부하게 한다는 것이다. 그러나 맥페이그도 역시 삶이라는 터전에서 있음과 앎이 불가피하게 거리를 지닐 수밖에 없다는 오늘날의 해석학적 통찰에 동의한다:

> 우리가 어떤 것을 다른 것에 의해서 알고 이해한다고 할 때, 그것들 간의 거리는 결코 무너질 수 없다. 우리가 무엇을 간접적으로 알 수 있을 뿐이다. 그러므로 우리와 우리가 알고 있는 것 사이에 놓인 거리는 영원히 존재한다.[46]

그런데 여기서 '우리'가 앎을 가리키고 '우리가 알고 있는 것'이 있음을 가리킨다면, 있음과 앎 사이의 그러한 거리를 매만지는 것을 바로 해석이라고 할 때 맥페이그는 이 해석이 불가피하다고 말한다:

> "해석하거나 해석하지 않는 것"은 인간의 선택이 아니다. 우리는 해석학적 피조물이다.[47]

이 말은 무엇을 뜻하는가? 굳이 장황하게 늘어놓지 않아도 맥페이그가 인용한 굿맨의 다음과 같은 풀이가 잘 말해준다:

> 언제나 눈은 눈의 활동에 의해 가려진다. …… 그 눈이 어떻게 보는지, 그것이 무엇을 보는지는 욕구와 편견의 통제를 받는다. …… 어떤 것도 벌거벗은 채로 보이지 않는다."[48]

---

45) 『은유신학』, 105쪽.
46) 『은유신학』, 104쪽.
47) 『은유신학』, 105쪽.
48) Nelson Goodman, *Language of Art,* pp.7~8; 『은유신학』, 106쪽에서 재인용.

말하자면 벌거벗은 것도 벌거벗은 것이 아니라는 것이다. 앎 이전의 있음은 불가능할 뿐 아니라 앎조차도 욕구나 편견과 같은 삶의 요소들에서 벗어나는 순수-선험적인 것이 결코 아니라는 것은 이제 새삼 강조할 필요도 없다. 그런데 이것은 우리에게 결코 부정적인 진단이 아니다. 그렇게 보려는 본능적 경향이 동일성에 대한 향수에 젖어있는 근본주의자와 같은 부류들에게서 아직도 강하게 나타나기는 하지만 이러한 해석학적 통찰이야말로 오히려 착각에 의한 자기족쇄로부터 벗어나는 길이기 때문이다.

그리고 이러한 통찰에 힘입어 이제는 성서도 해석의 산물임을 단호히 주장한다:

> 텍스트는 원래의 절대적인 것으로 "거기에" 있는 것이 아니라, 오직 청중들과의 관계 속에서 존재한다. 또한 그 어떤 해석도 최종적인 것이 아니다. 텍스트는 각기 다른 해석의 컨텍스트에 있는 청중과의 관계성 속에서만 의미를 갖기 때문이다.

실체로부터 관계로의 전환이요,[49] 실재로부터 의미로의 전환이다. 물론 그렇다고 해서 모든 해석이 다 타당하다는 것은 아니다. 그 타당성을 판단할 준거는 마땅히 다음과 같이 주어지지 않으면 안 된다는 것을 맥페이그도 단언한다: "신앙인이 되는 것은 인간이 되는 것과 연속선상에 있어야 한다."[50] 그렇다면 인간이 된다는 것은 무엇인가? 그는 이어서 다음과 같이 역설한다: "신앙인들은 사물의 현존 방식과 사물의 당위적인 존재 방식 사이의 차이를 잘 알고 있기 때문에 이 세상에서 별로 편안하게 살 수 없다."[51] 말하자면 존재와 당위 사이의 차이를 직시하고 이를 극복하기

---

49) 맥페이그는 실체로부터 관계로의 전환에 대한 설명을 위하여 과학적 모델에 대하여 그의 『은유신학』, 3장에서 상세하게 논한다. 본 연구에서는 신학방법론의 효과적 개진을 위하여 이 부분에 대한 언급을 생략하였다.

50) 『은유신학』, 122쪽.

51) 『은유신학』, 123쪽. 그럼에도 불구하고, 세상에는 종교인으로서 편안하게 살기 위해

위해 노력하고 아파해야 할 인간이 신앙인이라면 은유는 신앙의 언어이면서 곧 삶의 언어이기까지 해야 할 것이다. 그리고 그 언어의 정점에서 우리는 그동안 종교의 이름으로 본의 아니게 오히려 인간을 억압해 왔던 우상주의에 희생되어 온 하느님에 대한 이해를 새롭게 가다듬어야 한다. 그렇다면 과연 우리는 어떻게 해야 하는가? 여기서 우리는 맥페이그가 새로이 제시하는 하느님 이해를 밀도 있게 살펴볼 시점에 이르렀다.

3. 모델의 형성과 역할

신학적 모델에 대한 맥페이그의 논의는 그가 말하는 은유신학방법론의 기본 구조라고 할 수 있다. 그런데 그는 이를 위해 우선 예수의 언행에 대해 주목한다. 그렇다면 그에게 있어 그리스도교의 비유로서 예수는 누구이고 무엇인가? 그에게 있어서도 역시 "예수는 하느님 나라의 선포자이자 하느님 나라에 이르는 길"[52]이다. 그렇다면 '하느님 나라'는 어디에 있고 무엇인가?

> 하느님 나라의 중심에는 신적 혹은 인간적 본성이 아니라 새로운 관계성의 특성, 하느님의 통치 아래 있는 세계 안의 존재 방식이 놓여 있다. 이 존재 방식은 일치, 소유, 절대주의, 정체, 인습성, 관념론을 포기한다는 면에서 은유적 성격이 매우 강하다.[53]

하느님 나라가 이러하다면 이것이 바로 그리스도교의 뿌리-은유라고 맥페

여러 방식으로 자신의 생활을 도모하는 사람들이 적지 않다. 대학에서도 조직이라는 것을 만들어 유치한 조폭활동을 일삼으면서 알량한 짓거리를 일삼는 부류들이 있으니 과연 맥페이그의 통찰은 시의적절한 메시지라고 하겠다.

52) 『은유신학』, 191쪽.

53) 『은유신학』, 192쪽.

이그는 주장한다. 그리고 여기서 그는 신학적 모델에 대한 그의 논의를 본격적으로 전개한다. 그런데 뿌리-은유로서의 하느님 나라가 기존의 질서를 뒤집고 인습과 소유를 포기하는 것을 뜻한다면 이제 이러한 뿌리로부터 자라나는 신학도 당연히 은유적이어야 한다는 것이다:

> 신학은 내용과 방법에서 모두 은유적이어야 한다. 만일 은유의 중심적 특성(긴장)을 잃어버린다면 그리스도교의 뿌리-은유가 상실될 뿐만 아니라, 그 뿌리-은유는 하느님 나라에서 예시된 하느님과의 관계성의 핵심에 있는 하느님의 사랑을 소유할 수 없기 때문이다.[54]

그런데 맥페이그에 의하면 고전적인 신학의 주요한 결집인 교리나 신조 등이 바로 이렇게 은유의 특성인 긴장을 잃어버리고 동일성의 원리를 충족시키려고 함으로써 다음과 같은 함정에 빠지기 쉽다는 것이다:

> 교리적 언어는 기만적이면서 강력하다. 그러므로 우상화의 유혹이 강하다. 그것이 기만적이라는 것은 문자 언어처럼 보이기 때문이다.

그러나 교리뿐 아니라 그러한 교리를 엮어 만든 신조라는 것도 이단과의 싸움이라는 전략적 차원에서 희랍철학의 실체 언어를 이용해서 신과 인간의 행위를 신과 인간의 본성으로 둔갑시켜가면서 명확성을 추구하는 것은 당연하다. 그렇지만 신조는 인간과 신의 본성이 아니라 하느님과 인간의 관계성에 초점을 맞추면서 하느님의 내적인 관계성 및 예수 그리스도의 신성과 인성의 관계성에 대한 관심으로 인하여 역시 은유에 뿌리를 두고 있다. 예를 들면, 우리가 신조를 되뇌는 것은 "우리가 지금 하느님과 예수가 누구인지를 알기 때문이 아니다. 아버지와 아들에 대해 알고 있기 때문이다."[55] 그럼에도 불구하고 우리는 신조나 교리를 새길 때 관계성을 실체

54) 『은유신학』, 194쪽.

화하고 배타적인 진리 주장으로 변모시킴으로써 결국 피할 수 없는 운명인 우상화에 빠지고 만다. 그러나 뿌리-은유로서의 "하느님 나라와 관계해서 예수의 비유와 비유로서의 예수로부터 얻을 수 있는 핵심적 통찰은 상상적으로든 개념적으로든 하느님 나라는 정의될 수 없다는 점"[56]이다. 결국 이런 거리와 긴장을 싸안으려는 노력, 즉 은유와 개념 사이를 이으려는 시도가 모델을 엮어내게 된다.

그렇다면 모델은 구체적으로 어떻게 형성되는가? 다시 묻는다면, 은유와 개념은 어떠한 관계에 있는가? 여기서 맥페이그는 관계성을 강조하는 리쾨르와 경험에 초점을 두는 람제이의 분석을 사용하여 은유와 개념 사이의 관계를 논함으로써 이 물음에 답하려고 한다. 우리가 이 논의를 상세히 반복할 필요는 없되 맥페이그는 은유와 개념의 관계를 이렇게 이해한다: "종교에서 일차 언어로서의 은유는 이차 언어로서의 개념에게 '먹을 것'을 주고 개념은 은유에게 '시력'을 제공하는 방식으로 내적인 상호의존관계에 있으므로 양자를 분리하기는 어렵다."[57] 그러나 다른 한편으로, "일차 언어와 이차 언어의 연속성 안에 완전한 분리가 있을 수밖에 없다. 우리를 일차 언어가 표현하고자 하는 사건으로 되돌아가게 하는 해석이 이차 언어의 목적이기 때문이다."[58] 그런데 신학적 모델을 형성하기 위해서는 일차 언어가 표현하고자 하는 사건의 핵심인 관계성의 복잡하고 풍부하며 다의적인 의미를 담아내는 은유뿐 아니라 이차 언어의 개념적 명확성과 정밀성도 함께 필요하게 된다.[59] 이런 관계를 거쳐 맥페이그는 은유와 개념 사이

---

55) 『은유신학』, 199쪽.

56) 『은유신학』, 203~204쪽. 손탁도 이 맥락에서 '침묵의 언어'라는 역설을 제안한다. Frederick Sontag, "Words of Silence: The Context for God," in Robert P. Scharlemann & Gilbert E. M. Ogutu, ed. *God in Language*(New York: Paragon House Publishers, 1987), 그 중에서도 '우리의 상황으로서의 신의 침묵'이라든지 '언어는 침묵과 어떻게 연관되는가'라는 제목의 논의는 특별한 주목을 요한다.

57) 『은유신학』, 208쪽.

58) 『은유신학』, 209쪽.

에서의 모델의 형성을 다음과 같이 간결하게 정리한다: "관계적 은유와 연관된 행위는 개념적 분석을 거쳐서 신과 인간의 행위와 관련된 광범위한 모델로 일반화된다."[60]

은유와 개념 사이에서 모델을 형성시키는 것은 결국 행위이다. 그리고 행위는 실체나 존재에 앞선 관계의 원초성을 가리킨다. 그런데 궁극적인 것이 실체가 아니라 관계라는 것은 "우리의 행위가 우리의 존재"[61]라는 실존주의적 통찰과 궤를 같이하는 것이다:

> 성서가 처음부터 끝까지 인격적 삶을 관계적인 것으로 보고 있으므로 이 지배 모델을 정태적이고 실체적인 의미로 보아서는 안 된다. 그러므로 의지, 지성, 일치, 사랑 등 전통적인 신의 속성은 신적 존재의 특성이 아니라 하느님과 창조 질서 사이의 관계에서 개념이 추상화된 것이다.[62]

따라서 개념의 뿌리인 관계를 형성하고 드러내는 은유의 이와 같은 긴장이야말로 인간이 세운 모든 것이 상대적·시험적·간접적임을 드러냄으로써 "완고성과 우상이 될 가능성에서부터 벗어날 수 있"[63]게 해주는 핵심적인 요소이다. 따라서 맥페이그는 다음과 같이 단언한다:

---

59) 『은유신학』, 218쪽. 카포니그리는 일차 언어와 이차 언어를 성상과 신상의 관계로 묘사하면서 연관성을 설파한다: A. Robert Caponigri, "Icon and Theon: Role of Imagination and Symbol in the Apprehension of Transcendence," in Robert P. Scharlemann, ed. *Naming God*(New York: Paragon House Publishers, 1985), pp.29~38 참조.

60) 『은유신학』, 220~221쪽. 맥페이그가 은유와 개념을 양축으로 놓고 모델을 구성하고자 한다면, 이와 관련하여 젤리의 다음 논의는 신에 대한 문자적 언어와 상징적 언어를 이으려는 또 다른 시도로 읽힐 수 있겠다: Fredereick M. Jelly, "The Relationship between Symbolic and Literal Language about God," in Robert P. Scharlemann, ed. *Naming God*(New York: Paragon House Publishers, 1985).

61) 『은유신학』, 218쪽.

62) 『은유신학』, 220쪽.

63) 『은유신학』, 222쪽.

단적으로 말해, 본성을 정의하는 것보다는 관계성의 형성을 강조함으로써 신학은 그리스도교 전통 안에서 별로 지배적인 위치에 있지 않은 여러 다른 모델뿐 아니라 그 전통에 속하지 않은 것까지도 환영하고 해석하고 비평할 수 있다.[64]

여기서 '본성을 정의하는 것'이 초중세 시대의 형이상학 및 이에 바탕을 둔 신학의 방법이었다고 한다면, '관계성의 형성'에 주목하는 것은 그러한 전통형이상학에 대한 반동으로 시작된 현대의 새로운 시대정신이요 오늘의 신학 방법이라고 하겠다. 고전형이상학의 객관주의[65]나 인식론적 반성 이후 근세 후기 형이상학의 주관주의[66]는 나름대로의 이유를 가지고 전개된 것이기는 하지만 모두 중심주의적 사고에 의한 일방적인 환원주의를 극복하지 못한 것이었다. 그러나 현대의 관계론은 과연 중심주의와 이에 의한 환원주의의 뿌리인 실체의 자존성과 자기충족성이라는 것이 삶의 현실과는 동떨어진 허구임을 직시하고 상호의존적인 관계가 행위로서 우리를 비로소 우리로 존재하게 하는 것임을 통찰하는 해방담론인 것이다. 그리고 여기서 관계성이란 당연히 개념적으로 표현하면 신-인 관계를 일컬으며 은유적으로는 하느님 나라를 가리킨다: "하느님 나라는 관습적인 안정에서 이탈해서 오직 하느님 안에서 찾을 수 있는 안정으로 재정향하는 것을 특징으로 하는 신-인간 관계성을 말한다."[67] 여기서 관습적인 안정을

64) 『은유신학』, 223쪽.

65) 고전형이상학의 객관주의란 사실상 근세 후기 형이상학의 주관주의에 대해 대조적인 구도에서의 표현일 뿐이다. 왜냐하면 고전형이상학에서는 인식주체가 본격적으로 설정되지 않았기 때문에 주-객 구도에서의 접근은 아직 나타나지 않았을 것이기 때문이다.

66) 근세 후기 형이상학의 주관주의가 지닌 관계성은 소위 자아론적 선험주의라고 불리는 방식이다. 이는 인식주체로서의 자아가 대상에 대해 우선적으로 파악할 틀을 지니고 그 안에서 대상과 관계한다는 것이었다. 이러한 관계방식은 고전형이상학의 객관주의에 대한 그 시대의 반동이었음은 물론이다.

67) 『은유신학』, 239쪽.

우상화 경향의 또 다른 표현이라고 한다면, 하느님 나라는 과연 우상파괴라는 과제를 필수적으로 요구한다.

그럼에도 불구하고 그리스도교 신학의 역사는 반드시 그렇게 흘러오지 않았다는 것이 맥페이그의 진단이다. 그에 의하면,

> 훨씬 풍부하고 다양한 히브리적 토대와는 대조적으로 그리스도교의 신학적, 예전적 전통은 협소한 모델 신드롬을 수용하는 경향이 있었다. 그 결과 이 전통은 특정 모델을 우상화하게 되었다. 서구 신학 전통은 비슷하거나 보완적인 모델의 기준을 충족시키려면 아버지, 주, 왕으로서의 협소한 하느님 모델에 고착할 필요가 없다. 어머니, 연인, 해방자, 친구로서의 하느님 모델은 아버지 하느님 모델로는 표현할 수 없는 신-인 관계성의 차원을 표현할 수 있도록 전통적 모델을 보완한다.[68]

여기서 '협소한 모델 신드롬'이란 희랍의 형이상학이 지향하는 동일성의 원리와 이에 근거한 신관을 가리키는 것으로 보인다. 그리고 동일성은 단일성을 거쳐 유일성으로까지 매만져지면서 우상화의 길을 가게 되었다는 것이다. 이제 이러한 우상화에 대해 여기서 제안하는 새로운 모델은 인간에게 중요한 관계성의 유형들에 근거한 것이며, 이는 결국 "모델이 선별되고 살아남는 것은 그것이 인간 경험에 비추어 의미 있기 때문"[69]이라는 점을 새삼 입증해 준다. 결국 관계성이라는 것이 모델의 형식적 구도라면, 경험은 바로 그 내용에 해당할 터인즉, 과연 관계와 경험이란 타자의 다름에 대해 열린 구도를 가리킨다는 점에서도 현대의 시대정신이 충실히 반영된 요소들이라고 하겠다. 그리고 이런 구도에서 맥페이그는 인간의 관계성의 구체적 체험에 근거한 모델들을 추림으로써 하느님과 인간의 관계에 대하여 더욱 풍부한 그림을 그리고자 한다.

---

68) 『은유신학』, 241쪽.
69) 『은유신학』, 246쪽.

그러나 신-인 관계성의 풍부함과 복합성을 포괄할 만한 유일한 모델은 없으며, 만일 그렇지 않다면 또 다른 우상화로 빠질 뿐인즉, 모델은 모델에 불과하기 때문이다. 결국 우리는 신학하기에 있어 "지금 여기에는 어떤 확실성도 어떤 '종결'도 없다"[70]는 것만 확실하므로 그야말로 "무심으로", 즉 자기를 비우고 은유적 언어와 개념적 언어 사이를 오가는 모델 추리기에 임해야 할 것이다. 그럼에도 불구하고 우리 인간은 불확실성에 의한 불안을 견디지 못하기 때문에, 아니 종교야말로 불안을 해결해 주어야 한다는 강박 때문에, 확실성 없음은 곧 불신앙의 모습으로 간주하는 악습에 오랫동안 젖어왔다. 또한 종결 없음도 여전히 받아들이기 어려운데 이는 곧 신의 불완전성과 같은 불경을 뜻하는 것처럼 여겨왔기 때문이다. 따라서 확실성과 종결에 대한 집념이 종교적 확신의 요체였다는 점을 고려한다면 은유신학이 말하는 열린 언어로서의 은유와 이에 뿌리를 두고 개념을 향해가는 모델의 다양성과 가변성은 실로 혁명적 발상전환을 요구하는 것이라 하지 않을 수 없다. 그리고 여기서 다양성은 우상화를 넘어서는 신-인 관계의 풍요성을 포함하는 기준이며, 가변성은 고정성에 의한 부적합성을 넘어서 변칙이나 반대요인을 처리하는 적합화의 능력을 가리키는 기준이라고 하겠다.

4. 우상 파괴를 통한 인간 해방

그런데 맥페이그에 의하면 '협소한 모델 신드롬'의 전형인 '아버지 하느님'이야말로 다른 모델들을 배제함으로써 우상화에 빠지게 되었고, 이 모델로 풀이할 수 없는 관계적 경험들을 포괄할 수 없기 때문에 부적합성의 문제를 지닐 수밖에 없다고 진단한다. 말하자면 그리스도교의 뿌리-은유인

70) 『은유신학』, 248쪽.

하느님 나라가 가리키는 신-인 관계의 다양성은 가부장적 사회제도의 산물이면서 거꾸로 추동시킨 '아버지 하느님'이라는 모델에 갇힐 수 없다는 것이다. 그런데 아버지 하느님이라는 가부장적 모델은 그저 하나의 신관이라기보다는 뿌리 깊은 세계관이기 때문에 우리가 세계를 그렇게 구성하고도 세계가 이미 그렇게 있는 것처럼 받아들이며 살아간다는 것이다. 피터 버거를 인용하면서 맥페이그는 다음과 같이 깊은 성찰을 읊조린다:

> 미완의 모습으로 태어난 우리 인간은 세계를 구축해 나가고, 그 후 이 세계는 "실재"로서 우리와 맞서 객관화된다.[71] 우리는 그러한 형성물이 우리의 것이라는 사실을 잊어버린다. 그것은 혼돈의 공포에 대한 보호책으로 삶에 영속적인 질서를 제공하고 그 결과 우리에게 가치 있는 것이 된다는 것이 부분적 이유다. 하지만 우리가 만든 형성물을 객관적 실재로 구체화함으로써 그 형성물은 변화에 대항하게 되고, 우리는 자신이 만든 것의 포로가 된다.[72]

여기서 '우리가 구축한 것'이 앎을 뜻한다면, '우리와 맞서 객관화되는 실재'는 당연히 있음을 가리킬 터이다. 그런데 앎 이전의 있음일 수 없음에도 불구하고 일단 이렇게 만들어진 있음은 오히려 삶에 대한 보호책으로 등장하니 이 방패는 영속적이어야 하고 따라서 우리는 이에 종속하게 되는 자가당착이 벌어질 수밖에 없는 것이 종교의 생리라는 것을 여지없이 설파하고 있다. 이게 바로 우상화의 연유이고 구조이며 과정이라면, 이러한 생리가 아버지 하느님이라는 가부장적 모델에서 절정에 이르렀다는 것이 맥페이그의 진단이다.[73] 그리고 그는 이에 대한 페미니스트 신학의 비판들

---

71) Peter Berger, *The Social Reality of Religion*(London: Farber & Farber, 1969) 참조; 『은유신학』, 259쪽에서 재인용.

72) 『은유신학』, 259쪽.

73) 김균진은 맥페이그의 이러한 진단에 대하여 유태-기독교가 등장하기 이전의 고대 문화권에서 이미 남성중심주의가 지배적이었음을 지적하면서 다음과 같이 비판한다: "기독교의 '하느님 아버지', '초월적 성부 하느님'의 은유가 모든 위계질서,

을 거론하면서 '아버지 하느님'이라는 모델이 남성을 신격화하는 상호작용적 효과까지 일으켜 왔다는 분석에 동의한다. 그러나 또한 쉐일라 콜린스와 로즈마리 류터를 인용하면서 남성지배문화가 '아버지 하느님' 모델을 가부장적으로 형성시킨 배경이 되었다는 점에 대해서도 놓치지 않는다.[74]

그러나 맥페이그는 급진주의적 페미니스트들이 "여성에 대한 우상화"[75]까지 불사하면서 여성의 "삶에서 나타나는 대로의 삶의 짜임새"[76]인 경험에 대해 의존함으로써 기꺼이 "분리적으로 사유하기"[77]를 주장한다고 비판한다. 말하자면, 현대의 사유 초점인 삶에 대해서 이전과는 비교도 안 될 정도로 진하게 강조하면서도 삶의 얼개들을 쪼개는 방식으로 입장을 개진하는 것은 자가당착일 수 있다는 것이다. 따라서 그 자신을 페미니스트적 수정주의자로 분류하는 맥페이그는 이러한 분리적 공동체를 거부하고 "만인을 위한 복음"[78]으로서의 신학을 갈파하고자 한다. 물론 이러한 입장은 '그렇다면 여성을 위한 해방적 요소가 무엇인가?'라는 질문을 받을 수 있지만 그는 바로 이 질문을 신-인 관계성을 위한 여성적 모델의 가능성

종속주의, 가부장적 군주주의의 원인이라 말할 수 없다. 거꾸로 모든 문화권 속에 편재해 있었던 남성중심의 위계질서가 그러한 은유를 배태시킨 원인이라 말할 수 있다." 김균진, 「Sallie McFague의 '친구 하나님' 모델」, 『현대와 신학』, 제28집(연세대학교 연합신학대학원, 2004년 5월), 146쪽.

74) 『은유신학』, 253~255쪽. 콜린스는 아버지 하느님이라는 모델이 "남성이 여성을 지배해 온 문화에서 형성된 감정, 인지와 행동 유형, 인간 본성과 우주 본성에 대한 가정의 총체적 복합체"[Sheila D. Collins, *A Different Heaven and Earth: A Feminist Perspective on Religion*(Valley Forge, PA: Judson Press, 1974), p.51]라고 했으며, 루터는 "대부분의 종교적 신의 이미지는 그것이 만들어진 사회의 지배계급에 의해서 만들어진다"[Rosemary Ruether, *New Woman-New Earth: Sexist Ideologies and Human Liberation* (New York: Crossroad, p.74]고 한 것도 같은 맥락이다.

75) 『은유신학』, 274쪽.

76) 『은유신학』, 266쪽.

77) 『은유신학』, 277쪽.

78) 『은유신학』, 283쪽.

에 주목할 계기로 삼는다:

> 특히 이러한 모델들에서 가장 적절하게 표현된 중요한 경험은 거듭남, 양육, 값없이 받은 사랑, 하느님에게만 있는 안전, 연민, 용서, 봉사 등이다. 우리가 그리스도인과 하느님과의 관계성에서 이러한 경험을 제거하거나 그것의 표현을 비여성적 은유로 대체한다면, 나는 그 관계성의 본질적인 측면을 상실하게 된다고 믿는다. 왜냐하면 이러한 경험은 그리스도교 신앙의 중심에 있고, 그 경험을 구체화할 때 여성적 은유보다 좋은 것을 찾는 것이 불가능한 일은 아니지만 어렵기 때문이다.[79]

여기서 그 논의를 다시 반복할 필요는 없되, 맥페이그가 소개하는 바 성서 등에서 신-인 관계성에 대한 여성적 은유들이 적지 않게 발견될 수 있다고 무수히 주장되었다. 더 나아가 "예수의 아버지라는 표현도 가부장적 모델에 부여되는 특성을 갖고 있지 않을"[80] 뿐더러 헤멀튼-켈리가 동조한 예레미아스의 말처럼 "하느님에게 사용된 '아버지'라는 말은 처음부터 동양인들에게 '어머니'가 의미하는 어떤 것을 포함했다"[81]라고까지 역설된다. 이러한 은유의 확장은 급기야 자연에 대한 신비주의자들의 관조에 힘입어 인격적 이미지가 지니는 한계도 넘어설 가능성을 더듬게 된다. 왜냐하면 "많은 측면에서 인격적 이미지보다는 자연의 이미지가 하느님의 내재성과 신자의 삶 안에 거하는 하느님의 편만성을 더 심오하게 표현할 수"[82] 있기

79) 『은유신학』, 304쪽.

80) 『은유신학』, 293쪽.

81) Robert Hamerton-Kelly, *God the Father: Theology and Patriarchy in the Theology of Jesus, Overtures to Biblical Theology*(Philadelphia: Fortress Press, 1979), p.81; 『은유신학』, 293쪽에서 재인용.

82) 『은유신학』, 301쪽. 맥페이그가 설파한 바 "최소한 신적 현존이 인간만이 아니라 자연에도 내재되었다고 보는 동양적 모델에 대해 반드시 공개적으로 감사해야 한다" (같은 책, 305쪽)라고 한 것은 우리가 새삼 주목해야 할 부분이다. 우리 전통문화의 보고를 서구인들이 '공개적으로 감사할' 때까지 덮어두고 있다면 우리의 어리석음을

때문이다.

그러나 맥페이그는 하느님에 대한 모델에서 가부장적 사유로부터 여성적 은유로 확장하였다고 하더라도 이러한 부모 모델은 개인의 안전을 위한 신의 인도를 절대화하기 때문에 신-인 관계성의 공적인 차원과 정치적 차원을 경시하게 된다고 비판한다. 이를 위해 그는 자연에 대한 신비적 접근의 전통도 새삼 주목할 의미가 있을 것이나 특히 위계적이고 상극적인 모델의 시대가 지나간 오늘날 부모 모델에 대해 구체적으로 균형감을 줄 것으로 기대되는 '친구 모델'을 적극적으로 검토할 것을 제안한다. 특히 "세상의 고통과 억눌림을 위해 또한 그것과 함께 고통당하는 하느님이 가장 의미 있는 구속의 이해가 된 오늘날, 친구의 하느님 모델은 특별한 의미를 갖는다"[83]라는 것이다. 말하자면 오늘날 고통에 대한 우리의 성찰이 고통 자체의 원인을 파고들어 변명으로 합리화하는 방식으로 저주하거나 심지어 고통의 목적을 들먹이며 위로로써 정당화하는 방식으로 기만하는 재래의 관점들을 넘어서 그야말로 고통당하는 피조물들과 더불어 고통을 나누는 것이 마땅한 길이라는 관계론적 고통관과 같은 맥락에서[84] 친구 하느님이라는 모델은 절실히 요청되기까지 한다고 하겠다.

그러나 '친구 하느님'이라는 모델은 이러한 포괄적인 순기능에도 불구하고 종래의 신적인 권위, 그리고 이에 직접 연관되는 예배 대상으로서의 지위 등과 어떻게 부합될 수 있을까하는 문제를 제기한다고 맥페이그는

드러내는 것 이외에 다름 아니기 때문이다.

83) 『은유신학』, 309쪽.

84) Jae Hyun Chung, "A Theological Reflection on Human Suffering: Beyond Causal Malediction and Teleological Imposition towards Correlational Solidarity," *Asia Journal of Theology,* Vol.20, No.1(April, 2006) 참조. 그러나 여기서 맥페이그가 거론한 다른 이들의 많은 논의들을 굳이 반복할 필요는 없더라도 우리가 친구 모델에서 주목해야 할 것은 친구 관계라는 것이 '위계주의에서 벗어나 평등주의로'(312쪽) 나아갈 것을 가리키지만 그러한 평등성이란 동등성보다는 오히려 차이를 전제한다는 점이다.

지적한다. 물론 전통적으로는 "무력한 자녀의 전능한 아버지"[85]라는 극적인 대비방식으로 신의 능력을 극대화하는 반면 인간은 미숙아의 상태에서 환상적으로 의존하는 종교적 본능의 지배를 받는 것으로 그려졌다. 그러나 친구 모델은 신의 초월성을 '위에 있음'으로부터 '옆에 있음'으로 전환시키고 위계적 권력으로가 아니라 "자기의 선함으로 유혹함으로써 우리의 관심과 헌신을 이끌어내는"[86] 수평적 관계로 그려낸다. 그리고 이로써 동료에게 하는 기도를 포함한 예배가 놀라울 정도로 실존적이고 진솔하게 된다고 주장한다. 물론 신비주의자들이 갈파하는 친구 사이에서의 "친밀감과 거리감의 역설" 덕분에, 즉 "하느님과 친구가 되는 것은 그 역설적인 궁극적 신비와 친구가 되는 것"[87]이기 때문에 예배의 본질은 새롭게 지켜진다는 것이다.

그러나 친구 모델에서 결정적으로 중요한 것은 구원에 대한 혁명적인 이해를 제시하는 데에 있다. 종래의 초자연주의적 일방성의 구도는 "인간 편의 어떤 협력도 허용하지 않음"으로써 "인간을 유아적이고 개인주의적이며 고립된 이미지로 삶을 투영하게"[88] 만들어왔다:

> 이 세계로부터 개별적으로 구원받을 수 있다고 여기는 구원 이해, 억압에 대항하고 복지를 증진하려는 투쟁에 동참하는 것을 심각하게 고려하지 않는 구원 이해, 우리를 홀로 보호하고 구원하는 아버지에게 어린이처럼 매달림으로써 우리의 책임성을 포기하게 만드는 모든 구원 이해는 비도덕적이고 부적절하며 파괴적인 것이다.[89]

---

85) 『은유신학』, 317쪽.

86) Ruth Page, "Human Liberation and Divine Transcendence," *Theology* 85(1982), p.193; 『은유신학』, 315쪽에서 재인용.

87) 『은유신학』, 324쪽.

88) 『은유신학』, 317쪽.

89) 『은유신학』, 318쪽.

이러한 구도가 신앙을 매우 사사로운 차원으로 축소시키며 심지어 이기적인 행위로 전락시켜 왔다는 점을 고려한다면, 그래서 오늘날 '종교의 사사화(私事化)'라는 사회적 문제를 일으키게 되었다면, 인간의 삶을 책임 있게 엮어내는 신앙을 위한 신관을 정립할 필요성은 재론의 여지가 없다. 여기서 친구 모델은 앞서 고통에 대한 '더불어'라는 모형의 원천인 것과 같이 "우리가 고난당하는 인류의 좀 더 나은 세계를 위해 하느님과 협력할 때 하느님을 우리와 함께 고난당하는 친구"[90]로 그려낸다. 말하자면, 이제 '친구 하느님'이 제시하는 구원은 일방적 시혜가 아니라 상호관계적 행위이며, 따라서 전통적인 관점이 그려냈던 '객관성, 확실성, 절대성'이라는 의미는 더 이상 해당되지 않음으로써 그 결과를 보장할 수 없을 뿐 아니라 비록 그 결과가 불명확하더라도 우리가 '성숙한 인간'[91]으로서 그 과정에 참여할 것을 요구한다.

그런데 성숙에 대해 말한다면 본회퍼가 갈파하는 '성숙한 세계와 그 안에서 겪게 되는 무신성(Gottlosigkeit)'에 토대를 둔 신앙이 이 대목에서 '친구 하느님'의 혁명적인 구원관과 연관된다. 물론 여기서 무신성이란 신의 존재 여부 따위에 대한 인간의 어불성설인 형이상학적 무신론(Atheismus)과는 달리 이 세계에서 겪게 되는 신의 부재 체험을 일컫는다. 말하자면 '임기응변의 신'이라는 유아기적 신앙을 넘어 신의 즉각적이고 심지어 유치한 개입이 없는 이 세계의 삶을 바로 그러한 신과 함께 살아갈 것을 촉구하는 예언자적 외침이라고 하겠다. 그리고 이런 점에서 '친구 하느님'은 가부장적 모델의 전형인 '아버지 하느님'이나 유아기적 환상의 종교적 결집체인 '임기응변의 신'이라는 우상들을 깨부수고 그러한 우상이 채워줄 것으로 기대되었던 종교적 욕망으로부터 벗어나 참된 자유를 위해 인간의 성숙한 신앙을 촉구하는 바람직한 모델이라고 할 수 있다.

---

90) 『은유신학』, 318쪽.

91) 디트리히 본회퍼, 『옥중서신』, 고범서 옮김(대한기독교서회, 1982) 참조.

5. 우리 자리에서 되새기며

우리는 지금까지 '은유신학'이라는 맥페이그의 신학방법론적 제안을 검토함으로써 종교가 현실의 삶에 참으로 맞갖은 뜻을 올곧게 이룰 수 있는 길에 대해서 함께 생각해 보았다. 그에 의하면 우리가 어떤 실재를 겪는 현실은 언어라는 매개를 거칠 수밖에 없는데, 종교의 경우 유달리 언어 이전의 실재, 즉 앎 이전의 있음에 대한 환상을 떨치지 못하는 본능과 욕망에 지배된다는 점을 직시하는 데에서 시작한다. 그리고 이러한 욕망이 급기야 우상을 만들어낸다고 비판한다. 그런데 이런 우상이란 종교 언어가 실재에 대한 직설 또는 있음의 논리가 아니라, 있음과 앎의 거리를 다양하고 풍부한 삶으로 싸안으려는 은유라는 점을 망각함으로써 벌어지는 현상이라고 진단한다. 따라서 그의 처방은 이제 그러한 우상화를 부추겨왔던 오도된 신관들의 정체를 드러내고 종교 언어를 실재와 언어 사이의 긴장을 머금은 은유로 회복시킴으로써 거리와 긴장이 가리키는 차이를 통하여 동일성의 논리에 뿌리를 둔 우상을 깨부수어야 한다는 것이다. 그리고 이러한 우상 파괴는 구체적으로 신관에서의 모델 전환을 통해 수행되는데, 그는 우상화의 원흉이었던 가부장적 모델인 '아버지 하느님' 대신에 평등주의적 모델인 '친구 하느님'을 숙고하자고 제안한다. 이를 통해 권위나 예배와 같은 종교적 의식은 물론이거니와 구원관에서도 절대성과 확실성을 빌미로 유아적이고 이기적이며 기복적인 환상을 벗어나 성숙한 인간으로서의 참여와 협력으로 신과 함께 이루어가는 사건으로서 구원을 새롭게 이해할 것을 역설한다.

그렇다면 이제 이러한 진단과 처방에 입각하여 우리의 현실을 살펴보자. 그런데 유감스럽게도 우리의 종교적 현실을 보면, 많은 경우 이와 같은 '구원의 불확실성'을 견디지 못하여 객관성이라는 허상을 거쳐 절대성이라는 환상을 그리게 되고 결국 종교성에 입각한 우상을 세우게 된다. 말하자면 '확실하지도 않은 구원'에 나도 참여해서 뭔가 해야 한다는 것은 불신앙, 또는 심지어 신성모독으로밖에 보이지 않을 것이며, 이를 묵과할 수 없는 '신실한'(?) 종교인들은 결국 신의 자리에서 대신 구원에 대해 판단하고 결정하는 실제적 무신론에 이르게 된다. 이렇게 본다면 결국 우상이라는 게 처음부터 특별한 종교적 기획이나 의도적 고안이라기보다는 불확실성에 의한 불안을 극복하려는 원초적 동기가 정신적 미숙 상태에 머무르면서 벌어지는 발악이라고 하겠다. 그런데 이러한 우상이 인간의 종교적 욕망을 충족시켜주기는커녕 오히려 힘에 대한 숭배주의로 몰고 감으로써 결국 인간으로 하여금 힘의 지배를 받게 하는 억압기제로 작용하게 된다는 것은 동서고금의 역사가 입증한다. 우상이 파괴되어야 하는 이유가 바로 여기에 있다면 이제 우리는 은유가 머금으려는 거리와 긴장을 하느님과 구원에 대한 이해에 진솔하게 얽히어내도록 해야 할 것이다.

구체적으로, 맥페이그가 종교 언어를 은유로 보자는 제안은 특히 반복된 종교 언어의 주술효과에 흠씬 취해 있는 한국 그리스도교의 현실에 비추어 볼 때 중대한 의미를 지닌다. 따라서 '주술적 게토'라고도 할 수 있을 종교 언어 공동체로서의 한국 교회는 참으로 이 문제에 대해 진솔하게 반성해야 할 것이다. 왜냐하면 뜻 모를 주문을 외우듯이 뜻을 새길 겨를도 없이 쏟아내고 뿜어대는 찬란하고 공허한 종교 언어들은 어느덧 우리 자신들을 신의 실재와의 동일성으로 이끌고 가는 듯한 허상을 자아내기 때문이다. 그런데 이에 대한 반성이 어렵거나 심지어 불가능한 것은 자기반성마저도 불신앙으로 간주하는 '확신 이데올로기'라는 아주 오래된 악습 때문이다. 회의나 의심을 불신앙으로 간단하게 치부해 버리는 천박하고도 유치한 종교적 작태를 포장하는 '확신(確信)'이라는 이념은 대체로 자가발전적인 방식의 종교적 심리 도취를 기반으로 하기 때문에 그야말로 확신이라는 표현처럼 거리와 긴장에 의한 다름과 이에 의한 모호함을 견디지 못한다. 그러나 확신에서 말하는 확실성이라는 것이 구원에 대해서도 적용할 수 없는 우상화의 오류라면 하물며 신앙에 대해 이를 적용한다는 것은 '신앙의 우상화'라고 하지 않을 수 없다. 그런데 신앙의 우상화란 신앙의 절대화의 또 다른 표현이고 결국 그렇게 신앙하는 인간에 대한 절대화라면 신앙의 우상화의 뿌리에는 인간의 자기절대화라는 근본적 욕망이 드리워져 있음을 결코 부정할 수 없다. 말하자면 주술적 게토에 자신을 맹목적으로 동일화시키는 행위는 자기절대화의 욕망을 '종교적 순수'로 이루어진 것처럼 보이는 몰아지경으로 포장한 것일 뿐이다. 이런 맥락에서 맥페이그가 제안하는 은유는 인간 자신뿐 아니라 하느님에 대해서도 실재와의 불가피한 거리에 주목할 것을 요구하는 장치로서 바로 이러한 종교적 위장의 허상을 벗겨내라는 목소리라고 하겠다.

이런 점에서 세계 개념과 하느님 개념 사이의 나선적 상승 관계를 토대로 우상파괴를 거쳐 현실적 신 개념을 구성하려는 카우프만의 방법론에 비해 종교 언어의 은유성을 통한 우상파괴와 참여적 구원관을 말하는 맥페이그의 제안은 한국 기독교의 현실에 대해서 좀 더 직접적이고 구체적인 적실성을 지니는 것으로 보인다. 카우프만의 지론이 한국 사회와 문화에 적용되기 위해서 선제되어야 할 맞갖은 세계관이 아직 우리에게는 혼란한 상태에 있다면, 한국 교회 안에 갇혀진 종교 언어의 주술성 문제는 이제 더 이상 미룰 수 없는 시급한 과제이기 때문이다.

그러나 덧붙여서, 맥페이그는 신관의 재정립을 통한 신학하기와 신앙행위에 대한 제안을 위해 은유와 개념 사이에서 양자를 연결하는 모델을 중심으로 논했는데 그의 모델 논의는 개념보다는 은유 쪽으로 더욱 무게를 두고 전개함으로써 모델이 지녀야 할 개념적 차원에 대한 고려가 상대적으로 약하게 되지 않았는가 하는 물음을 제기하게 된다. 예를 들면, 하느님에 대한 모델에서 아버지로부터 친구로의 전환을 제안하면서 가부장적 틀을 넘어서 아버지 모델을 이해할 가능성을 논한다든지 친구관계에서의 평등성과 함께 비동등성을 부각시켜 권위와 예배의 대상으로서의 지위를 주장하려는 것 등에서 이러한 경향을 찾을 수 있지 않은가 한다. 그렇지만 종래의 신학이 다름을 드러내는 은유보다는 같음의 논리에 충실하려는 개념에 지배되어 왔던 현실을 염두에 둔다면 은유를 더욱 강조하고 부각시키는 것은 더욱 절실하게 요청되는 일이라고 할 수도 있겠다. 아울러 우리의 이러한 비판이 그의 방법론적 업적에 대해 어떠한 경감을 의미하는 것은 결코 아니다. 오히려 그가 은유와 개념 사이에 모델을 위치시키면서 은유와 개념 사이의 연속성과 불연속성을 함께 싸안아야 할 필요성을 강조했다는 점에서 종교 언어의 적실한 방향에 대한 그의 분석은 높이 평가되어야 할 것이다. 더욱이 상징이 실재와의 긴장 관계에서조차 실재를 지향함으로써 실재화, 즉 실체화의 유혹을 떨치기 쉽지 않았던 역사에 비추어 본다면, 종교 언어의 은유적 차원을 밀도 있게 주목한 그의 통찰은 눈앞에서의 물상화를 무릅쓰고라도 실체화를 통한 영속화의 욕망에 사로잡혀 있는 한국교회의 물신주의에 대해 적지 않은 의미를 지닐 것이다.

3

우리 자리에서 신-학하려면

우리는 앞의 두 마당을 통해 신학하는 방법에 대해 더듬어 보았다. 먼저 제1부에서는 그리스도교 신학의 틀을 살피기 위해 그 태동과 형성 배경인 서구정신사를 체계적으로 분석하고 이를 토대로 구체적으로 신학하기의 뜻을 모색하였다. 그리고 제2부에서는 제1부의 해석과 구성을 근거로 현대 서구신학에서 신학하는 길과 꼴에 대한 논의들을 분석하고 비판하는 데에 초점을 맞추었다. 물론 이러한 작업이 누가 무엇을 이야기했는지에 대해서만 관심하고 만다면 별로 뜻이 있을 수 없을 것이지만 본 연구의 결론이면서 핵심인 제3부의 과제를 위한 예비적인 단계로서의 뜻을 지닌 것이었음을 이 대목에서 다시 강조할 필요가 있겠다. 소위 신학방법론에서의 선행연구에 대한 검토로서의 의미는 물론이지만 이에 머무르기보다는 우리 자리에서 신학하기를 위한 둘러보기와 곱씹기를 도모하고자 했기 때문이다. 그리고 이제 제3부에서는 앞선 논의에 힘입어 우리의 신학하기를 위한 한 실마리를 더듬어서 다듬고자 한다. 물론 더듬기도 다듬기를 염두해야 하기에 결코 간단한 것은 아니지만 다듬기는 더욱 어려운 일이니 함께 지혜를 모아야 할 것임은 두말할 나위도 없다. 따라서 여기서는 이런 논의들이 대체로 그러하듯이 아직도 시론에 머무를 수밖에 없음을 진솔하게 시인하고 함께 엮어가자는 제안으로 마무리할 수밖에 없다는 점을 양해해 주시기를 바란다.

제3부는 먼저 우리 자리에서 펼쳐지는 서구신학에 대한 논의들에 초점을 맞추어 이를 되새김으로써 위에서 말한 실마리를 더듬고자 한다. 조금은 지난 이야기인 듯이 보이는 소위 토착화신학, 또한 때로 솟아올랐다가 가라앉았다가 하는 종교 간 관계에 대한 논의로서의 종교신학, 그리고 우

리 상황에서 얼마나 관련되는지 싶은 종교와 과학의 만남에 대한 논의를 사례로 택하였다.[1] 이런 반성을 통해 실마리를 더듬을 수 있다면, 한 단계 더 나아가 우리의 들숨날숨을 담아내려는 노력을 사례로 우리 자리에서의 신학하기를 위한 실마리를 다듬어가는 시도를 할 수 있지 않을까 생각하여 한국현대사의 거목인 함석헌의 생명사상에 대한 재구성을 통해 이를 도모하고자 했다.[2] 물론 결코 충분한 논의일 수는 없지만 모형적 사례 분석을 통해 여타의 경우에 대한 적용가능성을 고려한다면 방법론적 성찰을 위한 의미는 결코 작지 않으리라 생각한다. 그리고 마지막으로 한국의 그리스도교와 교회에 대해 밀접하게 얽혀 있는 한국 문화에 대한 일상적이고 대중적인 조명을 통해 우리 삶의 현실에 맞갖은 신학하기의 얼과 꼴, 그리고 길을 단상적인 성찰을 통해서나마 다듬고자 하였다. 이것이 방법론적 시론이라고 하는 것은 방법론의 구성을 위해 우리 자리에서 새삼스럽게 고려하고 전제하지 않으면 안 될 것들이라고 보기 때문이다. 이를 통해 우리 자리에서 신-학하는 길에 대한 생각들을 추려갈 수 있다면 더 바랄 것이 없겠다.

1) 그밖에도 민중신학, 문화신학, 생명-생태신학, 여성신학 등에 대한 이 땅에서의 논의들도 포함해야 마땅하지만 전개의 효과를 고려하여 후일의 과제로 미루기로 하였다.

2) 같은 맥락에서 그의 스승인 유영모의 생각에 대한 우리 나름대로의 읽기도 후일의 과제로 남겨두었다.

제1장 우리에게 맞갖은 신-학하기를 위해: 이 땅의 서구신학을 보며*

1. 물음을 통해 분석의 틀을 만들고

1) '무엇-어떻게'의 묶음으로부터 그 아래 깔린 '왜'로

이태리의 조각가이자 화가였던 미켈란젤로가 귀족의 부탁으로 조각을 하게 되었다. 그런데 작업이 완성되자 그 귀족은 코가 너무 뾰족하다며 조금 깎아달라고 주문하였다. 미켈란젤로가 보기에는 아무 문제가 없었다. 그래서 그는 귀족 몰래 대리석 가루를 한웅큼 쥐고 작업대 위로 올라가 코를 깎는 척하면서 그 가루를 조금씩 떨어뜨렸다. 그랬더니 밑에서 보던 주인이 외쳤다. "이제 그만하면 되겠네." 그래도 미켈란젤로는 계속 작업을 하는 척하였다. 얼마 후 내려오는 그를 향해 주인은 이렇게 투덜거렸다. "코가 너무 작아진 것 같아……."

같은 사물이라 할지라도 보는 사람에 따라 의미는 매우 달라진다. 복음과 상황의 관계도 마찬가지다. 한국에 전래된 기독교와 신학에 대해 우리가 되/새길 때 흔히 접근하는 구도 중의 하나인 복음과 상황의 관계는

* 이 글은 ≪조직신학논총≫, 제14집(한국조직신학회 편, 2005)에 게재되었던 논문을 부분적으로 수정한 것이다.

이 관계에 대한 접근들이 일반적으로 보여주듯이 우선 '무엇'과 '어떻게'로 풀 수 있을 것 같다. 복음이란 어느 상황을 막론하고 선포되고 수행되어야 할 그 '무엇'으로 간주되는 반면에, 상황이란 바로 그러한 복음이 전해지고 이루어져야 할 현실적인 방책이라는 뜻을 포함한 터전이고 대상이라는 점에서 '어떻게'에 해당하는 것으로 보이기 때문이다. 이러한 기본 구도에서 복음과 상황의 관계에 대하여 여러 방식의 이해들이 개진되었고[1] 이런 과정을 통해 상황에 대한 복음의 위치를 재조명하려는 노력들도 적지 않았다. 말하자면 상황이 어떻게 자리매김되는가에 따라 복음의 위치가 조율되기도 했다. 그리고 이것은 이미 '무엇'과 '어떻게' 사이의 관계로부터 자연스럽게 예견되고 또한 당연하게 요구되는 것이기도 했다. 인류정신문화사가 증명하듯이, 아니 우리의 일상생활이 이미 그렇게 생겨먹었듯이, 사실상 '무엇'이라는 것이 삶의 현실에서 '어떻게' 없이는 심지어 '무엇'으로조차도 위치지어질 수 없다는 너무도 당연한 원리가 새삼스럽게 복음과 상황의 관계에서도 확인되는 것이다. 달리 말한다면, 이제는 칸트의 선험적 구성설이 선포하는 물자체 불가지론 이전으로 되돌아갈 수 없고, 따라서 있음의 순서를 따르는 것이 불가능하고 앎의 순서를 따르는 것이 불가피하다면[2] '무엇'은 그저 '무엇'이기 위해서라도 '어떻게'가 필수적이다. 그럼에도 불구하고 아직도 물자체의 직접성에 대한 고전적 향수를 떨치지 못한 안정추구세력들이 여전히 자각과 반성을 거부하고 있으니 복음과 상황의 관계를 '무엇'과 '어떻게'의 구도로 접근하는 것, 아니 도대체 복음이라는 것을 그 외의 다른 것과 연관해 접근하고 논한다는 것 자체가 혁명적일 만큼 가상한 일이었다.

물론 이렇게 말한다고 해서 그리스도교는 언제나 상황의 변화에 적응하

1) 김경재, 『해석학과 종교신학: 복음과 한국종교와의 만남』(한국신학연구소, 1994), 4장 참조.

2) 고든 카우프만, 『신학방법론』, 기독교통합학문연구소 옮김(한들출판사, 1999), 1~2장 참조.

고 조화를 이루어야 한다는 식의 기회주의적 논리를 옹호하려는 것은 결코 아니다. 그리스도교는 로마제국 시대에는 로마식으로 되어야 하며, 중세에는 봉건적으로, 군주제에서는 절대주의적으로, 프랑스 혁명 중에는 자유주의적으로 되어야 한다는 박약한 관념을 지지하는 것도 아니다. 과거건 현재건 그리스도가 이 땅에서 행하고자 했던 일을 실증해내는 것을 중요시하지 않은 그리스도교의 현실유착은 폐기되어야 마땅하기[3] 때문이다. 그럼에도 불구하고 새삼스러운 이야기지만, 상황은 그저 우리를 둘러싼 주변 배경으로서 고려되지 않아도 좋은 부스러기이기만 한 것은 결코 아니다. 아니 복음의 첫 씨앗이라 해서 상황 없이 파종되고 발아할 수 있는 것이 아니었을 터이니 복음과 상황이라는 것이 '무엇'과 '어떻게'의 관계처럼 이미 떼려야 뗄 수 없는 것이기 때문이다. 그렇다면 우리에게 전래된 그리스도교에서 도대체 어디까지 복음이고 어디서부터 상황인가?[4]

이런 맥락에서 우리는 이제 우리 삶에 말이 되고 뜻을 갖는 신학하기를 모색하는 본 연구의 목적에 비추어 위의 물음을 다음과 같이 좀 더 다듬어 제기하지 않을 수 없다. 과연 복음과 상황의 관계가 단순히 '무엇'과 '어떻게'의 구도로만 다루어지고 말 것인가? 다시 말한다면, 복음과 상황이라는

---

3) 호세 미란다, 『성서의 공유사상: 전통적 성서해석에 대한 비판』, 정혁현 옮김(사계절출판사, 1987), 17~19쪽.

4) 이 땅에서 주체적으로 신학하기라는 과제를 두고 우리는 이 같은 고민을 새삼스럽게 하지 않을 수 없었다. 물론 그리스도교의 전교 이후 그동안은 좀 정신이 없었던 것도 사실이다. 일제식민지 시대를 지나 동족상잔, 군사독재의 시절을 거쳐 오면서 차분히 되새길 여유를 갖기 어려웠을 것이기 때문이다. 그러나 이제 조금은 먹고 살 만해지면서 이러한 논의의 필요성에 대한 공감이 쌓여 어느덧 본격화된 게 벌써 한 세대를 넘긴 것 같다. 먹고 살 만한 조건이 정신으로 하여금 정신 자체를 돌아보게 하기 때문인가? 물론 때마침 일어난 민족주의적 정서 고양과 맞물려 이 땅의 그리스도교 신학이 왠지 이에 동조하지 않으면 안 될 것 같은 강박관념에 시달려왔다는 것도 부인할 수는 없다. 하여 한 세기 앞선 선교역사를 지닌 가톨릭교회가 비교적 자연스러운 토착화 과정을 밟게 되었다면, 전래과정부터 왜곡의 소지를 훨씬 더 강하게 지녔던 개신교회는 이런 주제에 대한 고민을 더 진하게 겪을 수밖에 없었다.

것이 '무엇'이 가리키는 정체와 '어떻게'가 가리키는 방법 사이의 관계, 또는 더 일반적으로 표현한다면 단지 목적과 수단의 관계이기만 한가? 이러한 물음을 던지지 않을 수 없는 것은 상황이라는 것이 그저 '어떻게'가 가리키는 방법이나 수단이라는 뜻으로서의 부대상황이기만 하다면, 그래서 단순히 복음이 선포될 터전이기만 하다면, 그 상황을 삶으로 살아가는 우리 자신에 대해서는 여전히 괴리적일 수밖에 없기 때문이다. 여기서 우리는 '무엇－어떻게'의 구도를 포함하지만 더 나아가 정체와 방법, 또는 목적과 수단 밑에 깔려 있는 근거 물음인 '왜'의 구도에서 복음과 상황의 관계를 더 깊이 파들어갈 것을 제안한다. 그 '무엇'을 복음으로 받아들이고 실현되도록 추구할 근거나 이유가 없다면 그것이 복음일 수도 없는 것이니 제아무리 방법과 수단이 그럴듯한들 그 복음은 무용지물이기 때문이다. 말하자면 그 무엇을 복음이게 하는 것이 곧 그것을 복음으로 받아들이는 까닭과 따로 놀 수 없다면 이제는 뿌리에 깔려 있는 근거물음인 '왜'를 복음과 상황에 직접 잇대어야 하지 않겠는가 하는 것이다. 나아가 '무엇'과 '어떻게'는 언제나 '왜'라는 삶의 물음으로 인하여 시공적 상황[언제/어디서], 그리고 이를 살아감으로써 자신을 이루어가는 실존[누가]에 함께 묶여 있다는 점에 주목하고자 한다. 왜냐하면 '무엇'이 그냥 '무엇'으로만 군림할 수 없는 것은 이 시대 이 동네를 살아가는 우리[누가－언제/어디서]가 당연히 '왜'라는 물음 없이는 그 '무엇'을 만날 수도 없을 뿐더러 그럴 까닭도 없기 때문이다.[5)]

따라서 우리는 우리 삶에 말이 되고 뜻을 갖는 신학하기를 위하여 복음과 상황, 또는 종교와 문화의 관계에 대해 '무엇'과 '어떻게'뿐 아니라 그 뿌리인 '왜'까지 함께 엮어 물음의 틀을 만들어야 함을 역설하고자 한다. 그리고 이러한 물음에 비추어 이 땅에서 전개되고 있는 주된 신학적 흐름들을 몇 가지로 추리는데, 곧 종교가 펼쳐질 터전으로서의 문화와의 관계,

5) 물음들의 관계에 대한 자세한 논의는 필자의 다음 자료를 참조하라: 정재현, 『신학은 인간학이다: 철학읽기와 신학하기』(분도출판사, 2003), 들어가면서.

그 문화 안에서 만나는 다른 종교들과의 관계, 그리고 그 문화의 역사 안에서도 종교와 가장 첨예한 긴장으로 얽혀 왔던 과학과의 관계에 대한 이 땅에서의 우리들의 논의를 살피고자 한다. 말하자면 그간 복음으로 군림해 왔었던 '무엇'에 대하여 상황이 그저 이에 대한 보조로서의 '어떻게'에 머무르기보다는 이를 넘어 '왜'라는 뿌리물음으로까지 들어가도록 함으로써 '왜'를 터뜨려내는 '누가-언제/어디서'와 '무엇-어떻게'가 마주할 길을 찾고자 한다.

2) '무엇'과 '왜'의 얽힘이 요구하는 같음과 다름의 경계 허물기

그러나 사실상 우리가 '무엇'이라는 물음을 던질 때 이미 '왜'를 안고 있었다. 우리 자신을 이루는 삶과 죽음의 얽힘이 이미 그렇게 생겼기 때문이다. 솔직히, 어떠한 것에 대해 아무런 생각 없이, 그야말로 사심 없이, '무엇'을 물을 까닭은 별로 없다. 게다가 그것이 복음, 즉 한계너머 힘으로서의 신에 관한 것이라면 더욱 그러하다. 말하자면, 무엇인가 앞선 관심이나 의도에 의해 이 말이 비로소 어떠한 뜻을 지니게 된다. 그리고 바로 그러한 관심이나 의도가 바로 '왜'에 해당한다. 같음을 향하는 '무엇' 물음이, 다를 수밖에 없는 '왜' 물음을 이미 깔고 있다는 것은 바로 이 때문이다.

그런데 사실상 '무엇'이 이미 '왜'와 얽혀 있었다면 그것은 더 나아가 우리가 우리 자신에 대하여 '누가'를 물었다는 것을 뜻한다. 왜냐하면 '무엇'에는 '누가'가 끼어들 여지가 없어 보이지만 '무엇'과 얽혀 있는 '왜'라는 물음은 다름 아닌 '누가'가 묻는 것이기 때문이다. 그런데 이러한 '누가'는 설명할 필요도 없이 '언제/어디서'와 뗄 수 없는 관계이므로 '누가-언제/어디서'라는 한 물음으로 엮인다. 따라서 '누가-언제/어디서'가 '왜'를 묻고 그 '왜'라는 근거물음을 풀어내기 위해 '무엇'이라는 정체물음으로 나가는 것으로 읽어냄이 마땅하다. 그런데 같음을 향하는 '무엇' 물음 아래 도저히 덮어버릴 수 없는 다름으로 이루어진 '왜', 그리고 그렇게 묻게 한 '누가 – 언제/어디서'가 똬리를 틀고 있다면 이제 같음과 다름의 경계는 생각했던 것만큼 그렇게 확연하지 않다는 점을 더 이상 부정할 수 없게 된다. 이는 나 자신을 이루고 있는 같음 안에 다름들이 엄청나게 뒤얽혀 있다는 사실에 의해서도 확인된다.

그렇다면 왜 같음과 다름의 경계가 불확정적일 수밖에 없는가? 사실상 같음이나 다름은 비교와 대조를 위한 개념으로서 공히 최소한 '둘' 이상의 개체를 전제하고 있고, 이 최소구성수로서의 '둘'이란 결국 최소단위로서의 '하나'를 전제한다. 그런데 예를 들어 '한 인간'이라는 표현을 생각해 보자. 실제로 어느 구체적인 사람을 '한 인간'으로 규정하는 최소단위가 같음의 뜻을 지닌 채로는 실제로 끊임없이 달라지는 삶을 사는 사람에 대해 적용될 수 없는 성질이며, 따라서 서로 다른 사람들 사이에서도 역시 그 다름이 놓이는 자리도 확연할 수 없기 때문이다. 물론 이러한 분석은 개체 인간들 사이의 다름을 무시하자는 것은 아니다. 오히려 시공간을 달리하는 사람들 사이의 다름은 물론이거니와 한 사람에서의 끊임없는 다름을 간과할 수 없다면 한 인간을 최소단위로 규정하는 같음의 명백한 설정은 불가능하며, 따라서 여러 사람들 사이의 다름도 간단하게 설정할 수 있는 것이 아니라는 점을 지적하고자 할 따름이다. 말하자면 같음과 다름의 경계는 흔히 통속적으로 상정되는 것처럼 그렇게 명확할 수 없다. 이미 '무엇'과 '왜'의 얽힘으로 인해 이럴 수밖에 없는 것이다. 그리고 이러한 점은 개별적인 인간뿐 아니라 역사의 구체적인 종교들에도 그대로 적용된다. 그럼에도 불구하고 '왜의 다름'이란 '무엇의 같음'을 송두리째 폐기하는 발광은 아니며 '누가 – 언제/어디서'도 '무엇 – 어떻게'를 팽개친 저마다의 아우성은 아니다. '왜'가 이를 허락하지 않기 때문이다. 그렇다면 이제 우리는 같음과 다름 사이에 놓인 부질없는 경계들을 허물어야 한다. 같음과 다름의 허상적인 경계를 무너뜨림으로써만 대책 없는 무정부적 상대주의를 넘어서 '무엇 – 어떻게'와 '누가 – 언제/어디서'가 마주할 실마리를 '왜'에서 더듬을 수 있기 때문이다.

그렇다면 같음과 다름의 경계를 허물어간다는 것은 구체적으로 무엇을 뜻하는가? 그것은 단도직입적으로 말한다면, 타자에 대해서는 우상파괴를 가리키는 것이요 자신에 대해서는 자기부정을 뜻하는 것이다.[6] 즉, 어느 쪽도 고정화에 의한 중심적 위치를 주장할 수 없음을 가리키는 탈중심주의의 선언인 것이다. 이제는 더 이상 '무엇'만이 홀로 동일성의 신화를 등에 업고 권좌에 군림할 수 없음은 물론, 차이의 대안으로 등장하는 '왜'라는 구호가 오히려 우리를 자유로부터 멀어지게 하는 대책 없는 막무가내가 되어서도 안 될 것이다. 그러므로 '무엇' 안에 이미 깔려있는 '왜'를 밝혀내고 '왜'를 그렇게 깔아놓은 '누가－언제/어디서'를 '지금 여기에서 이미 그렇게 서로 다를 수밖에 없는 삶인 나와 너'에게서 더듬어내면서 '무엇－어떻게'와 만나도록 도모해야 할 것이다. 왜냐하면 이것이 복음이나 종교가 인간에 대해 지니는 본래적인 의미로서의 자유를 그나마 향해가는 길이 될 것이기 때문이다.

2. '왜'가 드러내는 이 땅 신학의 허상들을 살펴보며

1) <종교-문화>의 '허구성': "같음은 다름 안에서만 나타나므로"[7]

20세기 후반 개신교 동네에서 전개된 신학의 토착화에 대한 논의는 복음

---

6) 폴 리쾨르는 이를 다음과 같이 묘사한다: "중심에서 벗어난 의식이고, 편견 없는 의식이며, 코페르니쿠스를 따라 거대한 우주로 자리를 옮기고 다윈을 따라 생명의 진화로 자리를 옮기고 프로이트를 따라 어두운 심리로 자리를 옮긴 의식이다. 우주, 생명, 심리 같은 의식의 타자에서 새로 중심을 잡음으로써 의식은 커진다. 자기를 잃음으로써 자기를 찾는다. 나르시시즘적인 자기를 잃음으로써 자기를 찾고 배우며 투명해진다." 폴 리쾨르, 『해석의 갈등』, 양명수 옮김(아카넷, 2001), 166쪽.

7) 정재현, 『신학은 인간학이다: 철학 읽기와 신학하기』(분도출판사, 2003), 「나오면서」 3.1에서 일부를 뽑고 전체적으로 다시 썼다.

의 뿌리가 심겨져 싹튼 서양 동네의 다를 수밖에 없는 '다름'을 '이 땅'의 정신문화라는 상황 안에서 '같음'으로 만들어왔었던 그간의 행태에 대한 반성이라고 할 수 있다[8]. 즉, 종래에 복음은 자리의 다름에도 불구하고 그대로 이 공간에 이식될 수 있는 개념이었다. 새겨 말하자면 이 자리에서 살아 움직이며 부대끼는 삶을 겪지 않아도 그저 이 땅 위에 뿌려놓으면 같아질 수 있다는 환상이었던 것이다. 그런데 그리되면 두 가지 현상이 나타난다. 먼저는 실제적으로 가장 가깝게 보이는 개념을 취해 그대로 이식하는 것으로서 현상적 같음을 강조하는 것이다. 그러나 그것이 우리 삶의 해방구가 될 수는 없었다. 번지수가 다르기 때문이다. 즉, 개념적 유사성은 놀라울 정도로 비슷하다고 할지라도 결정적으로 막히는 부분은 언제나 철학적 사유 이전에 삶의 양식에서 오는 차이 때문에 그대로 호환 가능한 개념은 존재하지 않기 때문이다. 인식구조나 문화적 삶의 사유방식은 '무엇'이라는 개념을 그대로 이식하여 '여기'라는 공간으로 옮겨오는 것만으로는 적절하지 않았던 것이다.

다른 한편, 보이는 현상만 다를 뿐 '여기'라는 공간적 개념을 중심으로 사유하는 방식이 서구적 사유와의 다름을 강조하면서 '지금'의 다름은 간과하는 방식으로 나타났다. 1970년대 초반에 일어났던 주체의식화의 일환이라고 할 수 있는 민족주의, 국학운동, 한국철학에 대한 재발견의 관심과 논의가 '여기'의 다름을 강조하는 것이었다. 신학에서 이러한 경향은 진지

8) 이정배는 토착화신학의 유형을 다음의 다섯 가지로 나누어 설명한다: "첫째, '성(誠)'이라는 유교적 정신이념과 기독교적 계시 이해의 친화성을 이야기하려 했던 윤성범, 둘째, 민족문화의 기초이념으로 '풍류'를 이야기하면서 한국신학의 과제를 풍류의 성취로 보는 유동식, 셋째, 자아와 비자아의 문제의식을 가지고 불교와의 실존-휴머니즘적 대화의 길을 연 초기의 변선환, 넷째, 틸리히의 시각에서 한국종교의 전 맥락에 나타난 민족의 궁극적 관심을 찾아보려고 했던 김경재, 다섯째, 신학자들과 비판적인 거리를 두면서 문화신학의 작업을 종교와 종교 간의 문화적 상징체계 간의 만남으로 이해하는 정진홍 등이 바로 그러한 학자들이다." 이정배, 『토착화와 생명문화』(종로서적, 1991), 202쪽.

하게 이 땅의 의미를 되새기고자 하는 부류에서 나타나는데, 그 모양새가 이 땅이라는 겉옷은 걸쳤으되 '이미' 빛바랜 색과 디자인의 옷을 걸친 형국이었다. 예를 들면, 이 땅은 당연히 한반도인데, 그런 우리 동네를 본다고 하면서 한 세기 전 동학운동사상을 문화적 배경으로 보겠다는 시도들이 잠시 있었는가 하면, 좀 더 올라가 18세기 실학사상을 우리 동네의 문화적 배경으로 삼겠다는 부류들도 나타났다. 기왕 거슬러가는데 한 천년 더 올라가 보는 것이 더 좋지 않겠나 싶었는지 7세기로 거슬러 신라의 불교사상을 끌어내오려는 노력도 등장했다. 그밖에 무수한 시도들이 이 땅의 유구한 생리들을 파헤쳐 복음이 제대로 뿌리내리도록 하겠다는 일념으로 전개되었음은 주지의 사실이다.

물론 이러한 모든 시도들이 그 의도와 성의에 있어 가상하다는 점을 부정할 수는 없다. 그리고 진실로 문화적 주체화를 위해 기여한 바도 결코 적지 않다. 그러나 안타깝고도 유감스러운 것은 이러한 시도들에서 공교롭게도 '어디서'는 당연히 '이 땅'이었지만 '언제'는 매우 임의적으로 설정되는 공통성을 지녔다는 점이다. '이 땅'의 이야기가 하필이면 그렇게 옛것으로 거슬러가야만 하는 것인가라는 의구심을 떨칠 수 없다. 분명히 '이 땅'이란 20세기 후반에서 21세기 초반에 걸친 시대라는 시간과 그 시간을 살아내고 있는 공간인데, 그리고 우리네들이란 바로 그러한 시간을 '언제'로, 그리고 그러한 공간을 '어디서'로 살아내고 있는 '누가'들인데, 언제로까지 거슬러가서 '이 땅'이 가리키는 '지금, 그리고 여기'를 살필 수 있겠는가 말이다. 사실상 당장 20세기 후반과 그보다 한 세기 전 동학혁명 시대였던 19세기 후반을 비교하자면 거의 비교할 수 없을 정도로 엄청난 변화가 이 땅에 일어났었다는 것은 시대의 상식이다. 아마도 한반도 반만년 역사에서 어느 한 세기가 이처럼 급격한 변화를 겪었을까 싶을 정도로 혁명적인 변화를 경험한 격동의 세기였는데 그 엄청난 간격은 어디로 사라지고 갑자기 한 세기를 거슬러 가서 '이 땅'을 살피겠다는 것인가? 물론 20세기 후반 또는 21세기 초반의 '이 땅'이 19세기 후반의 그 땅과 전혀 무관하지는 않을 것이다. 그러나 과연 과거의 어느 것이 지금 얼마나 어떻게 자리하고 있을까라는 물음을 고려하지 않고서 우리의 전통이라는 이름으로 그렇게 과거로 거슬러 가는 것이 무조건 타당할 수 있는가라고 반문하지 않을 수 없다. 특히나 우리네 역사의 경우, 소위 식민지라고 하는 것을 제대로 성찰하기도 전에 건물과 철도가 놓이고 나를 제대로 성찰하기도 전에 총칼 앞에 놓이는 상황에 처해지지 않았던가? 또 지금의 상황은 어떠한가? 미군정 속에서 현대사가 진행된 이래 이 땅의 삶은 이미 서구적 형식과 내용으로 뒤섞이고 있지 않은가? 그러니 20세기 후반을 거치고 21세기를 살아오고 있는 우리네들에게도 20세기라는 엄청난 격동과 변화의 세월 이전으로 돌아가 전통이라는 이름으로 과거를 뒤져 끌어낸 이야기들이 여전히 적용되리라는 오산은 사상부재[무엇]와 시대착오[어떻게]를 넘어 자기인식[왜: 누가－언제/어디서]의 결여라고 하지 않을 수 없다.

분명히 강조하건대, '무엇' 안에 깔려 있는 '왜', 그리고 바로 '왜'를 터뜨리는 '누가－언제/어디서'라는 물음은 한가로운 지적 유희가 결코 아닙니다. 상황은 역사적 가설에서 비롯되는 상상의 산물이 아니다. 삶이 그것을 허락하지 않기 때문이다. 말하자면 '언제/어디서'로 표기되는 상황은 '누가'로 표기되는 주체를 둘러싸고 있는 임의적인 부대상황이 아니라 바로 그 주체를 '누가'로 엮어내고 있는 구성요소인 것이다. '언제/어디서'가 없이는 '누가' 조차 불가능하다는 것은 바로 이 때문이다. 물론 '누가'가 없이는 '언제/어디서'라는 것이 물리적 시공간만을 가리키고 말 것이어서 '언제/어디서'도 '누가'에 의해 그렇게 고유하게 엮어지는 것임은 물론이다. 이제 주체와 상황의 관계가 그처럼 상호 구성적이라면 '누가－언제/어디서'는 한 묶음이며 '왜'라는 뿌리 물음으로 '무엇'과 얽히게 되는 것이다. 그리고 이렇게 본다면 우리들은 이미 지금 여기 우리들의 삶에서 토착화적인 해석과 구성을 해오고 있었다. 말하자면 같음은 다름 안에서만 나타날 따름인 것이다. 다만 그렇게 하면서 살아오고 있는 대중들과 상아탑 동네와의 사이에 차이가 있다면 체계적으로 개념화되지 않은 일상 언어의 '투

박함'과 몇 개의 개념들에 의한 포장의 '번지르르함'뿐이다. 그런데 상아탑 동네는 그렇게 전문적인 포장을 한다는 빌미로 그들 스스로도 착각한 채 결국 앞서 지적된 오류에 빠지게 되었던 것이다. 그러나 상황 또는 문화라는 땅에 뿌리를 내릴 복음의 '첫 순수함'을 가정한다는 것이 도대체 얼마나 어리석은 일인가? '무엇'과 연관하여 분명히 '왜'를 묻고 그 '왜'가 끌고 나온 '누가 – 언제/어디서'를 밝히려 했지만, 특히 '언제'를 '첫 순수함'이라는 환상 안에서 찾으려다가 '누가'마저 잃어버리고 결국 '왜'가 잠겨버렸기 때문이다. 말하자면 '누가 – 언제/어디서'는 '서로 다름'을 가리키느니 만큼 대체 불가능할 정도로 상호 구성적인 것인데 '첫 순수함'에 홀려 이를 풀어헤침으로써 '누가 – 언제/어디서'가 가리키는 '몸'은 갈기갈기 찢어질 수밖에 없었던 것이다. 아직도 못다한 '토착화'의 목소리가 상당히 가라앉게 된 것은 바로 이 때문이 아닌가 한다.

그렇다면 서구와 우리가, 또 과거와 현재가 이렇게 다를 수밖에 없다면 지금 여기에서 신학하는 지평은 어떻게 드러나는가? 삶을 이루는 다름이 근원적 힘 안에서 얽히어 사유될 수 있는 자리를 찾아가야 한다. 이미 서구화된 삶의 양식이 부대낌과 겪음을 통해 체화되어 있는 현실의 몸짓과 마음짓의 아우성에서 출발해야 한다. 이걸 되돌려 과거로 간다 해서 그것이 지금 여기의 우리는 결코 아니기 때문이다. 전통에 연관시킨 많은 논의들이 그 민족주의적 숭고함에도 불구하고 시대착오 이상의 비현실적 공허성을 떨칠 수 없다면 이제는 지금 여기의 상황을 현실로, 문화로 읽어내는 일이 요구된다. 바로 지금 여기서 진행되고 있기에 막연할 수도 있지만 '누가 – 언제/어디서'라는 삶이 이미 복잡하고 모호한 것이라면 달리 길이 없으려니와 오히려 이것이 길일 수도 있겠다. 말하자면 복잡성과 모호성의 논리를 엮어내는 일이다.[9] 그리고 이로써 사람을 보고 삶을 읽고 믿음을 엮고 신을 그리는 것이다. 물론 이는 지속적 안정을 추구하려는 종교적

9) 김영민, 『진리 일리 무리』(철학과 현실사, 1998) 전권 참조.

욕망의 포기를 뜻하지만 오늘날 우리가 살고 있는 삶이라는 것이 이미 그렇게 생겨서 우리에게 이를 요구한다면, 그리고 이 땅의 인문학들도 이런 시대정신과 그 요청을 진지하게 귀담아 씨름하고 있다면,[10] 신학이라서 예외일 수 없지 않은가?[11]

2) <종교-종교>의 '허구성': "같음과 다름은 말끔히 갈라지지 않으므로"[12]

발단은 아마도 사람들이 '우물 안 개구리'를 벗어나기 시작하면서부터일 것이다. 한때는 저마다 자기 동네가 온 세상인 줄 알고 그 안에서 한 통속으로 살았던 시절이 있었다. 그것도 결코 짧지 않은 세월 동안. 그러다가 교통과 통신기술을 포함한 과학의 발달 덕택에 다른 동네의 다른 사람들이 엄연히 함께 살고 있었음을 몸으로 확인하게 되었다. 말하자면 다름과 마주치게 되었는데 그 다름의 눈으로 자기들의 같음이 읽혀지게 된 것이다. 자연히 다른 사람들의 다름과 이루게 되는 긴장을 해결해야겠다는 자각이 일기 시작했다. 이런 상황에서 자기의 것만 홀로 '참'이라고 고집하는 독단적 착각은 시대착오적인 웃음거리가 되리라. 허나 그렇다고 해서 평화공존이라는 미명 아래 점잖은 척 양보만 하고 있다면 무정부적 상대주의라는 비난을 안팎에서 받을 수밖에 없게 될 것이다.

그렇다면 그리스도교가 '참' 물음을 중심으로 다른 종교들과 엮어온 관계는 어떠했는가? 그리스도교가 지녀온 이천 년의 세월이 서양문화 안에서였음을 고려한다면 그 시작이 어떠했으리라는 것은 충분히 짐작할 수 있다. 그리스도교라고 서양 제국주의에서 예외일 수는 없었으니 다른 종교와

---

10) 임철규, 『눈의 역사 눈의 미학』(한길사, 2004) 전권; 박완규 엮음, 『이 땅의 철학자는 무엇을 생각하는가』(철학과 현실사, 2004) 전권 참조.

11) 한국 문화신학의 논의들이 이 대목에서 중요한 연관을 지닐 터이다.

12) 정재현, 『신학은 인간학이다: 철학 읽기와 신학하기』(분도출판사, 2003), 「나오면서」 3.2에서 일부를 뽑고 전체적으로 다시 썼다.

문화들에 대한 배타주의는 이미 불가피한 귀결이었다. 그리스도의 유일성에 입각하여 '다른 것은 몰라도 종교에서야 나와 다른 것들은 거짓이어서 같이 놀 수 없는 것은 물론이고 목숨을 걸고 결코 양보할 수 없다'고 선포하는 입장을 배타주의라 하였다. 그러다가 '다른 종교들을 생판 거짓이라고만 치부할 수는 없지 않은가?'라는 약간의 자성이 일어나면서 비교우위를 주장하는 방향으로 수정제의가 나타났다. 말하자면 그리스도의 유일성을 그리스도교의 우월성으로 포장함으로써 타종교를 어느 정도 인정하면서 사이좋게 지내자는 제안이 모색되었는데, 이것이 바로 포괄주의다. 이는 애당초 다른 것들과 같이 못 놀겠다는 배타주의와는 달리, '같이 놀아주기는 하겠는데 내가 반드시 제일 큰 형님 노릇을 해야겠으며 데리고 놀면서 한 수 가르쳐 주겠다'는 태도라고 하겠다. 더 나아가 기왕 허물어진 절대성이라면 좀 더 적극적인 자세로 피차간의 교류를 통해 자기이해를 더욱 고양시키자는 입장이 나타났다. 다원주의로 분류되는 이 입장은 그리스도의 유일성과 그리스도교/교회의 우월성을 신의 절대성이라는 더 큰 범주로 확대해야 한다고 주장하는 것이다. 이는 결국 고백되는 바로서의 신이 우주의 창조자라면 어느 특정문화나 종교에 제한될 수 있겠는가라는 제법 열린 듯한 외침과 함께 급기야 '이판사판 그게 그거 아니냐?' 또는 '혹 서로 거리가 멀더라도 인사는 하고 지내자'는 제안으로 등장하게 되었다. 그런데 종교 간 만남에 대한 이러한 입장들은 이처럼 단순히 다양하기만 한 것이 아니라 실제로 서로 모순되거나 상반되기까지 하다는 점도 주목되어야 한다.13) 왜냐하면 논리적으로는 배타주의와 포괄주의가 서로

13) 간략히 추리자면 우선 배타주의란 누구를 막론하고 같음을 보장해주어야 할 것 같은 '무엇' 물음에 집중함으로써 '참된 하나와 같음'만이 참이고 다른 것은 거짓일 수밖에 없다는 입장으로 나타난다. 이에 비해 포괄주의는 '무엇'의 같음에 대해 도전이 될 수밖에 없는 앎의 문제를 끌고 나옴으로써 같음의 틈바구니를 헤집어 볼 수도 있겠다는 '어떻게'라는 물음에 힘입어 '정도의 다름'에 주목하는 다소 온건한 입장으로 보인다. 말하자면 여전히 같음을 기준으로 보아 다름은 나름대로의 가치를 지니기는 하되 적어도 같음에 비해 열등하므로 더욱 우월한 같음으로 흡수되

모순관계에 있으며, 현실적으로는 배타주의와 다원주의가 서로 상반된 입장에 있기 때문이다.

그러나 종교는 실제 역사에서 구체적이고 가변적일 수밖에 없으므로 언제 어디서나 같은 '하나의 종교'로 분류될 수는 없다. 따라서 다른 종교들과의 경계나 분리도 그렇게 분명하다고 할 수 없다. 같은 시대 같은 동네에 있는 임의의 두 교회가 표방하는 그리스도교도 엄연히 서로 다를 수밖에 없는데, 한 종교의 깔끔한 같음을 단서 없이 설정할 수는 없다는 것이다. 이른바 종교적 격의성이다. 더욱이 한 이름을 사용하는 종교 안에서의 만남이 여러 종교들 간의 만남보다도 오히려 더욱 어렵고 심각할 수 있다는 점을 고려한다면 '하나의 종교'라는 이념은 현실과는 거의 무관한 비역사적 환상일 뿐이다. 종교들 간의 만남이란 엄밀한 의미에서 '무엇들' 사이의 만남이라기보다는 '왜'를 품고 있는 '누가－언제/어디서'가 가리키는 '서로 다른 몸들' 간의 만남이라는 점을 상기해 보라. 더욱이 그리스도교도들 사이의 다름이 그리스도교도와 불교도 사이의 다름보다도 훨씬 더 클 수 있다면, 종교들 사이의 서로 다름이란 결국 개별종교를 이루는 몇 이름들 묶음 사이의 서로 다름일 뿐이라고 해도 과언이 아니다.

구체적으로 우리네 상황을 보면 이 문제는 더욱 복잡하다. 우선 우리 동네는 여러 종교들이 소위 '황금분할'[14]이라고 할 만큼 혼재되어 있는 다종교 상황이다. 게다가 역사적으로 유구한 전통으로 중첩되어 있으니 문화적으로도 혼합적일 수밖에 없다. 문제는 사회적이나 집단적인 단위에서의 문화만 혼합된 것이 아니라 한 사람에게서도 여러 종교들이 혼합되어

어야 한다는 주장으로 귀결된다. 한편 다원주의는 같음과 다름의 관계란 참과 거짓의 구분기준이 아닌 것은 물론이지만 우열관계에 있는 것도 아니고 차라리 동가적인 것이어서 같음과 다름 사이의 구별은 잠정적이고 임의적이라고 주장하는데, 이런 점에서 '종류의 다름'에 초점을 맞추는 '왜라는 물음을 공유하는 구도로 간주될 수도 있다.

14) 정양모, 「오늘과 내일의 그리스도교」, 정양모 교수 은퇴기념논총 간행위원회, 『믿고 알고 알고 믿고』(분도출판사, 2001), 129쪽.

있다는 것이다. 즉, 여러 종교들이 한 개인 안에서도 '겹치기 출연'을 하는 것이다. 예를 들면, 한국의 그리스도교인의 경우 그/녀의 종교적 품성 안에 그리스도교적인 것은 물론이지만 불교적이나 유교적인 성향뿐 아니라 이보다 결코 덜하지 않게 무속적인 성향 등이 포함되어 있다. '서로 다른 몸'인 각 사람들마다 그 비율은 서로 다를지언정 여러 종교적 성향들의 혼재만큼은 거부할 수 없을 정도로 공통적이다. 이른바 종교적 중층성이다. 이렇듯 그리스도교조차도 여럿일 수밖에 없는데다가 한 사람에게서도 여러 종교들이 뒤섞일 수밖에 없다면, 그리고 더 나아가 그러한 사람들이 그렇게 '서로 다른 몸'일 수밖에 없다면, '하나의 종교'라는 것은 논의의 편의를 위한 개념적인 가정일 뿐 그 어디에서도 찾아낼 수 없는 허구라고 하지 않을 수 없다.

그럼에도 불구하고 우리는 여전히 자신이 속해 있는 종교만큼은 적어도 같은 이름을 사용하는 한에 있어 '하나의 종교'일 것이라는 비역사적 착각에서 벗어나지 못하고 있다. 말하자면 영원한 같음을 제공해 줄 것 같은 개념적 '무엇'만을 붙들고 늘어지고 있다는 것이다. 말하자면 '무엇' 안에 깔려 있는 '왜'를 보지 못할 뿐 아니라 오히려 꿈틀거리는 '왜'를 숨겨가면서까지 불안을 떨치려는 종교적 욕망추구에 급급한 것이다. 그러나 '하나의 종교'라는 것이 어디까지나 허상일 뿐이라면 이제는 같음과 다름의 경계가 흔히 통속적으로 상정되는 것처럼 그렇게 명확할 수 없다는 점을 시인하는 일이 요청된다. 게다가 '같음과 다름의 경계 불확정성'이란 단지 경계가 불분명하다는 소극적인 의미에만 머무르지 않고, 오히려 종교가 생명을 지니고 존속하기 위해서는 끊임없이 경계를 철폐해야 한다는 것을 요구한다. 왜냐하면 만일 종교가 정체성[같음]을 구현한다는 미명 아래 변화[다름]를 거부한다면 결국 바로 그 정체성(正體性)이라는 것에 의해 정체(停滯)될 뿐이고, 불변적 정체는 사멸을 뜻할 뿐이기 때문이다.

나아가 이처럼 같음과 다름의 경계가 불확정적이고 더욱이 그 경계가 철폐되어야 한다면 앞서 분석되었던 종교들의 관계 방식들이 새로이 정리되어야 한다는 것은 당연하다. 소위 배타주의와 포괄주의, 그리고 다원주의가 언뜻 보기에 서로 모순되고 상반되더라도 이러한 입장들이 모두 '하나의 종교'라는 허상을 공유하는 한 이들 사이의 차이가 실제로 주장되는 것만큼 그렇게 확연하지 않기 때문이다. 구체적으로 본다면, 복음주의라는 이름의 배타주의의 경우 배제되어야 할 타자가 과연 누구인가를 묻지 않을 수 없다. 이미 종교적 격의성과 중층성으로 뒤범벅되어 있는 것이 오늘의 우리들인데 배제되어야 할 타자와 배제하려는 자기가 얼마나, 어떻게 다른지 의심하지 않을 수 없기 때문이다. 물론 대책 없이 서로 같다는 이야기는 결코 아니다. 엄연히 서로 다른 몸인데 그럴 수도 없다. 다만 밀쳐내어야 할 만큼 다르기보다는 그렇게 다른 것처럼 보이는 다른 사람들의 것들이 나에게도 있을 수 있다는 사실에 대해 좀 더 정직해질 필요가 있지 않을까를 묻고 싶은 것이다. 포괄주의도 마찬가지이다. 이미 층과 켜가 그토록 뒤엉켜 있다면 무엇이 무엇을 싸안을 수 있을 것인가 묻지 않을 수 없다. 게다가 다원주의라는 것도 침 튀겨 가면서 외칠 일이 아니다. 다원주의를 주장할 필요도 없이 이미 사회로부터 개인에 이르기까지 매우 중층적이고 상당히 혼재되어 있어서 충분히 다중적이기 때문이다. '서로 다른 삶'이라는 것은 이것을 온 몸으로 웅변한다. 그럼에도 불구하고 그렇지 않다고 느끼게 되는 것은 이름의 차이 때문일 수도 있다. 물론 이름의 차이가 그 모든 것들 사이의 차이의 전부라고 말하는 것은 결코 아니다. 다만 우리 인간들은 그러한 이름의 차이 이상으로 넘어가기가 그리 쉽지 않기 때문에 그것을 붙들고 목숨을 걸려고 할 따름이라는 점을 지적하고자 한다. 따라서 종교신학적 논의가 증명하듯이, 별로 다르지 않은 입장들 중에서 무슨 대단히 별다른 선택이 취해질 수 있는 것처럼 거품 물고 싸울 일이 결코 아니다!

조금은 더 진솔하게 우리 자신을 보자. '무엇' 안에 깔려 있는 '왜'를 묻게 한 '누가 – 언제/어디서'는 '하나의 종교'라는 이념의 허상을 드러내는 데 더없이 소중한 물음이다. 앞서 말했듯이 '누가 – 언제/어디서'는 우리가 서로 다른 몸이라는 것을 가리키는 데 비해 '하나의 종교'라는 이념은 역사를 넘어서는 초월영역에 스스로를 자리매김하고 있는 것으로 보인다. 착각이 일어날 수밖에 없는 이유가 바로 여기에 있다. 해석 이전의 원계시라는 환상을 붙들려는 인간의 욕망이 음모를 꾸미는 한 어쩔 수 없는지도 모른다. 그러나 원계시라는 환상은 인간이 스스로 서로 다른 삶이라는 것을 잊어버릴 때에나 튀어나오는 헛소리일 뿐이다. 그런데 인간이 인간이라는 것을 순간이라도 망각하면, 즉 '누가'가 '언제/어디서'로 이루어진 삶이라는 것을 잠시라도 잊어버리면, 이런 유혹과 착각에 빠지는 것은 금방이다. 말하자면 '하나의 종교'라는 것은 이처럼 '왜'를 억누름으로써 '누가-언제/어디서'를 덮어버리고 '무엇'이라는 물음만 붙들고 늘어지면서 나오는 왜곡과 축소의 산물이라는 것이다.

그렇다면 과연 '누가-언제/어디서'가 가리키는 '서로 다른 삶'은 우리에게 무엇을 지시하는가? 그것은 믿음에 있어서도 인간이란 '서로 다른 신앙인들'일 뿐이라는 것을 가리킨다. 배타주의·포괄주의·다원주의가 그렇게 많이 서로 다르다기보다는 '누가-언제/어디서'인 우리들 각자가 이미 그 이상 서로 다르기 때문이다. 그러므로 이제 '하나의 종교'라는 환상은 폐기되어야 한다. 왜냐하면 그 울타리 안에서 자신의 믿음이 '반석 위에 집을 짓듯이' 공고하게 엮일 수 있으리라는 유혹이 우리를 지배하는 한, 우리는 사실상 그렇게 '하나의 종교'에 속해 있다고 착각하는 우리 자신을 믿고 있는 것일 뿐이기 때문이다. '자유하게 하는 진리'를 소리치면서도 불안 극복을 구실로 진리와 자유를 떼어놓으려 했던 종교의 역사가 거꾸로 이것을 증명하고도 남는다. 더욱이 투키디데스의 통찰과 같이 역사가 정말로 반복되는지 이념전쟁 시대가 물러가고 오히려 종교전쟁 시대가 다시 오지 않는가 하는 의구심을 떨칠 수 없는 요즘 상황에서는 '하나의 종교'라는 허상은 오히려 위험하기까지 하다.

이 맥락에서 잠시 덧붙인다면, 한국 사회 안에서 시도되었던 종교 간 만남에 대한 학문적 논의의 경우 진정한 의미에서 사실상 '만남'이 아니었다고 해도 과언이 아니다. 기독교 안에서도 이미 전통문화와의 자연스러운 토착화 단계를 거친 가톨릭교계보다도 전통에 대한 문화적 단절까지도 불사했던 초기 선교역사를 지닌 개신교회가 종교 간 만남에 대해 오히려 적극적인 상황임은 주지의 사실이다. 그런데 주로 개신교 신학자들에 의해 전개되어 온 종교 간 만남의 논의는 타종교에 대한 피상적인 이해를 기독교에 대한 자신의 이해와 작위적으로 연관하려는 시도에 불과한 경우가 많았다. 예를 들면, '불타적 그리스도', '공자적 그리스도', '노자적 그리스도' 등을 들 수 있는데,[15] 지나치게 작위적인 합성을 만남의 목표로 상정하는 것은 여전히 긴장으로 견디어내야 하는 다름과의 만남에서 이를 수 있는 귀결이라고 보기는 어렵다. 말하자면 만남이 같음 또는 비슷함을 발견하고 확인하는 데에 초점을 맞추고 다름에 의한 긴장을 배제하려는 자기동일화의 논리에 지배된다는 것은 그것이 허구적이라는 좋은 증거일 뿐이다.[16] 따라서 만남을 지향하면서도 비의도적이지만 오히려 만남을 방해하는 이와 같은 혼합주의적인 논의의 허상에 대해서도 심도 있는 비판이 따라야 할 것이다.

---

15) 여기서 이에 해당하는 사례들을 실명과 함께 들추어내는 일은 자제하도록 하겠다. 굳이 그렇게 하지 않아도 이 방면을 뒤지기 시작하면 엄청나게 쏟아져 나올 것이기 때문이다.

16) 그럼에도 불구하고 만남이나 대화가 지향할 바로서 공통적 기반에 대한 향수를 여전히 떨칠 수 없다면 그러한 기반은 신앙하는 인간개체를 이루는 관계성에서 찾아져야 할 것이다. 왜냐하면 자기를 이루는 같음과 자기 안에 있는 다름 사이의 긴장에 대한 진솔한 통찰에서 종교를 봄으로써만 자기의 신앙과 타자의 신앙이 엮어내는 긴장을 적절하게 대면할 수 있을 것이기 때문이다. 다시 말해 자기 안의 다름을 보지 못한 채 만남을 통해 공통적 기반을 향하려 한다면 자기와 동일시하는 같음으로의 흡수에 머무르게 될 뿐이다. 이는 결국 있지도 않고 있을 수도 없으며 있어서도 안 되는 '하나'라는 허상을 붙잡으려는 집요한 자기중심적 욕망의 소치일 뿐인 것이다. 사실상 만남이 추구한다는 공통적 기반이란 타자 안에서 자기의 같음을 확인하려는 것이며, 자기 확인과 확장을 꾀하는 대화가 진정할 수 있겠는가는 물음에 재론의 여지가 없다는 점은 이를 명백히 해준다.

그렇다면 이제 우리에게 남겨진 과제는 무엇인가? 그것은 철저히 서로 다를 수밖에 없는 개별적인 신앙인들로서 서로 다른 다름을 그 다름과 다른 자기의 같음으로 환원시키려는 패권주의적 획책을 포기하는 일이다. 개별적인 다름들과 공존하는 겸허함을 배우는 일이다. 이것이 바로 불안을 없애준다는 미명 아래 같음의 도가니로 마구 쓸어 넣었던 '무엇'의 횡포로부터 벗어나 불안하지만 자유를 향해 다름을 살려주는 '왜'의 해방선언인 것이다. 철저히 서로 다를 수밖에 없는 개별적인 신앙인들로서 서로 다른 다름을 그 다름과 다른 자기의 같음으로 환원시키지 않고 공존하는 겸허함을 배워야 한다. 그러기 위해서는 '종교 간 만남의 허구성'이라는 것에 대해 정직하고도 진솔하게 인정하는 데에서 출발해야 한다. 이러한 성찰을 거쳐 종교 간 만남의 본래적 취지를 참으로 실현하기 위해서는 '종교'가 아니라 그보다 훨씬 더 구체적이고 개별적인 단위인 '인간'에 초점을 맞추어야 한다. 이로써 만남의 '허구성'을 극복하기 위한 실마리를 더듬게 될 터인즉, 이른바 '종교적 인간(homo religiosus)'으로부터 '신앙하는 인간(homo fidei)'으로의 이행을 촉구할 필요가 있다고 본다.[17] 여기서 이행이란 정태화한 신념체계를 가리키는 명사로서의 '종교(religio)'로부터 삶과의 동치를 꿈꾸는 역동성을 머금은 동사로서의 '신앙(fides)'으로 대체한다는 것을 뜻한다. 다시 말하면 같음으로 묶어내려는 명사적 성향을 지닌 종교보다는 다름이 숨 쉬고 나아가 함께 어우러지면서도 서로 긴장을 자아내기도 하는 동사로서의 신앙이 만남을 위한 전제적인 조건으로 더욱 적절하리라는 현대 종교철학적 통찰[18]에 입각한 제안인 것이다.

17) 이에 관해서는 다음을 참조하라: Wilfred Cantwell Smith, *The Meaning and End of Religion*(New York: Macmillan, 1962); Kuk-Won Bae, *Homo Fidei: A Critical Understanding of Faith in the Writings of Wilfred Cantwell Smith and Its Implications for the Study of Religion,* Toronto Studies in Religion(New York: Lang, 2003), Vol. 26, Ch.5.

18) 폴 리쾨르, 『해석의 갈등』, 양명수 옮김(아카넷, 2001), 5장 참조.

3) <종교-과학>의 '허구성': "경계 허물어도 다름은 또 다른 다름이므로"

서구 역사를 시대에 따라 읽어갈 때 고대, 중세, 근세, 현대로 구분하는 것은 일반적이다. 사등분은 아니지만 그만한 이유가 있어 이런 구분은 통용된다. 우선 고대는 신화로부터 이성으로의 전환으로 표시되는 철학의 시작을 기점으로 했다. 물론 이때의 철학이란 '철학 중의 철학' 또는 '제일 철학(prote philosophia)'라는 별명이 붙은 형이상학을 가리킨다. 그러다가 그리스도교라는 종교가 태동함으로 말미암아 철학과는 다소 다른 방식의 진리 추구가 전개됨으로써 새로운 시대로서 중세를 구분하게 되었다. 이렇게 해서 고대와 중세가 이천 여년에 걸친 장구한 세월을 장식했다면 이는 형이상학에 바탕한 철학과 신학의 역사였다. 그런데 이러한 형이상학은 본질을 캔다는 명분으로 현실을 넘어서 도무지 구름 잡는 소리를 끝없이 이어가더니 오히려 이를 잘 활용한 종교는 신성의 권위를 들먹이며 인간 위에 군림하고자 했다. 그러나 좋은 뜻으로 시작된 것이라 하더라도 본말 전도라면 견딜 수 없었던 사람들이 종교의 무조건적인 권위에 대해 반동을 일으키게 되었는데 그 선두에서 이를 이끌던 견인차가 바로 과학이고 이로써 새로운 시대인 근세를 열었다. 그런데 기왕에 내친 혁명적 반동의 시대인지라 종래의 종교를 대체할 근대적 미신이라 할 만한 '과학주의'로까지 치닫기는 했지만 하여튼 근세란 그처럼 과학에 의한 탈종교화를 통한 세속화의 시대였다. 그러던 와중에 과학에 힘입은 인간중심주의가 오히려 인간소외를 초래하는 모순의 현실을 겪으면서 인간의 제자리 찾기라는 애처로운 과업으로 현대라는 우리의 시대가 드디어 열리게 되었다. 말하자면, 철학으로 결집될 수 있는 정신문화가 고대의 출발점이었다면 종교가 중세를, 과학이 근세를, 그리고 인간이 현대를 각각 새롭게 열게 한 결정적인 계기였다고 할 수 있겠다.

물론 이렇게 정리한다고 해서 옛것이 송두리째 사라지고 새 것이 그저 군림한다는 것은 결코 아니었다. 오히려 동근원적 파장이라고 할 만큼 뒤의 것이 앞의 것을 아우르고 넘어서는 방식이 실상에 더욱 다가가는 그림일 것이다. 즉, 오늘날 우리 시대에서 말하자면, 참에의 추구가 철학을 여전히 근본 뿌리로 하면서 종교와 과학이 다소 다양한 양상의 관계를 보여주는 가운데 인간에 초점이 맞추어진 상황이 아닐까 한다. 이런 이유 때문인지 오늘날에도 심심치 않게 종교와 과학의 관계에 대한 논의가 일어나고 있는 것 같다. 더욱이 요즘 서구 신학계에서는 환경-생태문제에 대한 관심에서 촉발된 창조신앙에 대한 재해석의 요구와 함께 기왕에 시작된 논의를 현대 첨단과학과의 대화라는 차원으로까지 이끌고 가려는 노력이 주류를 이루고 있는 것으로 보인다. 기왕 이러한 진전이라면 '시작'에 관한 물음뿐 아니라 종말로 표현되는 '끝'에 대한 관심에서도 과학적 주장과 연관하려는 신학적 시도들이 나타나고 있음을 볼 수 있다. 말하자면 창조론에서 종말론에 이르기까지 신학이 과학과 대화하고 관계를 구성하고자 하는 애달픈 노력이 경주되고 있는 상황인 것이다.

그렇다면 도대체 서구에서 종교와 과학은 어떠한 관계를 엮어왔기에 아직도, 아니 새삼스럽게 관심받고 있는가? 상식적인 이야기에서 시작해 보자. 오랜 세월 동안 사람들의 심성에서 사회제도까지 지배해 오던 종교로부터 해방을 갈구하는 사람들 안에서 끊임없이 작용하는 이성의 탐구정신이 일으킨 과학 덕택으로 새로운 시대를 맞게 된 것은 근세인의 행운이었다. 혹자들은 근세라는 새로운 시대를 열어준 계기로서 문예부흥이나 종교개혁을 말하기도 하지만 문예부흥(Re-naissance)이란 고대의 인문정신의 복고를 향한 것이었고 종교개혁(Re-formation)도 종교적 원형으로의 회복을 가리키는 것이었던 만큼 참다운 의미에서의 해방적인 새로움이라고 말하기는 어렵다. 설령 굳이 포함시켜 준다고 하더라도 과학의 견인차적인 역할이 없었다면 문예부흥이나 종교개혁만 가지고 오늘날 근대성이라고 일컫는 것을 이루어내기란 불가능했을 것이다. 따라서 근대로 하여금 근대이게 한 결정적인 요소로서 과학을 꼽는 것은 재론의 여지가 없다.

그런데 이제 이런 과학은 도대체 고중세를 지배해 왔던 종교에 대해서 어떠한 반향을 일으켰기에 그야말로 '새로운' 시대이며 '세속화를 통한 해방'이라고 평가되는가? 코페르니쿠스적 전회로 오히려 널리 알려진 코페르니쿠스의 이론적 가설에서 출발한 근대 과학은 케플러의 수정을 거쳐 질량 실험을 통해 이를 입증한 갈릴레이에 이르러 비로소 본격적인 자연과학으로서의 면모를 갖추게 되고 뉴턴에서 비로소 일단의 근대적 완성에 이른다. 코페르니쿠스의 저작은 가설 수준이어서 다소 덜 위협적인 것으로 간주되었었는지 초기에는 주목을 받지 못하다가 나중에 교회에 의해 금서목록에 올랐으며 갈릴레이도 결국 종교재판에 불려나와 유죄판결을 받았었다는 것은 역사를 통해 전해지는 이야기이다. 그런데 이 판결을 번복하여 '명예회복'을 시켜준 교회의 결정이 그로부터 350년이 지난 20세기에 와서 일어난 일이니 이는 곧 과학과 종교의 관계가 서구에서는 중요한 관건이었음을 웅변해 주는 것이라고 하겠다. 물론 당시에 종교재판의 채찍 아래 신음하던 이탈리아와 스페인에서는 자연과학의 괄목할 만한 발전이 없었다는 것도 이를 뒷받침해 준다.

그렇다면 서구 근세에서 과학은 어떠한 의미를 지녔는가?

> 17세기에 이르기까지 서구문화는, 가톨릭적이든 개신교적이든, 본질적으로 그리스도교에 의해 규정되어 있었다. 그러나 이제는 교회에 매이지 않은 정신생활이 발전했고, 또한 갈수록 교회와 대립했다. 당시의 표어는 코페르니쿠스의 전환이었다. 그것은 과학의 혁명이자 동시에 철학의 혁명이었으며. 기술의 혁명, 그리고 좀 뒤엔 정치적 혁명, 그리고 끝내는 산업혁명으로 귀결될 터였다.[19)]

여기에서 우리가 주목할 것은 과학의 혁명이 일으킨 사회문화적 파장의 순서이다. 먼저는 정신생활에서의 혁명이다. 그것이 철학에 반영되어 '무엇' 물음에 종사하던 형이상학으로부터 '어떻게'를 묻는 인식론으로의 전

---

19) 한스 큉, 『그리스도교: 본질과 역사』, 이종한 옮김(분도출판사, 2002), 830쪽.

환이 일어났고, 문화적으로는 종교로부터 해방을 향한 세속화에 박차를 가함으로써 후일 계몽주의라고 불리는 문화혁명의 결정적 동인이 되었다. 아울러 기계론적 세계관의 재출현에 힘입은 기계의 발명을 통한 기술의 혁명을 거쳐 생산수단의 확대가 이루어졌고 이를 통해 봉건제도의 붕괴 및 시민사회의 형성을 포함한 정치적 민주화, 그리고 산업혁명으로 이어짐으로써 과학혁명은 대중화하게 되었던 것이다. 즉, 과학이 먼저 정신문화에서 혁명을 일으킴으로써 정치, 경제, 사회와 같은 구체적인 삶의 현실적인 차원으로까지 파급되어 갔다는 점을 주목해야 한다는 말이다.

이처럼 서구 사회에서 과학이란 사고방식에서부터 생활양식에 이르기까지 삶의 모든 영역에 걸치는 정신문화를 일컫는 개념이다. 그러기에 과학적 사고를 일상적인 삶의 구체적인 요소들에 대한 분석적인 탐구를 거쳐 일반화를 향하는 종합까지를 포함하는 합리적이고 체계적인 사유방식을 가리킨다면 몇몇 과학자들만의 전유물일 수는 없는 것이었다. 나아가 과학의 이러한 혁명적 파장이 18세기로 들어오면서 계몽주의라는 문화혁명을 일구어내게 되었고 급기야 19세기로 넘어오면서 과학이 종래 종교가 차지하고 있던 권좌에 등극함으로써 '근세적 미신'으로서 과학주의로까지 치닫게 되었던 것이다. 결국 물질문명의 견인차라 할 기술과는 달리 과학은 정신문화로 통칭되는 삶의 전 영역을 지배하는 분석과 종합의 합리적 사고체계를 핵심으로 하는 정신적 활동이라고 한다면 이것이 종래 권위주의적인 방식의 종교와 긴장관계를 이룰 수밖에 없다는 것은 재론의 여지가 없다. 이처럼 서구문화사에서 전통의 종교와 근세를 배경으로 한 과학 사이의 관계가 주요의제가 되었던 배경에는 종교의 폐쇄성과 억압성 등 종교 자체에 기인한 이유가 근본적인 것이었지만, 다른 한편으로는 과학의 동인인 이성의 한계성에 대한 깊은 성찰도 한몫하였다. 즉, 전자의 방식이 종교와 과학 사이의 상충으로 향해갔다면 후자의 방식은 양자 사이의 상보성을 타진하는 방향에 기여했으리라는 것은 짐작 이상의 논거를 가지고 있다. 그리고 이런 이유로 서구에서는 지금도 여전히 종교와 과학, 또는 신학과

과학 사이의 관계에 대한 논의가 끊이지 않고 있는 것이다.[20]

그러나 오늘날 한국에서 종교와 과학, 또는 신학과 과학의 관계, 또는 심지어 양자 사이의 대화에 관한 논의는 어떠한 뜻을 지니는가? 구체적으로 한국에서의 그리스도교와 자연과학, 또는 그리스도교 신학과 자연과학 사이의 관계는 어떠하며 그 관계 구성을 위한 논의는 어떤 뜻을 지니는가? 우선 한국에서의 그리스도교는 앞 절에서 살폈듯이 종교 자체의 격의성과 그리스도교인 개개인의 종교적 중층성을 고려할 때 '하나의 종교'로 추릴 수 없다. 그럼에도 불구하고 작업가설적으로 한국에서의 그리스도교와 신학의 한 정형을 설정할 수 있다고 하자. 그렇다손 치더라도 더욱 심각한 문제는 한국에서의 과학이라는 것이다. 한국에 과연 과학이라는 것이 있는가? 혹자는 이런 물음을 사대주의적 발상이거나 문화의식부재의 소치라고 비난할 수도 있다. 그러나 서구적인 의미에서의 자연과학이 한국을 포함한 동양문화권에서 발달하지 못했던 이유를 자연과 인간과의 관계에 대한 이해의 차이에서 찾기도 하는데, 어찌 되었든 서구적인 의미에서의 과학이 한국에서 자생하지 못했던 것은 사실이다.[21] 따라서 앞서 논한 대로 사고방식으로부터 생활양식에 이르기까지 삶의 전 영역을 분석하고 종합하는 합리적 체계화를 핵심으로 하는 정신활동으로서의 과학이 우리 삶의 현실

---

20) 예를 들어, 종교와 과학의 만남이 시작된 초기 단계의 상충(conflict), 진전된 단계에서의 교통정리를 위한 논리로 개발된 공존(compartment), 그리고 결국 통전적인 구도와 상호관계성이라는 새로운 패러다임에 걸맞는 관계 정립을 위해 등장한 상보(complementarity) 등이 이러한 논의 안에서 개진되고 있는 관계유형이라고 할 수 있다.

21) 이기상은 이를 다음과 같이 비판한다: "우리의 생활세계 역시 과학에 의해 식민지화된 지 아주 오래이다. 그런데 우리에게 더 큰 문제는 그 과학이 우리 생활세계에서 발원해 나온 것이 아니라는 데에 있다. 더욱이 문제의 심각성은 소위 학자들이 이러한 과학과 생활세계의 연관관계를 전혀 고려하지 않고 과학이니까 그것이 당연히 보편성을 띠고 있다고 믿어버리는 정신 태도의 식민성에 있다." 이기상, 『이 땅에서 우리 말로 철학하기』(살림, 2004), 5쪽 참조.

에 어떠한 비중과 무게를 가지고 영향을 미치고 있는 것으로 인정하기는 매우 어렵다. 다만 우리의 경우에는 비록 서구로부터 들어온 것이기는 하지만 그러한 과학이 꽃피워낸 기술을 재빨리 습득하고 단기간에 때로는 서구의 수준을 넘어서기도 하는 등 기술문명의 이기는 한껏 누리고 있지만 이것이 곧 과학은 아닌 것이다. 말하자면 사고방식으로부터 생활양식에 걸친 정신활동으로서의 과학은 한갓 기술의 발명품인 기계의 조립이나 작동감각, 그리고 이를 중심으로 하는 문명에 대한 향유감 따위를 가리키는 것은 결코 아니다.

그럼에도 불구하고 우리 사회에는 사실상 과학과 기술이 별로 구별되지 않은 채 기술적인 지식을 과학적 사고로 간주하는 천박한 인식구조가 자리잡고 있음을 부정하기 어렵다. 마침 정부조직의 한 부서인 <과학기술부>라는 곳이 이런 분위기 조장에 한몫을 하는 것 같기도 한데 수십 년을 투자해도 가시적인 성과를 내기 어려운 순수 이론적 과학이 푸대접받고 있는 우리 사회 현실에서 어찌 과학이 사고방식에서 생활양식에 이르기까지 미신과 맹종으로부터의 해방을 가져다줄 근대성 논리로서의 역할을 할 것이라고 기대할 수 있겠는가? 더욱이 종교와 과학 사이의 관계 구성이라는 문제가 우리 사회의 정신적·문화적 과제로 부각될 정도로 과학이 우리의 구체적인 종교적 신앙을 뒤흔들어 갈등을 일으킨 적이 언제 어디서 있었는가? 우리 사회는 오히려 수삼년이라는 단 기간 안에 가시적인 정도가 아니라 괄목할 만한 성과를 올리는 기술개발에만 집중함으로써 그 분야에서 약간의 개가를 올리기는 했을지라도 여전히 기술입국(技術立國)이라는 구호와 함께 기술지상주의로 더욱 치달아가고 있지 않은가? 그러면서도 동시에 이를 과학으로 오인하고 그것이 종교나 신학에 대해서 어떤 무시할 수 없는 관계를 지니기나 한 것처럼 혹시나 착각하면서 기만하고 있지는 않은가?

이렇게 본다면 우리 사회에서 종교와 과학, 또는 신학과 과학의 관계, 나아가 양자 사이의 대화에 관한 논의는 그야말로 그동안 애써 노력해 오던 신학의 주체화나 토착화로부터 서구신학의 복제로 되돌아가는 후퇴라고 평가하지 않을 수 없다. 신학도 우리 것이 아닌 것을 가지고, 더욱이 과학은 그야말로 직수입이라고 하기도 어려울 정도로 번역만 한 채로 이 땅에서 신학과 과학의 대화의 판을 벌여보겠다고 하고 있으니 위임받지도 않았으면서도 대리인의 역할을 자임하는 꼴이 아니고 무엇이겠는가? 물론 위임받았다고 해서 정당화될 수 있는 것은 아니지만 말이다. 간단히 말해서 '누가 – 언제/어디서'로서의 자기인식이 상실되지 않고서는 불가능할 일이 눈앞에 비록 미미하게나마 벌어지고 있는 형국인 것이다.

게다가 서구인들에게는 이제 '첨단으로 뻗칠 대로 뻗친 과학'과 '현대화는 고사하고 아직도 근대화도 제대로 통과하지 못한 종교인 그리스도교' 사이의 관계가 어떤 식으로든지 해결해야 할 과제일 수밖에 없겠지만 우리 자리에서 신학하기를 고민하면서도 앞으로 21세기를 지배할 신학의 담론이 종교와 과학의 관계가 될 것이라는 서구인들의 주장을 우리 안에서도 그대로 되뇌고 있다면 이것은 견디기 어려운 일이다. 왜냐하면 우리는 서구에서처럼 종교와 과학 사이의 긴장을 삶으로 겪고 있지 않기 때문이다.

예를 들어 보자. 자연과학의 본격적 발전의 시작 이후 그리스도교의 역사에서 과학과의 갈등을 가장 첨예하게 겪었던 것들 중의 하나가 아마도 창조론과 진화론의 관계일 것이다. 긴 이야기 생략하더라도 서구에서의 논의에 의하면 그간의 대립은 창조에 대한 해석에서의 문자주의적인 축소와 진화에 대한 이해에서의 결정주의적인 확대라는 파행들에 의한 것이기 때문에 마땅히 수정되어야 할 터이다. 즉, 창조론은 '무로부터의 창조(creatio ex nihilo)'로 표기되는 '최초의 창조(creatio originalis)'만이 아니라 지금도 진행되고 있는 '지속적인 창조(creatio continua)'를 가리키는 것으로 보아야 한다는 것이다. 또한 진화론도 본래 포함되어 있지도 않았던 종들 사이의 무분별한 전환이라는 주장을 도려내고 자연의 역사적 변화라는 관점으로 이해해야 한다는 것이다. 이렇게 본다면 창조의 지속이 자연의 역사적 변화로서의 진화를 포함하거나 채택하지 못할 이유가 전혀 없게 되고 따라서 창조와 진화는 양자택일의 모순으로 읽혀져야 할 하등의 이유가 없다는 것이다. 사고의 진화가 이루어낸 개가라고 아니할 수 없다. 즉, 현대 상호관계성의 논리가 요구하고 가능케 한 자연스러운 이해 지평에서 상보성을 이루어낸 업적이라고 평가될 수 있다. 나아가 과학의 틈바구니를 비집고 종교의 설 자리를 찾으려는 소극적인 의도에서 시작하여 결국 과학의 잉여지대에 대한 종교의 보완과 종교적 신앙의 합리적 근거 확보라는 상보성까지 추구하려는 일련의 노력은 그 나름대로의 의미를 지닌다.[22)]

그럼에도 불구하고 과학의 잘 보이지 않을 듯한 틈바구니는 고사하고 너무도 거대한 몸통조차 더듬기 어려운 한국에서 이런 논의를 소개한다는 것이 과연 번역 이상 어떤 의미를 지닐 것인지 매우 의심스럽다. 한국에서 창조론은 '창조과학회'라는 사례가 보여주듯이 문자주의적 사실주의와 같은 근본주의적 방식으로 자리잡음으로써 '원숭이를 인류의 조상으로 모시는' 통속적인 진화론과는 양립 불가할 수밖에 없다는 것이 가장 대중적인 모습일 것이다. 그런데 이것은 결코 종교와 과학 사이의 긴장은 아니다. 그것은 오히려 과학주의적 신념을 신앙으로 착각하는 유사과학과 천박한 곡해를 피하지 못한 통속과학 사이의 명분상의 싸움일 뿐이다. 말하자면 과학을 기술로만 경험하는 현실에서 과학은 과학주의로 둔갑할 수밖에

22) 그러나 예를 들면, 과학과 신학 사이의 대화에 앞장서는 폴킹혼(John Polkinghorne)은 동화(assimilation)보다는 공명(consonance)을 강조하면서도 '지식의 통일성' 또는 '이원적 측면의 일원론(dual-aspect monism)'을 주장한다는데, 도대체 통일성이나 일원론이 과연 공명인가를 묻지 않을 수 없다. 게다가 그러한 공명적 일원론이란 신학에 상응하는 과학이 그만한 터전을 이루고 있다는 것이 전제되어야 할 터인즉, 서구에서조차도 기껏해야 과학도 사실과 해석의 결합일 뿐 해석 이전의 사실로의 접근불가성이라는 한계를 지닌다는 점에 초점이 맞추어진다는 인상을 떨칠 수 없다. 결국 동화든 공명이든 과학 덕분에 신학의 영역을 전 우주로 확대할 계기를 갖게 된다는 점에서 종교와 신학의 게토화를 극복할 바람직한 장치로서의 의미는 지닐 듯하다. 이정배, 「폴킹혼의 공명론과 유신론적 자연신학 연구」, 『과학과 신학의 대화』, ≪한국조직신학논총≫, 9집(대한기독교서회, 2003), 37~39쪽 참조.

없고 사실[같음]과 가치[다름]의 경계를 넘기보다는 오히려 사실주의적 신관을 신앙의 기준으로 등극시킴으로써 신앙으로 포장된 유사과학을 통해 같음이라는 신에 대한 우상숭배를 더욱 공고히 하고 있는 것이다.

그러나 더욱 근본적인 차원에서 보자면, 과학과 종교 또는 신학의 관계는 결국 자연과 인간의 관계를 핵심으로 할 터이다. 그런데 비록 상식적인 분석이지만 서구에서는 자연을 정복과 지배의 대상으로 봄으로써 자연과학을 발달시킬 수 있었던 반면에, 한국을 포함한 동양의 전통에서는 자연과 인간의 조화를 기조로 함으로써 과학적 탐구의 대상이기보다는 인문적 관조의 동반자로서 관계하였다는 이야기도 이 대목에서는 잠시 눈여겨 볼 만하다. 왜냐하면 만일 이러한 분석이 타당하다면 서구에서 종교와 과학 사이의 대화라는 과제는 그들의 인간관이나 자연관에 바탕할 터인즉 이와는 매우 다른 관점을 지닌 우리에게는 종교와 과학의 긴장관계라는 것이 본질적으로도 거의 해당되지 않는 문제일 수도 있기 때문이다. 상세한 논의를 하지 않더라도 '누가 – 언제/어디서'는 이를 여실히 가리킨다.[23]

그렇다면 우리는 어떻게 해야 하는가? 여기서 종교와 과학의 관계란 결국 신앙과 이성의 관계라는 뿌리 깊은 고전적 문제의 현대적 재현이라는 차원을 지니고 있다는 점에 주목함으로써 실마리를 풀 수 있겠다. 물론 오늘날 과학과 종교의 관계가 자연과학의 본격적 발전 이전 형이상학의 지배 시대에 나타났던 이성과 신앙의 관계라는 전형적인 중세의 문제와는 꽤 다른 양상을 띠기는 하지만 근본적으로 인간 안에서 벌어지고 있는 이성의 합리성과 신앙의 신비성 사이의 긴장을 어떻게 추릴 것인가의 문제이기 때문에 그 뿌리로 거슬러갈 수 있다는 말이다. 말하자면 한편으로 오늘날 종교와 과학의 문제가 영원히 폐기할 수 없는 아폴론과 디오니소스

---

23) 물론 이 대목에서 자연과 인간의 관계에 대한 동양적·한국적 이해에 터하여 서구에서의 종교와 과학의 관계에 대한 논의에 한 수를 둘 수는 있겠다. 그러나 이 경우에도 자연과 인간의 관계가 과학과 종교의 관계에 대해 밀접한 구조적·내용적 연관을 지님에도 불구하고 동치될 수 있는 것은 아니라는 점을 염두에 두어야 한다.

사이의 대결의 현대적 재판이라는 뜻을 지니기도 하다. 그러나 다른 한편으로는 인간 이해의 고전적 편협성의 잔재를 아직도 떨치지 못한 소치일 수도 있다는 점을 지적하지 않을 수 없다. 신앙이 마주할 영역이 인간의 정신 안에서도 극히 일부인 이성에만 국한될 수 없다는 현대 실존적 도전, 아니 오늘의 삶의 절규를 외면한 채 여전히 신앙을 기껏해야 이성과 마주할 정도의 자리로 축소시키는 환원주의의 오류일 수밖에 없기 때문이다. 이제 인간은 그저 저편을 아무런 생각과 느낌 없이 바라보는, 없어도 그만인 존재가 아니라, 또한 '언제'와 '어디서'를 도려낼수록 더욱 올바른 자격을 갖추는 선험적 자아로서가 아니라, 죽음과 얽힌 삶을 살아가는 '누가-언제/어디서'일 수밖에 없다면 신앙이 마주할 영역은 한갓 이성만이 아니라, 또한 정신만이 아니라, 그러한 것들을 아우르는 통사람의 삶이어야 하기 때문이다. 이렇게 본다면 신앙을 이성과만 견주는 믿음과 앎의 관계로써가 아니라 믿음과 삶의 관계라는 더 큰 틀에서, 즉 종교와 문화의 관계 구도로 종교-과학 논의를 풀어내는 것이 우리에게 더욱 맞갖은 방식이라고 하겠다. 왜냐하면 종교는 물론이거니와 과학도 문화의 범주로까지 일상화할 수 있을 때에만 양자 사이의 관계에 대한 논의가 그나마 어떠한 뜻이라도 지닐 수 있기 때문이다.

3. 그렇다면?: 다름들이 더불어 사는 자유를 향하여

한 사람의 '나'라는 것도 단순한 사람 수셈에서나 하나일 뿐이지 그 정체성(identity)으로 보자면 결코 깔끔하게 동일성(identity)으로 정리되는 하나일 수는 없다. 나 안에 그저 내가 같음으로 규정될 수 없는 무수한 다름들이 넘쳐나고 있기 때문이다. 그런데 영어표기가 보여주듯이 하나의 표현으로 버무려지다보니 우리를 동일성에서 정체성을 찾는 악습으로 오도해 왔다. 이것이 언어의 마력이고 마술이라면 이제라도 깨어나야 한다. 게다가 우리의 정체성이란 우리를 가리키는 이름에나 해당되는 성질일지도 모른다. 그럼에도 불구하고 이를 붙들고 늘어지니 이게 '이름주의', 이름하여 '실제적 유명론'이라 할 만하다. '우리가 남이가?'로 상징되는 우리 사회의 자기동일성이라는 뿌리 깊은 정서도 그 핵심에는 기실 이름만의 같음이 자리하고 있는 게 아닌가 한다.

사실상 '무엇'이 가리키는 같음이라는 것이 현실에서는 이름만의 같음일 뿐이다. 밑에 깔려 있는 '왜'가 이미 삶의 다름으로부터 비롯된 것이고 결국 그 '왜'는 '무엇'과의 얽힘에서 '어떻게'를 통해 '무엇'의 같음을 그냥 두지 않기 때문이다. 신이나 종교의 경우도 예외가 아니다. 신의 경우에도 이름만 같을 뿐이고 종교도 이름만 같을 뿐이다. 같은 이름의 '하나님' 또는 '하느님'을 쓰지만 신관이나 신 이해는 저마다 제각각이다. 같은 이름의 '그리스도교'라 하지만 이름만 같을 뿐 이름의 껍질을 벗기면 그 실재는 양립불가할 정도로 다르니 이제는 이를 더 이상 숨기거나 덮으면서 우리 자신을 기만하고 남들을 우롱할 일이 아니다.

그러므로 이제는 그러한 유명론적 허구에서 벗어나야 한다. 이름만의 같음을 붙들고 늘어지다 보니 삶과 믿음이 따로 놀고, 신앙과 신학이 더욱 벌어지기 때문이다. 그렇다면 어떻게 허구적인 이름주의를 넘어설 수 있을까? 우선 나 안에 이글거리는 다름들에 대해 정직할 용기가 요구된다.[24] 여기서 용기가 필요한 것은 다름들이 때로 불편을 일으키고 또는 불안을 야기하며 더욱이 아픔을 요구하기도 하기 때문이다. 바로 이런 이유로 우리는 다름들을 거부하고 같음만을 추구해 왔지만 우리의 삶이 이미 다름들로 뒤엉켜 있기 때문에 그토록 추구했던 같음 안에서도 자유는 고사하고 평안도 누리지 못하고 늘 공허와 소외만 겪어 왔었던 것이다. 동일성이란 실상 개념적인 표현일 뿐이고, 그토록 다를 수밖에 없는 삶의 현실에서는

---

24) 이 대목에서 다음의 연구를 참고하는 것은 의미가 있을 것이다: 김진석, 「소외에서 소내로: 소외의 형이상학 비판」, 박완규 편, 『이 땅의 철학자 무엇을 생각하는가』(철학과 현실사, 2004), 84~113쪽.

우리를 억압하는 획일성으로 나타날 수밖에 없기 때문이다. 따라서 오히려 이제는 비록 다름이 불편이나 불안, 또는 아픔을 요구하더라도 그런 만큼 자기의 같음을 비우는 성숙을 통해 우리를 자유로 이끌어갈 것으로 기대하는 것이 마땅하다.[25] 그러기 위해서는 이름을 포기해야 한다. 이제는 '이름 없음'을 견뎌야 한다.[26] 이름만의 같음일지언정 동일성에 의한 확실성에 익숙한 우리에게 무명성이라는 것이 불안과 불편을 줄 수도 있지만 무명성의 모호성과 불확실성이야말로 삶의 다름이 숨 쉴 수 있는 자유의 터전이기 때문이다.

복음과 상황의 관계도 마찬가지다. 앞서 논한 대로 상황과 만날, 그래서 상황에 대해 선포될, 복음이라는 것이 어떠한 상황도 초월하는 초역사적인 원리가 아니라면 복음에 해당하는 '무엇' 아래 이미 깔려 있었던, 그리고 지금도 꿈틀거리고 있는, '왜' 물음에 대한 진솔한 대면에서 복음이 엮어지고 새겨져야 하기 때문이다. 그리고 상황이라는 것이 이토록 복음 자체의 형성과정에 연관된 구성요소라면 단순히 '어떻게'에만 머무르는 것으로 환원시킬 것이 아니라 '왜'가 가리키는 근거로서의 뜻으로까지 심화시켜야 한다. 말하자면 있음의 순서를 따르는 것이 불가능한 것은 재론의 여지가 없지만, 앎의 순서를 따르는 것이 여전히 불가피하다고 해도 그러한 순서가 삶으로 이루어진 상황의 층과 켜와 면을 일일이 지배할 수 있는 것이 아니라면 복음과 상황은 공히 앎의 순서를 따르기보다도 차라리 순서 없는 복잡한 삶에서 엮어지고 새겨지는 것으로 간주되어야 할 것이다.

나아가 그러기 위해서라도 복음과 상황의 관계, 또는 종교와 문화의 관계

---

25) 카푸토도 이에 호응하여 다음과 같이 읊조린다: "만일 신이 어딘가에 있다면 그것은 다양성 속에서이다. 아우구스티누스 역시 '주님, 당신은 어디 계시나이까?'라고 묻길 좋아하였고, 그것에 대한 가장 정통적인 대답은 내 안과 밖 그리고 위와 여기저기, 즉 '모든 곳'이다." 존 카푸토, 『종교에 대하여』, 최생열 옮김(동문선 현대신서, 2003), 160쪽.

26) 유영모의 '없이 계신 하느님'이나 김경재의 '이름 없는 하느님' 등이 좋은 예에 해당한다.

에서 복음이나 종교가 그저 '무엇'에 머물기보다 이제는 오히려 '어떻게'로 간주됨이 옳겠다. 카푸토가 "종교는 초역사적인 '무엇'이 아니라 역사적인 '어떻게'에 해당한다"[27]고 설파하듯이, 또한 이어서 "성자 논쟁(filioque)과 같은 중요한 문제를 해결하는 공식 종교의 교리와 협의회, 그리고 신학저술들과 공식적인 기도서들 이상으로 신마저 '무엇'이 아니라 '어떻게'라고"[28] 기염을 토하듯이, 이제는 신이나 종교를 동일성의 신화에 에워싸인 '무엇'으로 새기기보다는 '무엇'의 뿌리에 깔린 '왜'와의 관계로 눈을 돌리게 하는 '어떻게'로 읽는 것이 마땅하다. 그런데 이처럼 '무엇'을 '어떻게'로 전환하여 새기는 것은 앞서 말한 이름의 포기를 통해 '이름 없음'의 다변적 모호성으로 나아가는 것에 다름 아니며 이로써 이미 그렇게 벌어져오고 있는 현실에 더욱 다가가는 길이다. 말하자면 복음과 상황의 관계는 이제 '무엇－어떻게'의 그것이라기보다는 '어떻게－왜'의 관계로까지 깊어지고 넓어져야 할 것이다. 아울러 이제는 '무엇'이 향하는 같음의 신화가 안정의 논리를 구실로 우리를 유인하여 억압해 왔던 과거의 폐습을 벗어나 바로 그러한 '무엇' 아래 깔려 있는 '왜'가 '무엇'으로 하여금 '어떻게'로까지 전환되게 하는 역사를 증언하면서, 그러한 '왜'를 물어내는 다름들이 진솔하게 드러나고 서로 얽히도록 함으로써 더 이상의 수식이 필요 없는 자유를 추구할 수 있도록 해야 할 것이다. 이것이 바로 우리 삶에 말 되고 뜻 갖는 신학하기를 위한 출발이며 이를 통해 복음이나 종교의 본래적인 뜻에 조금이라도 다가가는 길이 될 것이기 때문이다.

---

27) 같은 책, 159쪽.

28) 같은 책, 164쪽.

제2장 우리가 신-학하는 자세: 함석헌의 생명사상에서 더듬으며*

이 장에서 우리는 한국 현대사의 사상적 거목인 함석헌 선생의 방대하고 다양한 사상적 편린들 중에서 특히 오늘날 새삼스럽게도 중요한 화두로 등장하고 있는 생명사상에 대하여 살피고 이를 통해 우리 자리에서 신-학하는 자세에 대해서 가다듬고자 한다. 구체적으로는 서구정신문화사의 계보적 전개에 견주어 그의 생명사상을 분석하고 그 깊은 뜻을 일구어냄으로써 그가 이 시대의 사회와 역사를 향해 외쳤던 참다운 삶을 위한 개혁의 기치를 다시금 세우고자 한다. 특히, 생명에 대한 그의 통찰이 지닌 역설의 논리를 세밀하게 파헤침으로써 생명과 죽음의 역설적 얽힘이 엮어내는 자유의 뜻을 새기는 데에까지 나아갈 것이다. 그리고 생명의 그러한 역설적 자유가 우리에게 준엄하게 요구하는 종교적 과제에 대해 되돌아보고 이 과제의 견지에서 신-학하는 자세와 방법에 관해 생각해 보고자 한다.

1. 생명, 죽음으로부터의 자유인가?

무릇 살아있는 모든 것은 죽는다. 이것은 만물의 정한 이치요 우주의

* 이 글은 ≪한국기독교와 역사≫, 제24호(한국기독교역사연구소, 2006년 3월)에 게재된 것이다.

이법이다. 그러나, 왜 그런가? 왜 반드시 그래야 하는가? 아니 어차피 죽을 것이라면 왜 살도록 태어나는가? 자기가 없지 않고 있다는 것을, 그리고 더욱이 살아 있다는 것을, 의식하면서 우리는 이따금 이런 물음을 던져보았을 것이다. 그리고는 곧 이어, '그렇다면 삶과 죽음은 어떠한 관계인가?'라는 물음도 던지게 된다. 이러다가 우리는 결국 '생명이란 과연 무엇인가, 그리고 그러한 생명이 왜 도대체 없지 않고 있는가?'라는 좀 더 근본적이면서도 궁극적인 물음으로까지 파들어가게 된다. 서구정신문화사에서 일찍이 파르메니데스로부터 토마스 아퀴나스, 쉘링을 거쳐 하이데거에 이르기까지 집요하게 제기되었던 물음[1]과도 맥이 통하는 이 물음은 사실상 없지 않고 있음을, 그래서 죽음과 구별되는 삶을 새삼스러운 감각과 감격으로 되새기는 우리 자신의 모습을 반영한다.

그러나 이러한 물음에도 불구하고, 아니 바로 그렇기 때문에, 우리는 없음보다는 있음을, 죽음보다는 삶을 향해 우리를 몰아가는 본능과 욕망을 따르게 된다. '있음에 대한 생각(Denken des Seins)은 곧 있음에 대한 감사(Danken des Seins)'라고 누군가 갈파했듯이 생명에 대한 우리의 생각도 당연히 감사할 만한 가치가 있어 보이는 있음과 삶의 테두리 안으로 밀어 넣게 되는 것이 아닌가 한다. 아닌 게 아니라 과연 우리 일상에서 생명은 늘 죽음과의 대결에서 결정적인 가치로 모셔진다. '살아 있는 목숨'으로서의 생명(生命)은 늘 죽음과 반대되는 개념으로서, 혹은 죽음을 극복한 승리의 나팔수로서 등장하였다.

다른 한편, 죽음은 어떠한가? 생명을 부정하고 파괴하고 종식시키는 것이 죽음이다. 이렇듯 생명과 죽음은 늘 에누리 없는 이분법적 대비구도 안에 자리하고 있었으며, 생명은 '있음'으로서, 죽음으로 겪어지는 '없음'으로부터의 자유로 읽혀졌다. 이와 같은 '있음'으로서의 생명은 부활이나 영생, 또는 극락왕생을 말하는 종교들의 지론에서 절정에 이른다. '사람은

1) "왜 도대체 그 무엇인가 없지 않고 있는가?"(Warum ist überhaupt Seiendes und nicht vielmehr Nichts?)

삶이 두려워서 사회를 만들었고 죽음이 두려워서 종교를 만들었다'는 통찰을 굳이 들먹이지 않더라도 종교들이 갈파하는 생명 이야기는 대체로 죽음에 대한 부정을 전제하고 있었으며 따라서 죽음은 죄나 고통 등과 직결되는 부정적 의미로 새겨졌다. 근대 이전까지 그리스도교 신학이 죽음을 인간의 죄에 대한 벌로 간주하였다는 것은 좋은 증거이다.

그러나 생명으로부터 죽음을 분리하는 이러한 구도는 영원히 살고자 하는 인간의 욕망의 산물일 뿐이었다. 이제 무한한 삶을 기획하는 인간의 욕망은 육체를 경시하면서 자신을 정신과 동일시한다. 즉, 죽음으로부터 자유하고 싶어하는 인간은 현상적으로 확연하게 죽음을 맞이하는 유한성의 표상인 육체 대신 정신, 그중에서도 이성을 선택한다. 그리고 이성은 죽음으로부터 벗어나 생명에 이르는 자유를 향한 지름길이 된다. 그러나 안타깝게도 결국 삶은 좁은 이성으로 국한되고 나머지 세계는 아예 죽음의 영역으로 몰아넣어지게 된다. 데카르트에서 헤겔로 이어지는 서구 근대의 인간관이 그 탁월한 예에 해당하는데 이때 이성은 기본적으로 자아중심의 이성이었다.[2] 여기서 삶과 죽음의 얽힘의 가능성이나 타자와의 관계는 애당초 존재하지 않았다. 더 나아가 자기 안에 고정된 이성은 형이상학의 사변적 세계에서 급기야 죽음으로부터 자유로 향하는 길을 자처하고 나섰다. 이성의 보편성이야말로 죽음을 대면해야 하는 개체성의 한계를 넘어설 수 있다는 환상을 그려내면서.

그런데 생명을 죽음으로부터의 자유로 그려내려는 인간의 이와 같은 본능적 욕망은 인간을 이루는 요소들 중 겉으로 대조적으로 보이는 것들을 양립하기 어려운 모순으로 간주하는 동일성의 원리를 만고불변의 진리로

---

2) 그래서 서구 근세의 인식론을 자아론적 선험주의(egological transcendentalism)의 철학이라고 한다. 이는 현대 반형이상학에서의 상호동격적 대화주의(mutual dialogicalism)와 대조를 이루는 일방적-환원주의적 관계방식이다. Michael Theunissen, *The Other: Studies in the Social Ontology of Husserl, Heidegger, Sartre, and Buber*, trans. Christopher Macann(Cambridge: The MIT Press, 1984) 참조.

받들게 해왔다. 그 결과 영원한 생명을 욕망하면서도 죽을 수밖에 없는 인간은 스스로를 양 극단의 모순이 혼재하는 불안한 존재로 스스로를 그려 왔다. 그리고 이제 그러한 불안함은 인간으로 하여금 동일성의 원리를 급기야 신격화하도록 몰아갔던 것이다. 예를 들어 서양 고대의 아리스토텔레스가 인간을 일컬어 표현했다는 '이성적인 동물'을 살펴보자. 이 구절에 등장하는 '이성'과 '동물'은 어떠한 관계로 엮어져 왔었는가? '이성'은 누구에게나 동일할 것 같은 보편성이라는 성질을 지닌 것으로 여겨지면서 유구한 역사 안에서 모든 것을 판별하는 기준과 근거로 군림해 왔지만, '동물성'이라는 것은 이성과는 상반되는 감정뿐 아니라 육체까지도 아울러야 하는 것이어서 그동안 별로 좋은 대접을 받지 못해 왔었다. 그런데 앞서 말한 동일성의 원리를 담당할 사명을 지닌다는 이유로 이처럼 이성을 드높이 모셔왔지만 그것이 인간을 굴절에 의한 왜곡으로부터 해방시키기는커녕 오히려 인간의 감정과 육체를 억압함으로써 인간성을 파괴해 왔었다. 진리의 보편타당성이라는 신화와 객관성이라는 허상에 콩깍지가 씌어 이를 방해할 듯한 '동물성'을 억누르고 '이성'만을 옹립해 왔던 역사가 도리어 인간성 말살의 궤도로 질주해 왔던 것이다. 그리고 그러한 이성이 생명의 핵심으로, 동물성이 죽음의 근거로 간주되면서 이성과 동물성 사이의 괴리는 생명과 죽음 사이의 대결에 대한 대리전을 자임해 왔었다.

그러나 인간이 어찌 이성만으로 살 것인가? 바늘로 찔러도 피 한 방울 나오지 않는 이성만으로는 결코 인간이 살 수도 없고 인간을 살릴 수도 없다. 인간이 인간이기 위해서는 인간을 이루고 있는 '동물성'에 대해서 좀 더 솔직해져야 한다. 생각해 보라! 배가 고프면 하늘도 노랗게 보인다는 것은 무엇을 말하는가? 한마디로, 동물성에 대한 적절한 고려 없이는 이성도 정신도 아무 소용이 없다. 오늘날 몸을 향한 무수한 절규들은 바로 그렇기 때문에 터져 나올 수밖에 없었으며, 이제 동물성을 아우르지 않는 생명에 대한 논의는 어불성설일 따름이다. 그리고 그러한 동물성이 죽음을 불가피한 요소로 포함하는 것이라면 생명과 죽음의 관계는 새롭게 추려지지 않으면 안 될 것이다. 말하자면 생명이 죽음으로부터의 자유라는 알량한 테두리에 머물러 있는 한 이성과 동물성은 영원히 만날 수도 얽힐 수도 없으며 결국 동물성에 대한 이성의 지배와 억압이 지속될 수밖에 없다. 따라서 이제 생명은 그 자체의 생명성을 위해서라도 죽음으로부터의 자유라는 허상으로부터 해방되어야 한다. 그런데 이처럼 '죽음으로부터의 자유로서의 생명'이라는 것이 오히려 반생명적일 수밖에 없다면 과연 '죽음으로부터의 자유로부터의 자유'는 어떻게 추구될 수 있는가? 바로 이러한 질문에 대해 생명에 대한 깊은 통찰로 대답을 시도한 우리 현대사의 선각자가 있었으니 그가 곧 함석헌 선생이다. 따라서 본 연구는 그의 생명사상에서 생명과 죽음의 역설적 얽힘이라는 통찰을 읽어내고 이로부터 한국 그리스도교에 대한 사회적 비판과 역사적 성찰을 위한 구체적 의의까지 더듬고자 한다.

2. 생명의 생리로서의 역설

그렇다면 도대체 생명이란 무엇인가? 그것은 우선 문자 그대로 '살아 있는 목숨'이다. 그리고 이러한 어의적 규정은 생명의 일차적 조건임에는 틀림없다. 그것은 생명이 생명이기 위한 필요조건이다. 그러나 목숨이 살아 있다는 것만으로는 생명의 뜻을 다 새겨낼 수는 없다. 우리가 거기에만 머무를 수 없는 것은 생명의 가치가 수명 연장 이상의 의미를 지니기 때문이다. 말하자면 우리가 생명이라고 할 때 그저 단순히 살아 있다는 사실만을 가리키는 것은 아니다. 생명은 삶다운 삶이요, 사람다운 사람이요, 자유다운 자유라는 의미를 포함해야 한다. 이러한 의미가 비로소 생명의 충분조건을 이룬다. 말하자면 생명에 대한 관심은 인간의 본질과 삶의 가치에 관한 물음과 더욱 뿌리 깊게 얽혀 있다. 이렇게 생명은 사실적 차원에서 '살아 있음'이라는 필요조건과 함께 의미적 차원에서 '참된 삶'이라는 충분조건이 어우러지는 넓고 깊은 뜻을 지닌다.

그런데 생명에 대한 사실적 욕망은 물론이거니와 죽을 수밖에 없는 삶의 가치에 대한 관심도 죽음에서 비롯된 것임은 두말 할 나위도 없다. 왜냐하면 만일 죽음이 없었다면 생명이 지닌 살아 있음이라는 일차적 사실조차도 굳이 주목될 필요가 없었을 것은 물론이지만 나아가 삶의 가치라는 더 깊은 의미의 문제로 공연히 골치 아플 이유는 더더욱 없었을 것이기 때문이다. 그러나 죽음은 우리로 하여금 우선 사실적 차원에서 있음을 지속시키고자 하는 방식으로 생명을 '보존'하게 할 뿐 아니라 더 나아가 죽을 수밖에 없는 삶의 의미라는 차원에서 생명을 '추구'하게 한다. 말하자면 이제 우리에게 생명이란 단순히 그저 '살아 있음'이라는 '사실'만이 아니라 '죽음을 살아가는' '의미'로서의 삶을 뜻한다. 따라서 생명에 관한 우리의 논의는 마땅히 의미 또는 가치로서의 '참', 즉 참된 삶에 관한 이야기를 포함해야 한다.

그렇다면 참된 삶을 향한 생명 이야기는 어떻게 전개되어 왔는가? 그런데 죽음이 묻게 한 삶의 참된 의미와 가치에 관련된 이야기가 그 핵심에 마땅히 자리해야 할 생명에까지 이르는 길이 결코 간단하지 않았다. 왜 그랬는가? 이유인즉, 생명의 보존과 추구 사이의 긴장이 오히려 생명 이야기에서 자기모순에 이르게 하였기 때문이다. 말하자면 생명의 사실적 보존에 대한 욕망이 오히려 생명의 가치 추구에 혼란을 야기했기 때문이다. 따라서 본 연구는 이에 주목하면서 그간의 역사를 비판적으로 성찰함으로써 미래지향적 처방을 제시하고자 한다. 그렇다면 먼저 인류정신문화사의 전개과정을 따라 생명 이야기의 흐름을 간략하게 살펴보자. 즉, 죽음이 없었다면 물을 필요도 없었던 참된 삶이라는 뜻을 지녀야 하는 생명을 향한 긴 여정은 '참' 물음의 진화과정 바로 그것이었다는 점에 주목하자는 것이다. 왜냐하면 생명 추구에 의해 촉발된 '참' 물음이 생명의 뜻에 이르기까지 드러내고 넘어야 할 반생명적 왜곡들이 저마다의 이유로 무수하게 등장했었기 때문이다.

그렇다면 그러한 추구의 시원인 '참'에 대한 물음은 어떻게 제기되었는가? 무릇 모든 물음이 정체 물음으로 시작했을 터이니 인류의 정신문화사에서 '참'에 대한 시원적 물음도 당연히 "'참'이란 무엇인가?"라는 방식으로 제기되었을 것이다.[3] 그러나 이러한 궁극적 물음이 그냥 아무런 동기 없이 단순한 지적 유희를 위해서 상아탑에서 탁상공론식으로 제기된 것은 결코 아니었다. 그것은 분명히 죽고 사는 문제였다. 왜냐하면 이러한 물음이 물음으로서 제기될 수밖에 없었던 것은 있었다가 없어지는 사건, 즉 죽음에 대한 이모저모의 체험들이 삶의 어두움에 눈을 돌리게 하였고 이로써 인생의 불확실성과 불안정성 등을 직시하게 되었기 때문이다.[4] 말하자면 인간은 이제 죽음을 계기로 자연의 명백하고도 불가피한 생성소멸을 간파하게 된 것이다. 그런데 불확실성과 불안정성이라는 삶의 어두움에 대한 체험은 당연하게도 확실성과 안정성을 향하게 하였으니 바로 이러한 지향이야말로 생성소멸과 같은 변화의 굴곡들을 넘어서는 항구성과 영원성을 갈망하게 하는 동인이 되었다. 함석헌의 표현을 빌리자면,

> 그러한 참 물음은 흘러가는 현상의 물결에 못 견디어 하는 인생의 반동에서 나온 것일 것이다. 그러므로 옛날의 철학과 종교는 현실을, 역사를 완전히 부정해서만 참을 볼 수 있었다.[5]

그리고 바로 그렇게 현실과 역사를 넘어서는 항구적 영원성에 대한 염원이 이제 '참'이라는 이름으로 결집되었다. 애써 종교를 떠올리지 않아도 그러한 '참'이 곧 신으로 새겨지는 것은 너무도 당연한 일이었다.

---

3) 특히 서구정신문화사에서 '무엇' 물음은 고중세의 형이상학적 과제를 특징짓는 기본 물음이라고 하겠다, '무엇'이 가리키는 동일성의 신화라는 것이 형이상학의 근본원리였다는 것은 좋은 증거이다.

4) 정체를 향하는 '무엇' 물음이 그 뿌리인 근거를 향하는 '왜' 물음을 깔고 있다는 것이 여기서도 여실히 입증된다.

5) 함석헌, 「새 삶의 길」, 『함석헌 선집 2』(한길사, 1999), 319~320쪽.

그러나 항구적 영원성이란 생명이 지향하는 본능적 목표이기는 하지만 생명의 현실은 오히려 '흘러가는 현상의 물결'인 역사로 이루어지는 것이라면 생명의 영속을 위한 '참' 물음은 역사를 부정함으로써 안타깝게도 출발부터 생명의 현실을 떠난 자가당착을 운명으로 지니게 되었다. 말하자면 생명의 영속 추구가 오히려 반생명적 왜곡을 초래하게 되었던 것이다. 그렇다면 도대체 왜 그랬을까? 그것은 생명의 영원한 보존 욕구가 생명을 죽음으로부터의 자유로 한정시켰기 때문이다. 말하자면 생명을 '있음'으로만 제한하고 '없음'을 배제하고자 한 것이 오히려 생명을 억누르는 모순에 봉착하게 한 것이다. 그러나 있음과 없음이 상호모순적일 수밖에 없다면 삶과 죽음의 관계도 그러할 수밖에 없는 것은 재론의 여지가 없다. 그래서 생명이 죽음과 대치되며, 생명은 죽음으로부터의 자유로 읽혀지게 되었던 것이다. 따라서 생명의 '참'을 구하기 위해서는 '있음'과 '없음'이 양자택일적인 것으로 읽혀져서는 안 될 것이라는 점을 주목해야 한다. 이 대목에서 함 선생의 통찰은 우리의 주목을 요한다:

> 있기는 무엇이 있단 말이냐? 참 있음은 있음 아니다. 있는 줄 알지도 못하는 것이 참 있음이다. 나는 있다 하면 벌써 나도 '참 나' 곧 '한 나'가 아니요 있음도 '참 있음'이 아니다. 존재라 할 때 벌써 원존재에 금이 간 것이다. …… 있음과 없음은 둘이 아니요, 있음과 생각도 둘이 아닐 것이다. 있다 하면 없는 것이요, 없다 하면 있는 것이다. 참 생각이야말로 있음이요, 참 있음이야말로 생각이다. 있다 함은 벌써 생각이 끊어진 것이요, 생각하면 벌써 있음은 깨진 것이다. 그러나 이것은 어떻게 할 수 없는 모순이다.[6]

결국 생명이 죽음으로부터의 자유로 읽혀질 수밖에 없었던 것은 있음과 없음을 둘로 나눈 영속에 대한 집착 때문이었으니 그것은 곧 참'을 향한 '무엇' 물음이 가리키는 동일성의 원리에 기인한 것이었다. 더 나아가 함석

---

6) 함석헌, 「인간 혁명」, 『함석헌 선집 2』(한길사, 1999), 61쪽.

헌은 있음과 없음이 하나라면 있음과 생각, 즉 있음과 앎도 그러하다는 것이다. '있다 함은 벌써 생각이 끊어진 것'이라는 말은 없음을 없앤 있음을 생각할 수 없다는 것이니 앎은 부득이 있음과 없음이 둘이 아님을 깨닫는 것이라는 말이다. 이것은 이미 "'참'은 어떻게 알려지는가?"라는 물음을 포함한 통찰임은 물론이다.[7)]

그런데 이미 있다 하면 없는 것이요 그 역도 성립하는 것인 고로, 무엇을 안다고 할 때 아는 주체가 대상으로 알려진 그 무엇을 그 자체로 싸잡아낼 수 없다는 점만큼은 명백하다. 말하자면 '어떻게'라는 물음에서 '앎'은 어디까지이며 '모름'은 어디서부터인가를 그 어느 편에서도 결정할 수 없다는 불확실성을 지닌다. 왜냐하면 "안다는 것은 나의 이성의 등잔불 밑에서 하는 일이요, 이성의 등잔은 생명의 태양에 내 등을 돌이키고 내 그림자 속에서만 켜지는 반딧불이기 때문이다."[8)] 다시 말하면 앎이 이성을 내세우면서 모름을 없애고자 한다면 이것은 있음과 없음이 하나임으로써 이루어지는 생명을 거스르는 모순일 뿐이라는 것이다. 앞서 말한 대로 앎이 표방하는 이성은 동물성을 핵심으로 하는 생명을 거스르고 억압하기 때문이다. '어떻게'라는 물음과 함께 등장한 '앎'이라는 것이 생명 이야기에서 그토록 큰 걸림돌이 되었던 이유가 바로 여기에 있었다.[9)] 그런데 이처럼 생명의 태양 빛을 오히려 내가 가림으로써 생기는 그림자 속에서나 겨우 빛을 발하는 반딧불 정도에 불과할 앎의 불확실성은 '참 물음'의 원초적 동기와

7) 예를 들면, 서구정신문화사에서 '어떻게'라는 물음은 자고로 방법에 관한 것이니만큼 인식론적 성찰의 기본구조임은 재론의 여지가 없겠다. 그리고 이로써 '어떻게'는 앞서 등장했던 '무엇'과 얽히어 목적-수단의 관계를 엮어내는데, 근세 후기 독일관념론으로 대표되는 인식론적 형이상학이 그 좋은 예에 해당한다.

8) 함석헌, 「새 삶의 길」, 『함석헌 선집 2』(한길사, 1999), 316쪽.

9) 달리 말해, 삶과 죽음의 얽힘으로서의 생명이 '해석'의 지평을 펼쳐낸다면, 앎이란 지극히 제한된 '인식'의 영역에 머무르는 것일 수밖에 없다. 김영민이 앎의 권리원천으로서의 삶을 말하는 것도 이러한 맥락에서 이해될 수 있다. 김영민, 『손가락으로, 손가락에서: 글쓰기(와) 철학』(민음사, 1998), 147~152쪽 참조.

궁극적 목적 모두에 대해서 지극히 위협적인 것으로 다가올 수밖에 없다. 왜냐하면 이미 논했듯이 죽음으로 인한 삶의 불확실성과 불안정성이라는 문제에 대한 해결을 위해서 항구적 영원성을 구가하려고 바로 '참 물음'이 제기되었었기 때문이다. 바로 여기서 그러한 '참'에 대한 근거 물음, 즉 "'참'은 도대체 왜 참인가?"라는 물음이 수면 위로 떠오른다.[10)]

그렇다면 '참'에 대해 '왜'는 어떤 뜻을 지니는가? 그것은 '참'을 묻고 향하게 한 원초적 근거이면서도 오히려 잊히고 억눌려졌던 죽음을 새삼스럽게 드러내게 되는 데에서 찾을 수 있겠다. 말하자면 '참' 물음을 묻게 했던 원초적인 동기인 죽음으로부터의 요구 때문에라도 '참'이 참일 수 있는 근거는 그러한 '참'에 마주하는 사람의 삶, 곧 죽음을 싸안은 '삶'에서 찾아지지 않으면 안 될 것이다. 왜냐하면 만일 그렇지 않다면 그러한 '참'은 사람의 삶과는 무관한 허공 속에서 맴도는 뜻 없는 이름일 뿐이기 때문이다. 여기서 드디어 참된 삶을 향한 생명 이야기가 뿌리내릴 자리를 되찾게 됨은 물론이다. 그리고 이러한 점은 삶이 죽음과 얽혀 있다는 사실에 의해서 더욱 확증된다. 함석헌은 '생명의 원리'를 논하면서 이를 '모순의 통일'이라고 표현하는데 그가 말하는 생명의 원리들 중 '가장 두드러지면서 가장 수수께끼'인 '생-사의 원리'가 바로 이 대목에 적용된다. 그는 말한다:

> 생명은 나지만 또 반드시 죽는다. 왜 살면서 또 죽을까? 죽으면서 또 날까? 왜 생이면 그저 직선적 평면적인 생 하나가 있지 않고 시간적으로도 공간적으로도 생 사, 생 사, 생 사의 연속으로 되어 있을까? 왜 서로서로 원인 결과의 연쇄를 이루어가지고 서로 얼크러져 있게 되었을까? 생각하고 생각할수록,

---

10) '왜' 물음은 근본 생리상 이미 대듦과 맞섬으로 표출되는 도전적인 물음으로서 전통에 대한 현대의 반동에서 엮어진 다양한 형태의 반형이상학적 사조들을 공통적으로 특징짓는 혁명적 전환의 물음이라고 하겠다. 현대의 시대정신의 핵이라고 할 수 있는 '왜' 물음에서 생명의 본 뜻이 올곧게 추려질 수 있다는 우리의 성찰은 생명 이야기가 현대에 이르러 폭발할 수밖에 없었던 역사적 배경과 사상적 연원에 대한 적절한 설명이 될 것이다.

관찰하고 관찰할수록 끝이 없는 것이 이것이다. 그 신비는 우리 이성에는 영원히 못 들어가는 비원인지 모른다. 하지만 소위 말하는 모든 정신의 세계란 것이 이 때문에 있게 되는 것만은 사실이다.11)

바로 위 구절에서 함석헌이 말하는 '정신의 세계'란 우리의 맥락에서 보자면 곧 생명의 의미를 가리키는 '참된 삶'을 향한 집요한 물음과 유구한 대답의 역사를 아우르는 표현이라 하겠다. 결국 생명이란 '삶과 죽음의 신비로운 얼크러짐'이며 바로 그러함으로써 '참'을 향한 우리의 정신세계를 이루는 기틀이라는 것이다. 말하자면 '왜'라는 근거물음에 이르러서야 비로소 삶과 죽음이라는 겉보기에 모순적인 것들이 한데 얼크러져 생명의 역설을 이끌어낼 가능성이 더듬어진다. 앞서 말한 '죽음으로부터의 자유로부터의 자유'를 향한 실마리가 비로소 더듬어질 수 있는 곳이 바로 여기이다.

나아가 이제 죽음과 얼크러진 삶은 그러한 뿌리 물음인 '왜'를 묻게 하고 이로써 '왜'를 물을 수밖에 없는 삶을 드디어 '누가, 언제, 어디서'로 드러낸다. 왜냐하면 '왜'라는 근거물음의 포장을 벗기면 그 안에는 바로 그 '왜'라는 물음을 묻게 한 '삶과 죽음의 신비로운 얼크러짐'이 도사리고 있고 이 얼크러짐이란 바로 '누가'가 시간을 가리키는 '언제'와 공간을 가리키는 '어디서'로 이루어진다는 것을 가리키기 때문이다. 즉,

옛날의 철학과 종교는 참을 변하지 않음에서 찾은 나머지 자람을 무시했다. 그러나 현실이 차차 다시 문제되고 역사가 새로이 생각거리가 됐다. '시간'이 말을 하기 시작한 것이다.12)

그렇다면 왜 시간이 말을 하기 시작했는가? 시간은 공간과 함께 현실의 범주일 뿐 아니라 그러한 현실을 역사로 살아가는 '누가'를 이루는 요소이

11) 함석헌, 「인간혁명」, 『함석헌 선집 2』(한길사, 1999), 59~60쪽.

12) 함석헌, 「새 삶의 길」, 『함석헌 선집 2』(한길사, 1999), 320쪽.

기 때문이다. 그런데도 우리는 그동안 우리를 이루는 고유한 시간과 공간을 그저 우연한, 그래서 대체가능한, 부대범주로만 간주하고 여전히 초시공적인 허상에서 '참'에 대한 환상을 그려왔었다. 따라서 더 이상 덮여지고 내몰려질 수 없는 시간이 폭발하게 되었던 것이다. 그러므로 이제 '누가'는 시간과 공간 안에서 살 뿐 아니라 시간과 공간을 살아내고 있는 것으로 드러나면서 '언제/어디서'와 한데 묶이지 않으면 안 된다. 여기서 시공간적 유한성이 다를 수밖에 없는 다름의 근거가 되면서 '누가－언제/어디서'[13]는 '무엇－어떻게'가 향하는 같음에 항거하는 다름의 논리구도를 이룬다.

그러나 '누가－언제/어디서'는 '우리가 서로 다르다'는 것만을 말하는 것이 아니다. 우리가 그렇게 다를 뿐 아니라 '언제/어디서'가 바로 '누가'를 이루는 결정적인 구성요소라고 할 만큼 '우리가 몸, 즉 생명'이라는 것을 가리킨다. 우리가 생명을 가지고 있는 것이 아니라 우리가 곧 그토록 고유한 생명인 것이다. 그럼에도 불구하고 너무나 긴 세월 동안 우리는 같음만을 붙들고 늘어지며 이를 위해 정신 중에서도 이성만으로 이를 붙들 수 있다고 착각함으로써 우리가 그렇게 '서로 다른 고유한 생명'이라는 것을 잊거나 억눌러 왔다. 우리 시대에 새삼스러운 '생명의 폭발'이란 과연 이런 역사를 배경으로 한 것이었다. 그렇다면 생명이란 '누가－언제/어디서'인가? 그리고 '누가－언제/어디서'가 가리키는 다름은 생명으로 하여금 어떻게 생명이게 하는가? 이에 대해 함석헌은 다음과 같이 갈파한다:

> 생명은 대듦이다. …… 생명은 자기주장이다. 나는 나대로 하자는 힘이 생명이다. 온 세계에 대하여 나는 나다, 나는 너와 다르다 하는 것이 생명이다. 삶은 스스로 따로 함이다. 무한대의 우주에 대하여 나는 나다, 나는 너의 한 부분만은 아니다 하고 맞섬으로 생명은 거룩한 것이다.[14]

---

13) '누가－언제/어디서'는 '누가'가 '언제'와 '어디서'라는 시공간의 동격적 요소로 구성된다는 것을 가리킨다.

14) 같은 글, 317쪽.

과연 '무엇'이 향하는 동일성이 생명과 죽음을 갈라놓았고 '어떻게'가 내세우는 이성이 오히려 생명의 뜻을 거스르는 것이었다면 이제 '왜'에 이르러서야 비로소 생명이 대듦과 맞섬으로 표출되는 '누가－언제/어디서'로 이루어진다는 것을 오롯이 드러낼 수 있게 되었다. 여기서 대듦은 '무엇'의 같음에 대한 다름의 항거를 가리키는 것이며 맞섬이란 같음에 대해 다름이 결코 거짓이거나 열등한 것이 아니라 대등한 것임을 나타낸다면 그러한 대듦과 맞섬은 '왜'가 아니고는 어림도 없는 일이다.[15] 아니 오히려 '왜'야말로 곧 대듦이고 맞섬 이외에 다른 것이 아니다. '왜'가 드러낸 '누가－언제/어디서'가 바로 이를 입증한다.

그렇다면 그러한 대듦과 맞섬으로서의 생명은 도대체 우리에게 무엇을 가리키는가? 그것은 함석헌이 표현한 바 '모순의 통일'을 향하는 것이며 그러한 통일은 바로 '모순으로부터 역설로의 전환'을 통해서 이루어진다. 여기서 모순이 같음을 지키기 위해 다름을 버리는 방식이라면, 역설은 같을 수 없는 다름들이 서로 관계하는 방법이다. 그런데 도저히 만날 수도 없을 것 같은 다름들이 서로 어떻게 관계하는가? 몸과 따로 노는 마음에게는 다름이 분명 불편하다. 그런 마음은 생리상 다름을 견디지 못하기 때문이다. 따라서 다름을 극복하고 지양해야 할 모순으로밖에 볼 수 없고 내내 이에 대해 불편해 하면서 가슴앓이를 한다. 그러나 마음과 함께하고 마음을 싸안은 몸은 이미 늘 다름과 마주하면서 다름을 받아들이고는 결국 다름과 뒤엉킨다. 아니 그렇게 하지 않고서는 몸은 몸으로서 지탱할 수 없다. 몸과 마음의 미분적 단일성에 대한 함석헌의 다음과 같은 간결한 진술이 이를 잘 말해준다: "몸으로 하기 전에는 참이 아니다. 마음이 옹근 것이 함이요, 함이 맺힌 것이 몸이다."[16] 여기서 '참'이 생명의 의미를 가리키고 '함'이 '다름과의 만남'을 뜻한다면 생명이란 사실에서 의미로의

15) 박재순, 「씨올사상의 핵심: '스스로 함', '맞섬', '서로 울림'」, 함석헌기념사업회 엮음, 『함석헌 사상을 찾아서』(삼인, 2001), 111~118쪽 참조.

16) 함석헌, 「새 삶의 길」, 『함석헌 선집 2』(한길사, 1999), 313쪽.

심화를 거쳐 더욱 풍성해진 몸의 또 다른 이름이라고 해도 좋겠다. 결국 다름들이 다름으로 서로 만나는 방법을 생명은 이미 체득하고 있었으니 이를 역설이라 불렀다. 모순으로부터 역설로 전환해야 할 당위성을 삶의 새로움, 즉 생명의 살림에서 찾는 함석헌의 통찰은 매우 시사적이다:

> 삶을 스스로 새로워지는 것으로 보는 것은 절대와 상대를 다 살리는 일이다. 절대와 상대는 서로 마주 서는 것이지만 마주 서서만 가지고는 다 죽는다. …… 절대는 상대를 떠나서 볼 수 있는 것이 아니라 상대 속에서 볼 것이요, 상대는 절대를 아주 모르는 것이 아니라 절대를 나타내는 것이다.[17)]

여기서 '마주 서서만'이 모순을 가리킨다면 '속에서 볼 것'과 '나타내는 것'은 역설을 일컫는데, 이렇게 모순으로부터 역설로 전환함으로써, 즉 다름을 싸안음으로써 생명은 스스로의 새로움을 향해 왔다. 말하자면 생명에게서 종국적인 다름이 죽음이라면 생명은 사실상 끊임없이 다름을 받아들여가면서 죽음을 살아오고 있는 것이다. 이것이 곧 생명의 논리이며 삶의 생리이다. 아니 삶과 죽음의 얽힘이라는 것이 이미 역설이 아니던가? 그러기에 생명이란 바로 그러한 역설의 사건으로서 동사인 것이다. 함석헌은 이러한 삶과 죽음의 역설적 얽힘으로서의 생명을 다음과 같이 설명한다:

> 삶의 바탕이 그런 것이기 때문에 그 삶이 몸이 되어 나타나는 숨을 태워 쉬는 꼴은 늘 두 가지 서로 마주서는 법칙으로 잡혀진다. 마심과 내뿜, 삶과 죽음, 있음과 움직임, 몸과 마음. 이것을 통틀어 말하면 쉬자는 버릇과 짓자는 버릇의 마주섬, 혹은 지킴과 나감, 혹은 몸과 씀, 또 혹은 구심과 원심, 수렴과 확산, 유전과 변이의 대립으로 부를 수 있다. 삶의 온갖 꼴뵘은 온통 다 이 두 법칙이 모여 된 것이다. 삶을 한 오리 실로 비긴다면 이 두 법칙은 그 두 끝인 셈이다. 삶은 한 개 캥김이다. …… 캥긴다는 것은 둘이면서 하나가

17) 같은 글, 331쪽.

됨이다. …… 삶과 죽음을 다 알면 둘이 아니다. 그래 생사일여다. …… 정말 산 생명은 생사를 똑같이 두 손에 쥐는 사람에게 있다. 그렇기 때문에 그것은 삶도 아니요 죽음도 아니다. 삶도 죽음도 아닌 고로 살 수도, 죽을 수도, 마음대로 할 수 있다.[18]

3. 생명의 역설이 향하는 자유

살 수도 있고, 죽을 수도 있는, 그야말로 마음대로 할 수 있는 신선(?)의 경지를 일컫는 듯한 삶과 죽음의 역설적 얽힘으로서의 생명은 이제 단순히 주어진 사실이기만 한 것이 아니라 향해야 할 가치로서의 뜻을 지니기에 우리에게 새로운 과제를 부여한다. 종래 죽음으로부터 분리된 생명은 비록 착각과 환상일지라도 이성을 도구로 삼아 동일성의 원리가 보장해 주는 안정을 구가할 수 있었다. 그러나 이제 죽음과 얽힌 삶으로 돌아온 인간에게 동일성에 의한 안정은 타자성에 대한 억압을 토대로 한 허상일 뿐이었으며 이에 대한 항거로서의 자유는 이성에 의해 필연적으로 주어지는 것이라기보다는 오히려 죽음으로부터의 자유를 향하려는 끈질긴 욕망과의 대결을 통해 쟁취되어야 하는 것이었다. 앞에서도 살폈듯이 생명을 향한 여정이란 '없음'을 부정하고 '있음'을 지속시키려는 욕망의 무한성과 어쩔 수 없는 죽음으로 인한 유한성 사이에서 이 긴장을 넘어서는 참된 삶을 향하는 과정이었다. 즉, 생명의 생명됨은 종래 죽음으로부터의 자유가 아니라 오히려 이러한 죽음으로부터의 자유를 확보하려는 무한한 욕망으로부터의 자유라는 과제로 돌아오게 된다.

사실상 삶과 죽음의 역설적 얽힘이란 그 역설 자체가 중요한 것이 아니라 결국 그러한 욕망으로부터의 자유를 향한다는 데에 뜻이 있을 뿐이다. 따라서 이제 생명이 삶과 죽음의 역설적 얽힘이라는 것은 죽음을 배제한

18) 같은 글, 321~323쪽.

삶이라는 것이 불가능할뿐더러 오히려 삶 자체에 대해서조차 족쇄일 수밖에 없다는 통찰을 포함한다. 그러므로 삶과 죽음의 얽힘이란 자기부정을 통해 둘 사이의 경계를 허물어뜨림으로써, 즉 삶이 스스로 죽음을 껴안음으로써 얻는 역설의 자유를 가리킨다. 그리고 그 자유를 통해서 생명은 비로소 참된 '삶-죽음'이 된다. 앞서 말한 생명의 의미는 바로 이것을 가리키려니와 이제 삶과 죽음의 얽힘으로서의 생명은 우리에게 자기부정의 역설적 자유를 향할 것을 요구하며 또한 가능하게 하는 전제가 된다. '삶과 죽음의 얽힘'이 가리키는 '비움과 버림으로서의 참'[19]에 대해 함석헌은 다음과 같이 설명한다:

> 참은 참이지만, 빈틈없이 가득한 것이 참이지만, 그것은 채워서 될 것이 아니고 도리어 참 참은 빔으로야 될 수 있다. 허즉실(虛則實)이라, 비면 찬다. 그러므로 삶을 다부지게 한다는 말은 보이는 살림에 달라붙으라는 말이 아니다. …… 참 삶은 내 속에서 될 수록 모든 것을 내쫓아 버려서야만 될 일이다. "누구나 제 생명을 잃는 자는 얻을 것이요, 얻는 자는 잃을 것이다." 그러면 새 삶의 길은 새 것을 따르고 길을 찾아서 될 것이 아니라 삶을 지켜서야 될 것이요, 삶은 지켜서 지켜지는 것이 아니라 내버려서 지켜지는 것이다. 살아 있음이 문제요, 내버리면 되는 것이다.[20]

"살아 있음이 문제"라는 함석헌의 일침이 생명의 일차적인 의미인 사실적 차원에서의 '살아 있음'에 대한 단순한 거부나 부정이 아닐진대, 여기서 '내버림'이란 비움 없는 채움, 즉 죽음 없는 삶에 대한 비판의 일갈이라 하겠다. 그런데 우리가 여기서 주목해야 할 것은 새 삶의 길에서 새로움을 위해 지키고 지키기 위해 내버리는 것이 아니라는 점이다. 말하자면 '내버림'이란 '지킴'과 이를 통한 '새로움'을 위한 수단적인 가치에만 머무르는

---

19) '비움과 버림을 통한 참'이라는 표현과의 차이에 주목할 일이다.
20) 같은 글, 316쪽.

잠정적인 조치로 간주되어서는 안 된다. 만일 그렇다면 그것은 무엇인가 얻고 지키기 위해 내버리는 것일 뿐이어서 지킴과 내버림 사이에 어떠한 역설적 연합도 이루어질 수 없기 때문이다. 마찬가지로 삶과 죽음의 역설적 얽힘이란 죽음을 수단으로 하여 삶이라는 목적을 추구하는 일방성의 구도가 아니라 삶과 죽음이 구별할 수 없을 만큼 하나에 이르도록 쌍방적이고 대등한 관계를 이루어야 한다는 것을 가리킨다:

> 삶과 죽음이 구별할 수 없을 만큼 딱 직면을 할 때 얼굴을 맞대인 때가 살았담 참 산 것이요, 죽었담 참 죽은 것이다. 삶과 죽음이 본래 하나다. 그 자리에 간 것이 죽으면 산다는 것이다. 반대로 아직은 살았는데 죽은 것 같구나, 죽으면 어쩌나 하고 있으면 그것은 참 살지 못하고 죽은 것이란 말이다.[21]

그렇다면 삶과 죽음 중 어느 한 쪽이 우월한 지위를 부여받지 않고 서로 팽팽하게 직면하면서 얽힌다는 것은 구체적으로 무엇을 가리키는가? 그 뜻을 더듬기 위해 함석헌의 다음과 같은 구절은 매우 시사적인 것으로 보인다:

> 사람 중에는 궁극의 참 나를 찾아 스스로 함에 이를 생각은 하지 않고 이 망상의 욕심의 나를 절대화해 가지고 남의 자유를 뺏음으로 자기 자유를 넓히려는 사람이 있다.[22]

이 지적은 무엇을 향하는가? 말하자면 삶과 죽음의 얽힘에서 그러한 얽힘에 대해 진솔하게 성찰하지 않는다면 '자기절대화'의 성향에 휩쓸리고 빠져들 수밖에 없다. 자기 절대화의 성향은 인간을 고양시키기는커녕 오히려 스스로를 억압하는 족쇄일 뿐이므로 이를 직시하고 넘어설 것을 가리킨다.

---

21) 김진 편, 『너 자신을 혁명하라』(오늘의 책, 2003), 227쪽.
22) 같은 책, 19쪽.

남의 자유와 심지어 생명까지도 빼앗아가면서 자기를 절대화하는 작태가 남들은 고사하고 나 자신마저도 파괴하는 자가당착에 빠질 수밖에 없다는 다음의 통찰은 이러한 뜻을 더욱 분명하게 해준다:

> 사람들은 다 죽는데 나 홀로 살아남는 무슨 비법이라면 그리 높을 것이 없다. 모든 사람을 다 살리는 것이 아니고는 진리가 될 수 없다. 모든 것이 다 죽어버린 막막한 빈들에 홀로 서는 사람이 무슨 장생하는 사람일 수 있겠는가?[23]

결국 삶과 죽음의 역설적 얽힘이란 "죽으면 어쩌나 하고 있는" 것이나 "남의 자유를 뺏음으로써 자기 자유를 넓히려는" 것을 넘어서 죽을 수밖에 없는 운명을 함께 지닌 모든 살아 있는 것들과의 '공존'을 뜻하며 따라서 그렇게 살아 있는 다른 것들과의 '연대'를 말한다.[24] 그러므로 그러한 공존과 연대의 과제를 저버리고 자아에 대한 욕망의 노예가 되어버린 생명은 이미 생명이 아니다. 죽음으로부터 자유라는 욕망의 노예가 되어버린 삶, 죽지 않고 자기만 불멸하여 자기안의 권력의지와 안정욕의 도구로 삼는 삶은 참된 뜻에서 생명이라고 할 수 없다. 함석헌의 다음과 같은 예언자적 통찰은 생명의 역사적 준엄성(峻嚴性)에 대한 숙연하고도 섬뜩하기까지 한 선언이라고 하지 않을 수 없다:

> 생명이 몸과 힘을 낳았지만 몸과 힘을 제 것으로 독점했던 파충류는 그 몸 그 힘 때문에 자멸했다. 생명이 생각과 문명을 낳아야지만 생각과 문명이야말로 저인 듯이 알아온 이 인류는 자멸하지 않을까? 이 지배주의 문명은 끝장에

---

23) 같은 책, 228쪽.

24) 이것은 끊임없이 몸을 도구삼아 욕망을 이루려는 자아중심의 이성을 죽임과도 연관된다. 이성은 칸트 이래 자신 안에서 정지해 버려 생명이 갖는 관계망들을 잃어버렸기 때문이다. 이성의 최고봉이었던 헤겔의 절대정신은 일체의 타자를 자신 안에서 통일시키는 절대 권력으로서의 이성이었으며, 결국 궁극적으로는 자신 안에서 절대적인 정지의 계기를 가지게 되었다.

이른 것이 아닐까? 생명은 또 한 번 이것을 지면에서 쓸어내어 버리고 가장 겸손한 것 중에서 새 종자를 골라내지 않을까?[25]

따라서 생명은 지배주의를 넘어서 겸손함으로 자리를 옮김으로써 삶과 죽음의 역설적 얽힘이 요구하고 인도하는 자유의 뜻을 드러내고 비로소 온전한 생명에 이른다. 자아의 불멸을 꿈꾸는 생명은 나의 삶을 위해서 타자의 죽음을 요구하는 삶이었다. 여기서는 나의 삶을 목적으로 삼고 남의 죽음을 수단으로 해서 불멸의 삶을 강화하고 영구적인 것으로 만들어가려는 근본적인 지배/피지배구조가 함축되어 있었다. 그러나 이제 삶은 죽음을 껴안음으로써 자기 비움이라는 역설의 자유를 향하며 이로써 오히려 생태적인 연대까지 아우르는 참 생명의 길을 터득하게 되는 것이다.

4. 역설적 자유가 요구하는 신학적 과제: 자기부정과 종교개혁

삶과 죽음의 역설적 얽힘으로서의 생명, 즉 죽음을 싸안음으로써 비로소 온전한 생명이 된다는 역설은 곧 자기 비움의 자유를 가능케 하는 근거일 뿐 아니라 이를 요구하는 기제이기도 하다. 나아가 그러한 자유야말로 바로 자기를 더욱 확고히 하기 위해 우리가 종교 안에서 신에 관해 그리는 온갖 그림들이 한갓 우상이라는 것을 만천하에 드러낸다.[26] 결국 생명의 역설이라는 것이 우리로 하여금 죽음에 초점을 맞추게 한다면, 생명의 역설적 자유는 죽음에 대한 성찰에 뿌리를 둔 자기부정을 가리키며 나아가

25) 함석헌, 「새 삶의 길」, 『함석헌 선집 2』(한길사, 1999), 64쪽.

26) 리쾨르는 죽음에 대한 실존적 성찰이 일으킨 유한성 인식이 의식철학의 중심적 주체가 지닌 허상을 깨어야 하는 결정적인 이유이며 계기라고 설파한다. 나아가 바로 그렇기 때문에 우리가 신을 포함한 어떠한 대상에 대해 지니는 인식 또한 환상일 가능성을 되돌아 살피지 않으면 안 된다고 역설한다. 폴 리쾨르, 『해석의 갈등』, 양명수 옮김(아카넷, 2001), 4~5장 참조.

이를 토대로 주체가 그 중심성을 유지하기 위해 엮어내는 온갖 형태의 우상에 대한 파괴까지 요구한다.

먼저 생명의 역설적 자유가 가능케 하고 또한 요구하는 자기부정의 종교적 의미를 살펴보자. 함석헌은 신앙이 욕망에 뿌리를 둔 교만으로 전락하는 자가당착의 현실을 지적한다:

> 나만 들어가면 된다는 신앙은 낡은 신앙입니다. 나는 그것은 싫습니다. 그것은 신앙이 아니고 욕심이요 교만입니다. 자기 의를 주장하는 귀족주의는 하늘나라에는 못 들어갑니다. 이 세계가 온통 들어가야 할 것입니다. 공산주의자도 무신론자도 그 나라에는 다 들어가야 합니다. …… 내가 반드시 들어갈 수 있어야 믿는 신앙, 신자는 특별히 뺀 자라는 데 어깨가 으쓱해서 믿는 신앙, 그런 따위 현금주의는 신앙이 아닙니다.[27)]

종교 안에서 종교를 통하여 나 자신의 구원만을 도모하는 것은 도무지 신앙일 수 없다는 것이다. 그러나 생명의 역설이 가리키는 자기부정의 성찰 없이는 신앙을 가득 채우고 있는 욕망을 읽어낼 수 없고 따라서 교만에 빠질 수밖에 없다는 것이다. 그리고 그럴 수밖에 없는 이유를 자기동일화의 본능에서 찾는다:

> 우리의 생각이 좁아서는 안 되겠지요. 우주의 법칙, 생명의 법칙이 다원적이기 때문에 나와 달라도 하나로 되어야지요. 사람 얼굴도 똑같은 것은 없잖아요? 생명이 본래 그런 건데, 종교와 사상에서만은 왜 나와 똑같아야 된다고 하느냐 말이야요. 생각이 좁아서 그렇지요. 다양한 생명이 자라나야겠는데……[28)]

자기를 지키려는 같음을 향한 동일화의 욕망이 오히려 '자라나야 할 생명'을 억누르는 모순에 이른다는 날카로운 비판이라 하지 않을 수 없다.

---

27) 함석헌, 「홍동으로 보내는 글」, 『함석헌 전집 10』(한길사, 1999), 328쪽.
28) 함석헌, 「퀘이커와 평화사상」,『함석헌 전집 3』(한길사, 1999), 174쪽.

말하자면, 다양하고 그래서 서로 다름에도 불구하고 나와 똑같아야 한다고 하면 이게 곧 스스로를 절대화하는 우상화일 따름이니 종교에서 유달리 강하게 지니게 되는 이러한 유혹이야말로 생명의 역설성, 즉 죽음에 대한 망각에서 비롯되는 것이다. 그리고 이러한 죽음의 망각은 '그 놈의 천당'[29]에 대한 끈질긴 무속적 향수를 일으키면서 한국의 그리스도교로 하여금 사회의식과 역사의식의 부재라는 천박한 종교로 전락하게 만들었다고 비판된다. 함석헌은 외친다:

> 알아야 할 것은 평소에 진리를 가르쳐 준 것이 없는 교역자의 잘못이다. 그들이 신앙이라면 그저 능력을 얻는 것으로만 가르쳤고 복 받는 것으로만 말했고, 윤리적인 노력을 하는 것을 지도하지 않은 고로 오늘의 병증이 나타난 것이다.[30]

특히 생명의 역설적 자유라는 견지에서 본다면 종교와 구원을 동일시하는 교회주의적 태도에 대한 함석헌의 단호한 비판은 특별한 주목을 요한다. 왜냐하면 우선 종교가 구원을 독점하여 권력화하고 통속적 구원관으로 엮어진 유토피아적 허위의식의 유포를 통해 사회악과의 투쟁과 같은 신앙의 본래적 과제를 잊어버리고 몽롱한 주술에 파묻히게 만들기 때문이다.[31] 그리고 이러한 와중에서도 종교 안에서 신앙과 구원 사이를 조건적이고 계산적인 관계로 전락시키기 때문이다. 그의 다음과 같은 언명은 그 정곡을 찌른다:

> 우리가 알기로 신앙은 첫째 자유여야 하는데 거기는 자유가 없다. 참이어야 하는데 형식이요, 수단적이다. 심령의 문제인데 나와 하나님 사이는 직접적인

29) 함석헌, 「한국 기독교의 오늘날 설 자리」, 『함석헌 전집 3』(한길사, 1999), 9쪽.
30) 함석헌, 「한국의 기독교는 무엇을 하고 있는가?」, 『함석헌 전집 3』(한길사, 1999), 43쪽.
31) 송기득, 「함석헌은 그리스도교를 어떻게 챙겼는가」, 함석헌기념사업회편, 『민족의 큰 사상가 함석헌 선생』(한길사, 2001), 271~274쪽.

문제인데 항상 교회란 우상이 그 중간에 선다.[32)]

여기서 특히 '신앙에 자유가 없다'는 통찰은 그의 종교현실비판의 절정이요 압권이라 하겠다. 무릇 사람들이 종교 안에서 신앙을 통해 구원을 얻고자 하며 결국 자유를 누리고자 하거늘 신앙에 자유가 없다는 것은 도대체 무엇을 말하는 것인가? 아마도 삶에서 겪을 수 있는 최대의 자가당착이라 하지 않을 수 없을 듯한 이 통찰은, 그러나, 어떠한 목적을 지닌 신학이든 외면하거나 무시할 수 없는 우리 자신의 폐부를 들추어내는 것이라 하지 않을 수 없다. 왜냐하면 우리는 대체로 신앙의 이름으로 구원을 목적하며 이를 향한 진리만을 붙잡으려는 욕망에 지배됨으로써 자유를 잃어버리기 때문이다. 그렇다면 이러한 자가당착의 모순은 왜 일어나는가? 그것은 신앙과 구원의 관계에 대해 언뜻 함께하기 어려워 보이는 '몽롱한 주술'과 '조건적 계산'이 동전의 양면처럼 얽혀 있기 때문이다.[33)] 진리라는 이름의 교리가 동어반복적으로 읊조려짐으로써 종교적 주술효과에 이르는가 하면 그러한 진리가 신앙과 구원을 수단과 목적의 관계로 말끔히 이어주리라는 계산을 신념으로 전제하는 욕망이 한데 얽히니 신앙에 자유가 없을 수밖에 없다는 것이다.

그렇다면 어떻게 해야 하는가? 앞서 살핀 생명의 역설, 즉 죽음이 종교에 대하여 경고하는 우상화의 유혹으로부터 벗어나야 한다. 그래서 함석헌은 "참 종교는 완전한 부정에서만 실재한다"[34)]라고 단언한다. 왜냐하면 "'이것이 절대 진리이다'하는 순간, 그것은 거짓이 되어버리기"[35)] 때문이다. 말하자면 "자기 종교까지도 부정해야 참 종교이다."[36)] 이처럼 함석헌은

32) 함석헌, 「이단자가 되기까지」, 『함석헌 전집 4』(한길사, 1999), 194쪽.

33) 김하풍, 「생명과 믿음: 함석헌 선생의 사상」, 함석헌기념사업회 엮음, 『함석헌 사상을 찾아서』(삼인, 2001), 94~96쪽 참조.

34) 함석헌, 「새 시대의 종교」, 『함석헌 전집 3』(한길사, 1999), 196쪽.

35) 같은 글, 197쪽.

36) 같은 글, 194쪽.

자기부정을 토대로 우상파괴까지 나아가는 참된 삶의 길을 역설한다. 말하자면 진리가 군림하면서 오히려 자유를 거스르는 억압이 될 수 있고 실제의 역사는 이에 대한 증거들로 넘쳐난다는 함석헌의 설파는 오늘날 우리나라뿐 아니라 세계의 신학하는 이들도 함께 귀 기울여야 할 진단이다.

그렇다면 그는 신앙에서 자유를 찾기 위해 구체적으로 어떠한 길을 제시하는가? 한 마디로 신과의 관계에서 상호주체적인 인격의 회복을 말한다. 이것이 바로 그가 강조하는 생명의 역설이 가리키는 자유의 뜻이라 하겠다.[37] 신과 인간이 서로 묻고 대답하는 상호주체적인 관계로 엮인다는 통찰이 바로 그것이다:

> 세상에서 죽었다 살았다 하는 하나님 나는 믿지 않습니다. 살았다 해도 그거 큰 일 아니오, 죽었다 해도 그리 큰 일 아닙니다. 내가 믿는 하나님은 산 일도 없고, 죽은 일도 없습니다. 하나님은 말씀 곧 계시하는 하나님, 다시 말해서 묻는 이고, 사람은 그 물음에 대답하는, 대답하지 않을 수 없는 존재입니다.[38]

여기서 우리의 특별한 주목을 끄는 것은 하느님이 묻고 사람이 대답한다는 것이다. 소위 현대변증신학의 대표적인 사례로 간주되는 틸리히의 상호관계방법[39]이 설정하는 구도가 '질문하는 인간과 대답하는 신'의 관계로 이루어져있다면, 함석헌은 여기서 그 관계의 역학을 정반대로 뒤집어 '질문

---

37) 함석헌의 생명사상은 한 마디로 '씨올'이라는 그의 표현에 밀집되어 있다. 씨올의 씨는 생명을 틔우기 위해 죽지만 바로 그렇게 죽음으로써 죽지 않는다는 것에 대한 은유로서 생물학적인 차원에서 생명의 영원성을 가리킨다. 올 또한 인간의 우주적이고 종교적인 차원을 이른다. 이로써 씨올은 우주적 생명존재라는 뜻을 입게 되고 개체 인간으로부터 인류를 포함한 생태계 전체의 공동체적 연대까지 아우르는 개념이 된다. 임헌영, 「씨올의 생태 환경사상」, 함석헌기념사업회 편, 『민족의 큰 사상가 함석헌 선생』(한길사, 2001), 96~103쪽 참조.

38) 함석헌, 「종교인은 죽었다」, 『함석헌 전집 3』(한길사, 1999), 277쪽.

39) Paul Tillich, *Systematic Theology*(University of Chicago Press, 1951), Vol.I: Introduction 참조.

하는 신과 대답하는 인간'의 관계를 그리고 있다.[40] 이러한 관계의 역전이 지니는 함의는 실로 지대한데, 우선 인간은 해결되어야 할 문제를 신에게 가져가고 신은 이를 해결해 준다는 원초적 종교성의 구도를 근본적으로 뒤엎어버리기 때문이다. '힘에의 숭배'로 대표되는 '종교적 인간'이라는 그림과는 달리 함석헌은 신의 물음, 즉 사회와 역사에서의 인간의 책임의식을 일깨우는 신의 도전과 이에 대한 인간의 응전으로서의 대답을 말하고 있기 때문이다. 그리고 바로 이러한 구도에서 대답에 대한 책임에 수반되는 자유를 통해 비로소 참된 신앙이 가능하다고 갈파하고 있기 때문이다.

결론적으로 추린다면, 생명의 역설이 향하는 자기부정의 자유가 신앙을 참되게 함으로써 결국 종교의 왜곡상을 개혁하는 과제까지 사명으로 받아들이게 한다는 것이다.[41] 그러기에 이러한 깨달음을 함께 나눈 함석헌이 외쳤던 종교개혁의 필요성은 비록 반세기 전의 시대상을 배경으로 한 것이지만 우리 시대인 21세기에서도 여전히 외면할 수 없는 예언자적 외침이라고 하지 않을 수 없다:

> 현대인들은 종교개혁을 부르짖으려하지 않고 사상을 말하며, 신앙을 말하지 않고 신학을 말하니 거기 바로 현대의 현대된 소이연이 들어 있습니다. 그들의 눈에 종교는 썩은 것, 시대에 지나간 것으로 보이기 때문입니다. 그들의 귀에 신앙은 협착한 것, 고루한 것으로 뵈기 때문입니다. 적어도 세계의 장래를 걱정한다는 식자의 마음이 그러합니다. 그렇다면 현대인에게 있어 종교는 낡아빠진 것입니다. 하나님은 사실상 죽은 것입니다. 그러나 하나님이 죽고서야 인생이 무사하고 세계가 평온할 리는 없습니다. …… 그럼 이제 필요한

40) 같은 맥락에서 그리스도론, 특히 기독교 복음의 핵심으로 간주되어왔던 대속적 구원론에 대한 혁명적 수정을 요구하는 통찰이 등장한다. 그에 의하면, 죽음과 얽힌 생명의 역설적 자유가 가리키는 인격의 관점에서 본다면 대속론도 어불성설이다. "인격이란 대신할 수 없는 것이기"(함석헌, 「한국의 기독교는 무엇을 하려는가?」, 『함석헌 전집 3』, 344쪽) 때문이다.

41) 김성수, 『함석헌 평전』(삼인, 2001), 170~176쪽 참조.

것은 새 창조입니다. 누가 그것을 하느냐? 하나님 이외에는 없습니다. 그런데 그 하나님이 이 현대인에게는 죽었습니다. 하나님의 부활로부터 시작하지 않으면 안 됩니다. …… 사상운동이 아닙니다. 경제개혁이 아닙니다. 정치혁명이 아닙니다. 철학이나 신학의 수립이 아닙니다. 신의 부활입니다. 신앙입니다. 필요한 것은 제2의 종교개혁입니다.[42]

따라서 이제 제2의 종교개혁을 요구하는 신의 물음을 받은 인간은 대답해야 한다. 말하자면 인간의 책임의식이다. 그러나 대답을 금방 하지 못함을 두려워할 일은 아니다. 견디어야 한다. 이걸 못 견디니 신에게 대답까지 내놓으라 하게 된다. 그러다가 결국 자기도 모르는 사이에 대답을 빙자하여 슬쩍 신이 되어 버린다. 그런데 이것이 인간으로 하여금 신의 자리에서 신의 진리라는 이름으로 오히려 꼼짝달싹할 수도 없을 만큼 자유를 잃어버리게 한다. '신앙 안에 자유가 없다'고 한 비판이 이와 같은 진리에 대한 강박에도 해당된다면 이제 신앙에서의 자유는 생명이 뜻하는 바 대들 수 있는 의지와 맞설 수 있는 능력도 포함해야 마땅하다. 글머리에서 말했던 생명 이야기가 향하는 '참된 삶'이라는 것도 바로 이를 가리킨다. 따라서 그동안 진리의 이름으로 이러한 자유가 경거망동으로, 또한 신성모독으로 오판되어 왔었다면 이제 그러한 오욕의 역사를 끝내야 할 때이다. 대듦과 맞섬을 통한 개혁을 요구하는 신의 물음으로 들음으로써 이에 대해 책임있게 대답하는 과제를 떠맡는 것이 곧 신앙이기 때문이다. 신앙에서의 자유가 곧 이를 가리킨다면, 이것이 이른바 자기부정을 통한 종교개혁이요, 종교개혁을 향한 자기부정인 것이다. 교회 밖에서 외쳐졌던 함석헌의 이와 같은 예언자적 통찰이 우리 시대에도 절실하게 해당된다면 우리의 올곧은 삶과 믿음을 위한 그 뜻을 결코 저버려서는 안 될 것이다.

42) 함석헌, 「제 2의 종교개혁」, ≪성서연구≫(1950년 4월), ≪씨올의 소리≫, 통권 제182호 (2005년 1-2월호에 재수록), 90~91쪽.

제3장 우리의 신-학하기: 그 얼과 꼴, 그리고 길

1. 신-학하기의 얼: 주술성과 파시즘을 넘어서는 탈종교화

1) 한국 종교문화의 현실

이제 우리는 본 연구의 결론을 매듭지어야 할 대목에 이르렀다. 여기서 우리는 우리 자리에서 신-학하기 위하여 그 기본정신[얼]과 이를 구현하는 자세[꼴], 그리고 구체적으로 수행하기 위한 방법[길]에 대해 간략히 살피고자 한다. 그렇다면 먼저 우리의 신-학하기를 위한 기본 정신 또는 이념은 무엇이어야 하는가? 여러 가지로 대답을 모색할 수 있겠지만 이에 대한 논의를 위해 우리는 특히 종교적 차원을 중심으로 하는 한국의 일상문화를 살피고자 한다. 물론 우리 자리에서 적실한 신-학하기의 길을 더듬고 다듬는데 굳이 한국의 일상문화에 주목하는 이유는 사실상 설명이 필요 없어야 마땅하다. 그런데 실상이 그렇지 않은 것은 우리 안에서 신학하는 목적과 자세, 그리고 방법에 관한 논의들이 대체로 어쭙잖게 고급문화를 배경으로 하거나 또는 뜬금없이 거슬러 올라간 옛이야기들과 잇대어서 개진되고 있다는 인상을 떨칠 수 없기 때문이다. 그러나 삶의 일상성을 단순히 통속성으로 치부하는 사대부의 관념적 악습이 결코 짧지 않은 역사를 지니기는 하지만 사실상 통속적이면 어떻고, 통속성이 아니라면 어떻게 삶의 일상을 질펀하게 담을 수 있을까를 묻지 않을 수 없다. 바로 이러한 악습이 늘 현실과 이념 사이의 거리를 조장해 왔고 종교에서는 삶과 믿음 사이의 괴리를 더욱 증폭시켜 왔다면 문화의 일상성과 대중성에 주목하는 일을 이제 더 이상 미룰 수는 없기 때문이다.

그렇다면 구체적으로 한국 종교문화의 일상적 현실은 어떠한가?

> 세계의 종교 문화권은 대개 셋으로 나눌 수 있다. 유교와 도교를 산출한 중국과 힌두교와 불교를 배태시킨 인도, 그리고 유대교와 기독교와 이슬람교가 나온 중동문화권이 그것이다. 우리나라에는 이 각각의 지역에서 적어도 하나 이상의 종교가 들어와 있다. 중국에서는 유교(그리고 도교)가, 인도에서는 불교가, 중동에서는 기독교가 들어와 있는 것이다. 그런데 재미있는 것은 이 외래 종교가 그냥 들어와 있는 것이 아니라 모두 팽팽하게 대립 혹은 혼재되어 있다는 것이다. 우선 유교부터 보면, 우리 국민은 기본적으로 자신의 종교와 관계없이 모두 유교도라도 말해도 크게 틀리지 않는다. 우리나라 사람들의 대인 관계를 비롯해서 중요한 사회 윤리는 거의 전부가 유교에서 영향 받은 것들이다. 그리고 현재 신도 수의 면에서 불교는 가장 우위에 있지만 기독교의 신교와 구교를 합하면 그 숫자가 대체로 불교와 엇비슷하다. 이 두 종교는 신도 수뿐만 아니라 교리적인 면에서도 날카롭게 대치되어 있는 형국이다. 그런가 하면 무교의 영향도 절대로 가볍게 평가해서는 안 된다. 대한민국 국민들은 의식의 면에서는 유교도일지 모르지만 무의식의 면에서는 무교의 영향을 절대적으로 받았다. 아무리 아니라고 우기려 해도 무교의 영향은 잘 드러나지 않기 때문에 어떤 이가 자신은 무교의 영향을 받지 않았다고 자신 있게 말할 수 없다.[1)]

말하자면 한국인들은 개인적으로 무슨 종교에 속하든지 대체로 심리적으로는 무교적 정서를 바탕으로 한다면 사회적으로는 유교적 통념의 지배를

1) 최준식, 「한국사회의 종교－현 상황과 그들이 해야 할 일을 중심으로」, 국제한국학회 편, 『한국문화와 한국인』(사계절, 1998), 112～113쪽.

받는다는 종교적 중층성을 공통성으로 지닌다. 그런데 무교적 정서와 유교적 통념은 일단 우리에게 대조적인 사고방식과 행동양식으로 나타나는 것으로 보인다.

> 한국인들은 유교적인 질서의식과 무교적인 무질서의 감각을 동시에 보유하고 있다. 그래서 어떤 때에는 자신이 무엇을 좋아하고 싫어하는지에 대해 의견 표명을 꺼리는 '타자 의존'의 생각을 갖고 있다가 어떤 때에는 극히 소아적으로 자기중심적이 되는 상반된 모습을 보인다.[2)]

따라서 우리 자리에서 신-학하기를 위한 맞갖은 길을 더듬고 다듬는 데에 있어 우리나라 종교문화를 살핀다면 한편으로 '한국인의 원초적인 종교심성을 결정한'[3)] 무교를 토양으로 하는 우상주의 및 바로 그러한 우상주의의 뿌리인 자기중심주의라는 문제를 들 수 있겠고, 다른 한편으로는 '한국인의 사회윤리를 결정한' 유교의 영향에서 비롯된 권위주의와 이를 유지하기 위한 집단주의라는 문제를 들 수 있을 것이다.[4)] 여기서 한편으로, 무교적 정서로서 자기중심주의는 의식적이라기보다는 무의식적 심층에 깔려 있는 것이어서 겉으로는 오히려 몰아적으로 나타나지만 이를 일상화하기 위하여 결국 가시적 상징의 우상화라는 경향으로 이어지는 것이 일반적이다. 또한 다른 한편으로, 유교적 관념으로서의 집단주의가 무교적 자기중심주의의 사회적 표출이라고 한다면 이를 지탱해주는 객관적 행태로서

---

2) 최준식, 『한국인에게 문화가 없다고?』(사계절, 2003), 27쪽.

3) 최준식, 『한국의 종교, 문화로 읽는다 1: 무교, 유교, 불교』(사계절, 1998), 1장과 2장 참조.

4) 물론 그렇다고 해서 전통적 정서와 사상적 토양으로서의 무교와 유교가 한국의 그리스도교를 포함하여 한국 문화 전반에 부정적인 영향만을 끼쳤다고 주장하는 것은 결코 아니다. 다만 여기서 신학적 과제를 가늠하기 위한 최소한의 접근을 위해 그러한 영향들의 부정적 차원을 살피는 것일 따름이다. 아울러 긍정적인 요소들을 논할 수 없는 것은 아니지만 본 연구의 초점을 위해서는 굳이 포함될 필요가 없다고 본다.

종교문화	영향범주	자화상	대상인식	그리스도교에서의 문제
무교	심리적	자기중심주의	우상주의	종교적 무의식의 주술성
유교	사회적	집단주의	권위주의	종교적 의식의 파시즘

권위주의는 무교적 정서인 우상주의와 상응하는 관계에 있다. 말하자면 종교적 중층성은 대조적이면서도 동시에 상응하는 방식으로 나타난다. 나아가 그리스도교회를 포함한 한국사회에서 초래된 문제를 본다면 무교를 배경으로 하는 우상주의와 자기중심주의가 무의식적 차원에서 종교 언어의 주술성으로 결집되는 것에 비해, 유교의 영향이라 할 권위주의와 집단주의는 의식적 차원에서 일상적 파시즘으로 나타난다고 하겠다. 그런데 흥미로운 것은 심리적 차원에서의 무의식적 주술성이든 사회적 차원에서의 의식적 파시즘이든 그러한 굴레로의 속박을 자청한다는 점이다. 이른바 피학적 쾌감에 대한 욕망이라고나 할까? 실상이 이러하다면 우리가 종교 안에서 추구하는 궁극적 경지라는 것이 '고민이 필요 없는 노예의 안정감'이 아닌가 싶다. 비록 그것이 그리스도교적인 포장을 뒤집어쓰고 있다고 하더라도 말이다.

2) 무교의 영향: 자기중심주의/우상주의와 주술성

그렇다면 먼저 한국의 그리스도교 문화에서 무교의 영향과 불가분리관계에 있는 자기중심주의와 우상주의의 문제를 살펴보자.

> 한국인의 성향 가운데 변할 수 있는 부분은 유교에서 비롯된 것이라면 변하지 않는 부분은 무교에서 비롯된 것이 아닌가 한다. 앞으로 우리나라 사람들은 유교의 영향권에서 계속 멀어질 것이다. …… 그러나 무교쪽은 다르다. 우리나라의 무교는 오랜 옛날부터 있어 왔고 역사 속에서 한 번도 사라져본 적이 없기 때문에 그 영향이 항속적이고 앞으로도 지대할 것이라는 생각이 든다.[5]

이토록 지대한 영향으로 우리나라 사람들을 지배하고 있는 무교에 대해 여기서 본격적으로 논할 수도 없되 다만 그 종교적 정서가 한국의 그리스도교와 교회에 대해 미친 영향에 대해 살피는 것으로 머무르고자 한다. 그렇다면 무교가 그리스도교에 대해 미친 영향의 핵심은 무엇일까? 무엇보다도 현세적 기복주의를 들 수 있다. 물론 이 땅에 들어와서 교세를 구가하게 된 다른 종교들도 마찬가지이지만 서구에서 들어온 그리스도교가 그토록 빨리 보급될 수 있었던 여러 주요한 이유들 중에서 아마도 가장 강력한 근거가 바로 이것이 아닐까 한다.

> 부처도, 신선도, 천리도, 천주도 힘을 지닌 극대화된 기능으로 변모하면서 기복의 대상 또는 힘의 권화가 되었습니다. 기복의 모티브를 배제하고는 그들 각 종교가 이 땅의 종교문화에서 설 자리를 잃는 것은 이 때문이라고 할 수 있습니다.[6]

그런데 그러한 현세적 기복주의는 바로 눈앞에서 힘의 등장을 보아야만 하는 욕망을 기본 생리로 지닌다. 그리고 바로 이런 이유로 구체적인 상징에 절대적인 무게를 부여함으로써 '극대화된 기능적인 힘을 신격화'[7]하게 되는데 이는 곧 상대의 절대화이니 이를 일컬어 우상화라고 한다. 이처럼 우상주의란 현세적 기복성을 물상화하는 온갖 형태의 종교적 심성과 행위를 일컫는다. 혹자는 그리스도교야말로 온갖 우상들을 때려 부순 종교라고 강변하면서 그리스도교에서의 우상주의를 부인할 수도 있을 것이다. 그러나 우상이라는 것이 옛날에는 초자연적 힘을 자연물에 투사하여 형상화하는 방식으로 엮어졌었다면 이제는 그러한 원시적 물상화의 경향은 사라져 가지만 오늘날에도 여전히 관념과 이념의 형태로 집요한 우상화의 동기는

---

5) 최준식, 『한국인에게 문화가 없다고?』(사계절, 2003), 80쪽.

6) 정진홍, 『경험과 기억: 종교문화의 틈 읽기』(당대, 2003), 119쪽.

7) 같은 책, 130쪽.

본능적이리만큼 우리를 지배하고 있다는 점을 부정할 수는 더욱 없을 것이다. 오죽하면 종교개혁자 칼뱅도 '인간은 끊임없이 우상을 만들어내는 공장'이라고 일갈했을까? 물론 베이컨이 말한 4대 우상들이 좋은 예이듯이, 그러한 관념적 우상은 그 무엇인가의 가치를 절대화하는데 그렇게 하는 의지의 바탕에는 자기중심적 욕구가 도사리고 있기 때문이다. 말하자면 우상주의와 자기중심주의는 동전의 앞뒷면처럼 함께 얽힐 수밖에 없다. 그리스도교의 경우에도 하느님에 대하여 저마다의 종교적 희구에 바탕하여 굳이 기획하지 않더라도 본능적으로 투사하는 방식으로 그려내고 있는 현실은 좋은 증거라고 하겠다.

그런데 우상주의의 뿌리인 자기중심주의는 자연스럽고 불가피하기까지 한 자기보존본능에 의한 것이지만 구체적으로는 반사회적이고 몰역사적인 이기주의로 나타나는 바 우상주의와 짝을 이루면서 현세기복적인 욕망을 그 핵심으로 한다. 그러나 종교가 이런 한에서는 '자기'의 확대재생산일 뿐이다. 말하자면 자기중심주의 – 이기주의 – 기복주의 – 우상주의[8]라는 일련의 고리가 무교적 심성이 통속적으로 표출되는 핵심적인 정서라고 할 때 한국의 그리스도교회의 우상주의적 주술성이라는 문제를 진단하고 처방하기 위해서는 이러한 무교적 심성에 대해 살피지 않으면 안 될 것이다. 왜냐하면 한국문화에서 기본 토양으로서의 무교적 정서가 그리스도교라는 "새로운 종교성과 만난다 하더라도 그것은 근본적으로 기존 경험에 '첨가'되는 새로움이지 기존의 것을 '대치'하는 것은 아니기"[9] 때문이다.

8) 한국인의 무교적 정서로서 '자기중심주의 – 이기주의 – 기복주의 – 우상주의'라는 일련의 고리는 자화상에서 시작하여 대상인식으로 이어지는 방식을 취하며, 곧 다루게 될 유교적 통념은 권위주의에서 집단주의로, 즉 대상인식에서 시작하여 자화상으로 넘어가는 방식이라고 할 때 이들 사이의 대조도 주목할 만한 흥미로운 것이다. 왜냐하면 무교적 정서가 타자를 포함하는 사회·역사의식의 상대적인 결여를 특성으로 한다면, 유교적 통념은 타자에 대한 배려라기보다는 타자로부터 규정되는 자아, 타율적 주체라는 특성으로서 묘한 대조로 얽히어 한국인의 종교적 심성을 이루는 것으로 보이기 때문이다.

그렇다면 도대체 이러한 고리가 구체적으로 어떠한 문제들을 야기하는가? 우선 심층의 무의식을 지배하는 자기중심주의라는 사고방식과 생활양식에는 타자가 없다.[10] 우리의 일상 도처를 살펴보면 이러한 진단에 대한 무수한 증거들로 넘쳐 난다. 이런 마당에 '절대 타자' 또는 '전적 타자'라는 신을 우리 문화에서 제대로 새길 리 만무하다. '우리 방식일 수밖에 없다'는 해석학적 공리에 의해 결코 정당화될 수 없을 정도로 타자를 악착같이 배제하니 타자로서의 신을 어떻게 만날 수 있겠는가 묻지 않을 수 없는 것이다. 이 정도면 '아전인수(我田引水)'도 명함을 내밀지 못할 것이다. 그러니 이게 바로 우상이 아니고 무엇이겠는가? 말하자면 우상이란 자기중심주의의 종교적 표출이라고 할 때 이미 모든 형태의 우상숭배는 '자기도취적 우상숭배(narcissistic idolatry)'[11]일 수 밖에 없다. 이러한 상태에서 읊조

9) 같은 책, 134쪽.

10) 예를 들어, 운전 습관에서도 중앙분리선이 없는 애매한 길에서는 대략 도로 가운데로 다닌다. 마치 혼자 운전하는 것처럼. 타자는 없다. 또, 어린 아들을 데리고 찜질방에 갔다. 탈의실에서 옷을 벗어 집어넣는데 옆의 사람이 자기 양말을 벗어 내 아들 코 앞에서 세차게 털어댔다. 타자는 없다. 또, 음식점에 여러 식탁이 놓여 있다. 한 쪽 구석에 옹기종기 앉았는데 저 반대편에 있는 사람이 휴대전화로 상대방과 언쟁을 한다. 그 내용이 본의 아니게 소상히 파악될 정도로, 우리 식탁에 있는 사람들끼리도 이야기를 할 수 없을 정도로. 식당 전체를 그 사람의 목소리가 뒤덮는다. 타자는 없다. 예를 들자면 부지기수이다. 아니 몽땅 전체라고 하는 것이 오히려 맞겠다.

11) Geddes MacGregor, *He Who Lets Us Be: A New Theology of Love*(New York: Paragon House Publishers, 1987), p.18. 실재의 동일성이라는 환상의 고전 시대를 마감하고 자아의 절대적 자유를 확보하기 위해 자아의 동일성을 지평으로 삼은 근세 이후 타자란 자아의 자유를 거스르는 방해물일 뿐이었다. 말하자면 자유와 동일성은 거의 동의어적으로 받아들여졌다. 그러다가 현대에 이르러 너를 가리키는 2인칭으로의 전환 이후 타자의 자리가 관건으로 부상했다. 다시 말하여, 서구사상사에서 '무엇'이 지배한 고전을 3인칭 시대라 한다면 '어떻게'로의 전환에 의한 근세는 1인칭과 3인칭의 얽힘이라 하겠고 너를 말하는 2인칭이 등장한 것은 '왜'로의 전환이 시작된 현대에서의 일이다. 그러나 하이데거나 심지어 부버에게서조차도 타자 없이는 홀로 자기가

려지는 것이 현실을 망각하거나 도피하는 몽상의 주술일 수밖에 없는 것은 물론이다. 그리고 그러한 주술이 종교 안에서 자기 확인의 욕망을 만족시켜주는 방식으로 자행되는 것도 재론의 여지가 없다. 그런데 바로 그러한 욕망 충족의 기제가 오히려 우리를 자발적 억압으로 옭아맨다는 데에 문제의 핵심이 있다. 그리고 이런 점은 우리로 하여금 우리의 관심을 그저 신-학하는 방법에 대한 논의에만 머무르게 할 수 없게 한다.

좀 더 엄밀하게 생각한다면 우리 자리에서의 신-학하기는 '방법'에 관한 고민에 앞서 '목적'에 대해서 새삼스럽지만 먼저 되씹어야하지 않을까 한다. 마치 목적은 재론의 여지가 없이 확실하고 또한 올바르며 상식적인 다수가 동의할 만한 것이라고 전제하는 데에서 근본적인 오류가 깔려 있을 수 있기 때문이다. 그리고 목적이라는 것이 방법과 떼려야 뗄 수 없는 관계에 있기 때문이다. 이때 목적이라는 것이 구체적으로 목표와 방향까지 포함하는 것이어야 함은 물론이다. 그렇다면 새삼스럽지만 신-학하는 목적은 무엇인가? 분명해야 할 것 같은데, 막상 막연할 수도 있다. 그래서 우선 당위론적으로 생각해보자. 신학은 종교, 신앙, 그리고 교회로 하여금 인간에게, 인간의 삶에 대해 의미와 가치를 지니도록 하는 것이어야 한다. 당연하고 그러한 만큼 구태의연하게 들릴 수도 있겠고, 또한 너무 포괄적이어서 별 뜻이 없어 보일 수도 있겠다. 그러나 좀 더 생각해 보면 결코 그렇지

될 수 없다고 할 정도로 타자예찬의 분위기로 흘렀으리만큼 타자의 자리는 다소 허상적이었다. 그러다가 타인의 존재가 주체의 자유와 충돌한다는 것을 문제로 제기한 사람은 사르트르였다. "타인은 지옥이다"라는 그의 간명한 언술에 담긴 통찰은 가히 타자의 다름이 가져오는 불편, 긴장, 불안 등등의 것임은 두말할 나위도 없다. 그러나 타자를 더욱 깊이 사유한 것으로 전해지는 레비나스의 경우조차도 사실 그가 말한 타자라는 것이 나의 도움을 필요로 하는 약자로만 동일시되는 한계로 인하여 왜곡의 가능성을 벗어나지 못한 것으로 비판되어야 한다. 정말 나의 자유를 위협하고 나를 억압하는 강한 타자, 그래서 오히려 내가 그에 대해 약한 타자가 되는 경우가 배제된다면 타자 논의는 한계를 지닐 수밖에 없다. 그가 말하는 타자의 무저항성과 비폭력성은 관념 속에서 만들어낸 추상에 지나지 않는다.

않다. 그간 종교가 인간에게 해방을 내세우면서 오히려 억압을 더 많이 저질러왔었다는 역사를 돌이킨다면 당연하게 들리는 것이 결코 당연하지 않았었으며 새삼스럽게 강조될 필요가 있다는 사실을 부인할 수 없을 것이다. 이런 점을 염두에 둔다면 이제 우리가 신-학하는 목적을 종교의 본래적 사명인 인간 해방에 두어야 한다는 것은 당연한 이치다.

그러나 인간 해방이라는 것도 그저 구호로서는 막연할 수밖에 없다. 여기서 우리는 인간 해방이라는 목적을 신-인 관계에 적용함으로써 구체적인 목표와 방향을 설정해야 한다. 말하자면 신에 대해서는 힘 숭배사상으로 인해 의도하지 않더라도 벌어지는 우상화가 오히려 인간을 억누른다는 점에 주목하여 그러한 우상주의를 부수어야 할 것이며, 인간에 대해서는 이미 깔려 있는 자기보존본능으로 인하여 의식하지 못하면서도 쏠려가는 자기중심주의를 넘어서야 할 터이다. 따라서 우상파괴와 자기부정이라는 과제는 신-인 관계의 구조적 상관성을 전제로 상호상승적인 순환을 거쳐 종교적 사고의 은유성이 주목하는 믿음과 삶 사이의 거리에 의한 긴장을 꿰뚫어냄으로써 종교 언어의 '탈주술화'를 필요로 한다. 주술적 언어가 우리를 몽롱하게 몰아감으로써 평안을 주는 듯이 느껴지게 하지만 주술이라는 것이 본디 주술을 벗어나지 못하게 하는 마력을 본성으로 하는만큼 그 굴레 안에 더더욱 갇힐 수밖에 없기 때문이다. 결국 우리 신-학하기의 목적이 인간 해방이라면 구체적인 목표는 우상파괴와 자기부정으로 설정해야 마땅하며 이를 위한 방법으로서 탈주술화의 길을 모색해야 한다. 앞서 제2부에서 살펴보았던 신-인 관계의 상호성, 신과 세계 사이의 나선적 상호상승 관계, 신과 인간 사이의 거리에 의한 은유의 불가피성 등은 모두 탈주술화를 위한 단계적인 의미를 지닌 것이로되 이를 타산지석으로 삼아 우리 문화에서 주술성을 엮어내고 부추긴 사고방식과 생활양식을 파헤침으로써 탈주술화의 방법을 추려내야 할 것이다.

그렇다면 우리 문화에서 종교적 주술성은 어떻게 엮어져 왔는가? 이 대목에서 종교 언어가 주술화되는 과정에 주목한 종교학적 분석을 음미하

는 것도 좋겠다:

> 종교가 종교'를' 서술하는 '고백의 언어'는 있어도 개인이나 사회가 종교에 '대하여' 발언하는 '인식의 언어'는 없는 것입니다. 비록 인식의 언어가 있다 할지라도 그것은 다만 고백의 언어에 대한 동어반복을 인식의 언어로 착각하고 있는 데 불과하거나 고백의 언어를 준거로 한 인식의 언어, 곧 편견과 독선을 모사하는 인식의 언어만 있을 뿐입니다.[12)]

여기서 '고백의 언어'가 신앙의 일차적 입장을 가리킨다면, '인식의 언어'는 이에 대한 이차적 반성을 가리킨다. 물론 위의 진단이 신앙과 반성이 분리되어야 한다고 주장하는 것은 아니지만 그렇다고 해서 종교적 성찰이 고백에 대한 동어반복이나 모사이어도 무방하다는 것은 더욱 아니다. 그런데 안타깝게도 우리 사회에서 종교적 성찰 담론이 상대적으로 미미할 뿐더러 대체로 그러한 동어반복에서 맴돌고 있는 것이 현실이다.

그러나 이런 현실을 좀 더 들어가면 종교 언어는 본디 발언 주체와 발언 내용의 일치 여부에 의해 진실여부가 결정되는 '고백의 언어'임에도 불구하고 발언 대상에 관한 '인식의 언어'인 양 둔갑하려는 데에서 문제가 비롯된다는 점을 발견하게 된다. 말하자면 고백 언어가 인식 언어로 자처하면서 자기 이외의 어떤 것도 옳지 않다는 판단과 함께 다른 언어를 용인하지 못하게 되는 것이다. 그리고 여기서 자기중심주의에 의한 종교 언어의 우상화가 초래되고 따라서 주술성은 더욱 부추겨지게 된다. 한국의 그리스도교와 신학 안에서 벌어지고 있는 이러한 종교적 파행에 대해 우리나라의 한 종교학자는 다음과 같이 분석한다:

> 개념을 구사하는 주체는 경험의 원초성을 승인하고 존중하기보다 개념적 실재를 통하여 경험을 재단하고, 더 나아가 그 경험에 대한 규범적인 판단을 감행한

12) 정진홍, 『경험과 기억: 종교문화의 틈 읽기』(당대, 2003), 148쪽.

다는 사실입니다. …… 문제는 그렇다고 하는 사실을 신학은 스스로 인식하고 있는가 하는 것입니다. …… 만약 신학도들이 이러한 사실을 승인하고 있다면 개념의 절대화라는 현상은 없어야 할 것입니다. …… 그러나 그렇지 않습니다. …… 그렇다면 신학은 자기가 진술하는 용어들이 개념이 아니라 구체적으로 지칭되는 실재에 대한 이름이라고 이해하고 있음에 틀림없는 듯합니다.[13]

위에서 '개념'이 앎을 가리키고 '경험'이 삶을 뜻하며 '실재'가 있음을 말한다고 할 때, 신학은 삶이라는 원초적인 터전을 잊어버렸을 뿐 아니라 게다가 '앎을 거친 있음'을 '앎 이전의 있음'인 줄로 착각하고 오로지 이를 붙잡으려는 어리석음에서 헤어나지 못하고 있다는 것이다. 게다가 그러한 착각은 '자연스러운 무감각'에 의한 것이어서 어느덧 '동어반복의 논리'로 전락할 수밖에 없다. 우상주의에 의한 주술성이 구체적으로 동어반복의 형태를 취할 수밖에 없는 이유가 바로 여기에 있다.

그렇다면 어떻게 탈주술화를 기획할 수 있는가? 여러 가지를 생각할 수 있겠지만 우선 신에 대한 이름을 지워야 한다. '이름 없는 하느님'을 받아들이고 만나며 견디어야 한다. 나아가 '없이 계신 하느님'[14]과 만날 각오도 해야 한다. 아울러 예수 그리스도의 죽음에 연관된 대속신앙의 지극히 종교적이며 따라서 지극히 이기적이고 기복적인 요소에 대해 심각하게 회개해야 한다. 죽어 마땅한 죄를 내가 지었으나 그가 대신 죽어줌으로써 나는 죽음의 요단강을 건너가 영원한 삶으로 들어가게 된다는 파렴치한 기독론적 신앙관을 반성해야 한다. 교회가 수없이 읊조리는 신앙, 구원, 은총, 사랑 등 전유물처럼 남발되면서도 아무런 뜻도 지니지 못한 이런 주술들을 일상 언어로 다시금 되새겨야 한다. 그런데 막상 시도하자면 아마도 거의 불가능할 정도로 이것이 결코 간단한 과제가 아님을 발견하게

13) 같은 책, 276~277쪽.

14) 다석 유영모의 '등록상표'인데 포스트모더니즘의 통찰에 따라 장-룩 마리옹 등 서구 신학자들도 요즘 부쩍 이런 이야기들을 많이 하고 있는 것은 흥미롭다.

되는데, 이는 우리가 그만큼 주술에 몽롱하게 취해 있다는 증거이기도 하다. 따라서 주술을 풀어 일상어로 번역하는 탈주술화라는 과제를 위해서 삶과 믿음, 인간과 종교 사이의 관계라는 근본적인 문제에 대해 성찰해야 한다. 신학이 인문학과의 관계를 적극적으로 엮어야 할 뿐 아니라 스스로 인문학으로서의 정체성을 지녀야 하는 이유가 바로 여기에 있다. 우리 문화에서의 다음과 같은 종교학적 통찰도 우리의 주장을 옹호한다:

> 신학 안에는 신학을 성찰할 수 있는 준거를 마련할 아무런 '장치'도 있지 않은 것이 사실입니다. 신학을 강화하기 위한 것이 아니라 성찰하기 위해서는 신학적이지 않은 척도가 필요합니다. 신학 밖의 자리에 서지 않으면 신학은 조망되지 않습니다. …… 그런데 그렇게 하기 위해서는 신학 밖으로 나가는 계기가 신학 안에 잠재적 가능성으로 내재해 있어야 합니다.[15)]

3) 유교의 영향: 권위주의/집단주의와 파시즘

앞서 한국 그리스도교에 대한 무교의 영향을 살폈다면, 한국의 그리스도교 문화에서 유교의 영향임을 부인하기 어려운 '서열을 중시하는 권위주의'와 이를 기틀로 엮어지는 '가부장적 집단주의'라는 문제를 또한 살펴보자. 권위주의가 장유유서(長幼有序)로 표현되는 상하 질서에 관한 윤리에서 비롯된 정서라면, 집단주의는 부자유친(父子有親)이라는 가족주의적 윤리를 뿌리로 하는 것이라고 할 때, 유교의 기본적 가르침인 삼강오륜(三綱五倫)의 대중적·통속적 표출로서의 권위주의와 집단주의는 그리스도교에의 영향과 관련하여 특별한 주목을 요하기 때문이다.

먼저 장유유서가 가르치는 상하관계 또는 위계질서의 의식은 유감스럽게도 '아랫사람'이 '윗사람'에 대해 취해야 할 자세에 관한 것일 뿐 그 반대 방향에서의 덕에 관한 이야기는 아니다. 말하자면 애당초 삼강오륜이

15) 같은 책, 281~282쪽.

라는 것이 '윗사람' 모시기의 논리요 윤리였으니 조선조가 유교를 통치윤리로 채택했던 이유도 너무나 자명한 것이었다. 물론 오늘날 사람에게 '위아래'가 어디 있는가 하겠지만 그래야 마땅함에도 불구하고 이는 어디까지나 이상일 뿐 현실은 엄연히 아래 위를 열심히 가르고 따지는 일들로 넘쳐난다. 동서고금을 막론하고 부정할 수 없는 비극이지만 오늘날 우리 사회는 아직도 이것이 기본 틀임을 부정할 수 없다. 따라서 크고 작은 집단 안에서 장유유서의 윤리는 기득권층에 의해 이용되고 남용되며, 더욱이 악용되는 것은 이미 거부할 수 없는 운명으로 자리 잡고 있다:

> 이런 작태는 오늘날 한국 사회의 여러 분야에서 그대로 나타난다. 아무리 아랫사람들이 합리적인 결정을 하더라도 윗사람이 자기 마음에 안 맞으면 한마디로 무시해 버릴 수 있는 게 우리의 현실이다. 그러니 자기 몸의 보신을 위해 윗사람의 눈치만 보고 그가 좋아하지 않을 것 같은 이야기는 알아서 하지 않는다. 또 소신껏 말한 사람은 나중에 불이익을 당하게 되니 일부러 윗사람의 비위에 거슬리려고 하지 않는다.[16]

이게 우리 한국인의 생활방식이다. 한국의 그리스도교회라고 예외가 아닐 뿐더러 사실상 교회의 직제와 운영이 기득권자의 입장에서 본다면 이러한 유교적 배경의 권위주의의 덕을 톡톡히 보고 있다고 해도 과언이 아니다. 소위 '성직자'라는 부류들의 권위의식은 실로 가관이다. 반쯤은 신이 된 듯한 분위기를 연출할수록 '거룩하고 신령한 영적 지도자'로 모셔지는 작태는 희극적 비극이다. '평신도'라고 불리는 교인들이 그렇게 만들기도 하고 또 '성직자' 자신들이 그러한 기대에 부응한다는 구실로 거드름을 피우니 구역질로도 모자란다.

그런데 이러한 경향을 더욱 부추기는 데에 한국의 도덕교육이 크게 일조

16) 최준식, 『한국의 종교, 문화로 읽는다 1: 무교, 유교, 불교』,(사계절, 1998), 193~194쪽.

하고 있다. 사회구조에서 권위주의적 분위기를 도덕교육이 타파하지는 못할망정 오히려 고조시킴으로써 노예교육으로 전락하고 있는 실정이다:

> 도덕 교과서는 하나같이 사람들을 아래 위로 나눈 다음, 윗사람은 아랫사람을 사랑으로 감싸주고 아랫사람은 윗사람을 존경하고 공손히 대해야 한다고 가르친다. 그리고 이를 통해 사람들 사이의 불평등한 권력관계를 제도화한다. 이처럼 예절이 평등한 사람들 사이의 호혜적인 존중과 배려가 아니라 강자가 약자에게 강요하는 사회적 공물이 될 때 예절교육은 노예교육에 지나지 않는다.[17)]

그러나 이런 현상이 어찌 도덕교육에 대해서만 해당할까? 종교교육은 물론이거니와 크게 보아 종교 현실 전반이 오히려 그러한 권위주의를 등에 업고 영위되고 있는 현실로부터 한국 교회는 결코 자유롭지 않다. 이미 무교적 정서로 인해 주술적 분위기에 흠씬 취해 있는 한국 교회의 교인들을 이제는 유교적 통념에 힘입은 위계질서적 감각을 통해 노예화하고 있기 때문이다. 갈등과 고민이 필요 없는 '노예의 안락함'을 '은혜의 경지'로 받아들이도록 교육받고 있으니 그렇지 않아도 위계질서를 강조하는 유교의 배경 안에서 엮어진 권위주의는 이제 '위계에 대한 우상숭배'를 특성으로 하는 집단주의로 나타난다. 한때 유행했던 부흥회 순회하기나 요즘 점차로 더욱 부상하는 대형교회로 몰려드는 분위기 등은 여러 다른 이유들과 함께 권위주의가 집단주의를 깔고 있으면서 또한 이에 의해 유지된다는 점에서 설명될 수 있을 것이다.

그런데 한국적 정서로서의 집단주의는 무엇보다도 가족주의를 핵심으로 하고 있으며, 가족이라는 것도 가부장제를 근간으로 하는 것이라고 할 때 집단주의의 뿌리를 유교에서 찾는 것은 무리가 아니다. 혈연중심주의를 기조로 하는 가족주의가 한국적 집단주의의 핵심이라면 가족주의의 뿌리

17) 김상봉, 『도덕교육의 파시즘: 노예도덕을 넘어서』(도서출판 길, 2005), 37~38쪽.

는 아무래도 효라는 덕목을 강조해 온 유교에서 찾아야 마땅할 것이기 때문이다. 물론 가족의 소중함을 강조하는 것이야 가족해체의 분위기가 점차로 퍼져가는 오늘날 더욱 절실하지만 가족에만 집중하는 폐쇄성은 아무래도 문제가 아닐 수 없다:

> 한국인은 너무 가족주의적인 문화에 익숙하기 때문에 사회에서도 항상 가족 같은 작은 모임을 만들어야 한다. 그리고 그 속에서 가족 안에서만 느낄 수 있는 애틋하고 긴밀한 정을 느껴야 한다. 그래야 사람 사는 것이라고 생각한다. 이렇게 정으로 엮이게 되니 사람 일에 감정이 섞이면 항상 그렇듯 싸움이 많이 벌어진다. 모임 자체 속에서 생기는 갈등뿐만 아니라 다른 작은 모임들과도 자꾸 부딪쳐 쟁투가 생긴다.[18]

우리 사회의 큰 병폐로 일컬어지는 혈연, 지연, 학연주의뿐 아니라 정치판도에서 벌어지는 지역주의 등도 변형된 가족주의라 하겠으며 결국 '우리가 남이가?'로 대표되는 '우리주의'를 그 핵으로 한다. 그런데 '우리주의'에서 '우리'란 결국 '자기'의 복제 또는 확장이라고 할 때 우리주의에 토대를 둔 사회적 차원에서의 집단주의는 심리적으로 자기중심주의를 싸안고 있는 것이다. 말하자면 권위주의와 집단주의란 결국 동일성에 대한 본능적 추구에 뿌리를 둔 것인즉, 이 동일성에 바탕하여 자아를 이해해 온 자기중심주의와 한 묶음일 수밖에 없다. 그러나 자아중심적 자기동일성을 추구하는 한, 타자는 없다. 그러한 자아는 타자에게 자리를 내줄 수 있는 근거인 수동성을 허락할 수 없기 때문이다. 오히려 자아는 늘 타자에 대해 책임까지 지겠다고 나서면서 자아중심주의를 엮어내 왔다: "그러나 타자를 책임지겠다는 것은 언제나 주제넘은 발상에 지나지 않는 것으로서 이런 종류의 책임감이란 지배욕의 다른 이름일 뿐이다."[19] 권위주의와 집단주의는 "자

18) 최준식, 『한국인에게 문화가 없다고?』(사계절, 2003), 53쪽.

19) 김상봉, 「자유와 타자: 한국문화의 지역성과 세계성에 대한 한 가지 반성」, 박완규

아의 제국주의(imperialisme du Moi)"[20]의 현실적 표출이라고 할 수 있는데, 여기서 그들이 아는 타자는 노예밖에 없기 때문이다. 또는 자기동일성이 추구하는 자유는 타자를 그러한 자유에 대해 위협하는 모순대립관계로만 사유할 수밖에 없도록 하기 때문이다. 이런 구도에서 종교는 역시 '자기'의 확대재생산일 따름이며 따라서 자기와 타자 사이의 거리에 의해 주어지는 자유도 기대할 수 없다. 권위주의적 집단주의가 결국 파시즘으로 빠질 수밖에 없는 이유가 바로 여기에 있다. 그리고 이러한 종교적 파시즘이 타종교에 대해 배타적인 태도를 취하는 것은 불가피한 귀결이었다. 따라서 한국 그리스도교회의 배타성도 그 연유를 거슬러 가자면 종교적 순결주의 못지않게 더 깊은 곳에 자리 잡고 있는 권위주의적 집단주의를 들추어내지 않을 수 없을 것이다.

그러므로 이제는 그러한 권위주의와 집단주의가 얽혀서 엮어내는 종교적 파시즘을 깨부수어야 한다. 그런데 모든 형태의 파시즘이 그러하듯이 종교적 파시즘이라는 것도 그 종교에 속한 신도들의 암묵적이면서도 압도적인 합의를 전제로 한다. 물론 직접적 억압을 위한 물리적 폭력의 일방적 행사를 일삼았던 고전적 전제정과는 달리 근대적 파시즘이 합의 독재(consensus dictatorship)를 통해 민중을 장악했듯이, 종교적 파시즘은 신앙생활의 노예화와 종교적 대중의 자기기만이 얽히어 엮어낸 합작품이라고 해도 과언이 아니다. 말하자면 전체주의적 억압에 스스로를 자발적으로(?) 동원하는 오묘한 행태는 당연하게도 욕망충족이라는 반대급부를 담보로 한다. 빵 한 개를 더 주는 경제정책이 민중들로 하여금 자발적으로 전체주

엮음, 『이 땅의 철학자 무엇을 생각하는가』(철학과 현실사, 2005), 67쪽.

20) 데카르트와 파스칼의 입장에 따르면 나는 신 앞에서 나의 유한성을 깨닫지 못할 때 아직도 나의 참된 실존의 뿌리에 도달하지 못한다. 인간은 유한한 존재로서 절대적 존재에 의해 한정된다. 그러나 우리가 신이나 절대자가 아니라 바로 내 곁의 너에 의해 한정되고 제한된다는 것을 깨닫지 못할 때 절대자에 의한 주체성의 한정이란 주체의 절대화를 향한 첫 걸음에 지나지 않는다. 데카르트로부터 헤겔에 이르는 근대 의식철학의 역사가 이것을 보여준다.

의적 체제를 지지하도록 만들었던 역사의 많은 사례들이 이를 입증한다. 종교도 예외가 아니니 구원과 영생이라는 종교적 욕망의 충족을 위한 환상적 전망을 구사해 줌으로써 자발적 헌신이라는 이름으로 종교적 대중의 봉건적 복종과 노예적 동원이 자행되는 것이 부정할 수 없는 현실이다. 물론 욕망의 충족 자체야 시비할 거리가 아니겠지만 여기서 문제는 결국 오도된 욕망이요 왜곡된 충족이다. 그것이 오도이고 왜곡인 것은 종국에 인간을 옭아매기 때문이니 그러한 오도와 왜곡은 '인간과 종교의 이중적 관계'[21]라는 깊은 뿌리로 거슬러 간다. 그리고 여기서도 신-학하기를 위하여 인간의 자기반성을 위한 인문학적 성찰의 필수성은 다시금 확인된다. 이 대목에서 한국사회의 진보적 운동권에서 자성적으로 내뱉었던 '일상적 파시즘'[22] 논의도 연관되지 않을 수 없겠고, 최근 등장한 화두인 '도덕교육의 파시즘'이라는 오묘한 조어를 통한 파격적 분석도 이 시대를 건강하게 만들려는 노력으로서 우리의 맥락에 결코 무관하지 않을 것이다.

따라서 이제는 신의 이름을 들먹거리면서 세속적 권력을 구가하는 종교의 아성을 무너뜨리고 종교가 본래 인간에 대해 지니는 가치로서의 해방을 이 땅에 이루어가기 위한 길을 모색해야 한다. 말하자면 종교 안에서 가증스러운 권위주의와 혐오스러운 집단주의를 토대로 엮어지는 가공할 만한

---

21) 종교는 인간에게 욕망을 넘어설 것을 가르치지만, 인간은 종교를 통해 최대의 욕망을 충족시키고자 하니 인간과 종교의 관계는 양면적으로 얽힐 수밖에 없다.

22) 임지현은 이를 다음과 같이 설명한다: "문제는 사람들을 자발적으로 굴종하게 만들어 일상생활의 미세한 국면에까지 지배권을 행사하는 보이지 않는 규율, 교묘하게 정신과 일상을 조직하는, 고도화되고 숨겨진 권력 장치로서의 파시즘이다. 나는 그것을 '일상적 파시즘'이라고 부르겠다. …… 그것은 사람들이 체제의 배후에서 생각하고 느끼는 방식, 전통이라는 이름의 문화적 타성들, 설명하기 힘든 본능과 충동들 속에 천연덕스럽게 자리 잡고 있다. 말 그대로 '보이지 않는 테러'인 것이다. 일상적 파시즘은 그러므로 잡식성이다. 자본주의든 사회주의든, 민주정이든 전제정이든 무엇하고도 손쉽게 짝을 이룬다. …… 일상적 파시즘은 한반도의 속살이다." 임지현, 『이념의 속살: 억압과 해방의 경계에서』(삼인, 2001), 2쪽.

일상적 파시즘을 세세하게 들추어내어 깨부수어야 한다. 아예 믿을 '것'이 없는 보수는 물론이거니와 도대체 믿을 '수' 없는 진보의 실상이 한국의 그리스도교회에서도 예외가 아니니 이를 고발하고, 아니 자수하고, 개혁해야 한다. 이념의 진보성과 현실의 보수성 사이의 충돌에 의한 자가당착을 넘어 원색적 본능과 포장된 욕망의 얽힘이 한국교회의 일상적 파시즘의 정체라면 이를 이제는 더 이상 숨겨서는 안 될 것이다. 그래야만 저 철면피 보수라는 가면을 쓴 이기주의 - 기복주의 - 집단주의 - 권위주의 아성을 무너뜨리고 하느님의 나라를 이 땅위에 이루는 일을 조금이라도 앞당길 수 있을 것이기 때문이다.

4) 탈종교화: 주술성과 파시즘을 넘어서

그러므로 이제 한국에서는 서구 사람들이 그동안 해왔던 것을 답습하여 무엇을 만들려고 하기보다는 그동안 되돌아보지 않음으로써 쌓여온 주술성이나 파시즘을 비롯한 각종 첨탑들을 깨부수는 일에 우선 집중해야 한다. 이 대목에서 앞서 제2부에서 살폈던 서구에서 제기된 신학방법론으로서 신-인간 사이의 상호관계나 신과 세계의 순환적 상승운동 등과 같이 추상적이고 막연한 구도 설정은 우리의 종교적 상황, 특히 한국 그리스도교계에 대해서는 거리를 지닐 수밖에 없다. 우리는 구체적으로 신에 대한 우상화와 인간 자신에 대한 절대화의 본능에 대한 성찰을 어느 다른 동네보다 더욱 깊이 해야 할 필요가 있기 때문이다. 또한 신성의 권위를 인간의 권위주의로 둔갑시킨 신성모독의 작태 및 이를 조직적이고 지속적으로 엮어내고자 하는 집단주의의 폐해도 결코 덮어둘 수 없기 때문이다. 말하자면 신학을 엮어내기 위한 신-인 관계라는 기본구도가 우리에게 있어서는 그저 무색무취한 개념적인 설정 대상이 아니라 꽤 이질적이며 양립하기 어려운 기존 종교적 정서 안에서 조형되어 오고 있기 때문에 이러한 기존 토양에 대한 검토는 비켜갈 수 없는 필수적인 과제이다. 주술성과 파시즘

등으로 대표되는 심각한 내용적인 문제들을 덮어두고 추상적인 신-인 관계를 기본구도로 하는 서구신학을 복제하는 한, 그러한 문제들을 오히려 증폭시킬 따름이다. 물론 주술성이나 파시즘과 같은 문제가 종교에만 국한되는 것은 아니지만 그리스도교를 비롯한 종교들이 오히려 이를 부추겨왔었다는 점을 고려한다면 이에 대한 신학적 통찰은 더 이상 미룰 수 없는 필수적인 과제이다.

이런 점에 비추어 볼 때, 우리 상황에서는 만들고 세우는 것보다 깨부수기가 더욱 급한 일이다. 서구사상사의 진도가 체계적 구성에서 이에 대한 염증으로 해체를 목청 돋우어 읊어댄 것이 이미 반세기를 넘었지만, 그래서 때로 섣부른 해체주의에 대한 무분별한 직수입에 대한 경계와 경고가 우리 땅에 적지 않았지만, 그럼에도 불구하고 우리도 우리 상황에서의 '깨부수기'가 절실하게 필요하다. '망치로 신-학하기'란 바로 이것을 가리킨다. 그리고 이런 점에서 서구의 해체주의 등 일련의 몸부림으로부터 배울 것이 없는 것은 결코 아니지만 여기서 우리가 말하려는 깨부수기는 이미 그 대상과 소재에서부터 다를 수밖에 없으니[23] 우리에게 필요한 과제를 추스리는 일이 필요하다. 서구가 합리성의 이면인 폐쇄성에 대한 저항으로서의 해체를 말하였다면 우리에게서는 차라리 비합리성의 고집스러움과 자기보존 본능적 방어성향 등에 대해 빗장 풀기를 요구해야 할 것이기 때문이다. 게다가 우리의 종교 문화적 토양에서 주술성과 파시즘이 그 서로 다른 배경에도 불구하고 타자의 공간을 부정한다는 공통성을 지닌다는 점은 곧 우리의 신-학하기를 위해 시사하는 바가 실로 지대하다.

---

23) 조금은 거하게 탈식민주의를 논하지 않더라도 신학에서 '신(神)'이라는 것이 '부족신(部族神)'을 넘어본 적이 없거늘, '학(學)'을 빌미로 보편성 운운했던 저들의 놀음에 제발 같이 놀아달라고 애원하거나 아니면 먼발치에서 부러운 듯이 물끄러미 쳐다보던 시절이 짧지 않았다. 물론 시공간의 다름을 구실로 '부족신들'을 갈라낼 일은 아니지만 그렇다고 경전 관련 고고학이 보여주는 것처럼 그들의 조상들이 어디서 무얼 먹고 어떻게 살아왔는지가 지금의 이 땅에서 애써 세세히 관심되어야 할 이유가 잘 수긍되지 않는다.

그런데 여기서 우리가 특별히 주목해야 할 것은 우리의 사고방식과 생활양식에서의 배타성이 서구 전통에서의 자아중심적 타자부정과는 상당히 다를 수밖에 없다는 점이다. 서구인들은 자신의 정체성(identity)을 동일성(identity)에서 찾아 온 긴 전통과 역사를 지니고 있지만 우리의 경우에는 정체성이라는 것이 그저 동일성일 수는 없기 때문이다. 말하자면 우리 안에는 우리를 규정하는 같음 안에 결코 덮어둘 수 없는 엄청난 다름들이 넘쳐난다. 돌이키건대 사실상 그저 이름만 같은 민족이고 이름만 같은 종교일 수도 있는데 마치 이름 없이도 모든 것이 같음인 양 우리 스스로를 오판하는 '이름주의'로 인해 같음을 이루는 다름들의 외침을 듣지 못했던 것이다. 따라서 서구의 해체와도 상응할 만한 우리의 빗장풀기는 확연하게 경계지워진 다름에 대해 그 경계 안에서 같음을 여는 것이 아니라 이미 같음 안에서 넘실거리는 다름으로 눈을 돌리고 귀를 기울이는 일이다. 말하자면 나 안에서 나를 이루고 있는 수많은 남들을 보고 들으며 너로서, 결국 나로서 만나는 것이다. 그러기에 우리는 그저 단순히 '다름과 더불어'가 아니라 아예 우리 자신이 '다름으로서' 다름과 만나지 않으면 안 된다. 결국 우리는 우리 스스로 '다름으로서' 우리의 삶을 '다름으로써' 살아야 한다. 그리고 이러할 때에 비로소 같음의 논리로 얽혀 있는 주술성과 파시즘으로 똘똘 뭉친 종교를 벗어나고 넘어서 신-학하는 얼을 가다듬을 수 있을 것이다.

2. 신-학하기의 꼴: 종교의 대답에서 탈종교적 물음으로

1) 인문학의 '대답 없는 물음'과 신학의 '물음 없는 대답'

학문한다는 것은 무엇인가? 특히 인문학을 한다는 것은 무엇인가?[24] 여러 가지로 답할 수 있겠지만 무엇보다도 그것은 묻는 것이라고 하겠다.

물론 인간이 인간으로서 인간에 대해 묻는 것이다. 그렇게 스스로에 대해 물을 뿐 아니라 스스로 묻는 것이다. 묻는 데에서 시작하는 정도가 아니라 끝까지 내내 물어가는 것이다. 물음에 대한 마땅한 대답을 구하지 못하더라도, 아니 묻고 나서 달리 어쩌지 못하더라도 물어야 하는 것이다. 물론 꼭 대답을 얻어야만 하는 것은 아니다. 아니 대답이라는 것이 대체로 한 구석에서 잠깐 반짝거리고 마는 것이니 대답에 너무 연연할 필요도 없다. 그러나 대답이 신통치 않을 것이라 하여 물음을 덮어두어서는 안 된다. 그것은 생각을 멈추는 것이요 따라서 자유를 버리는 것이며 결국 삶을 그만두는 것이기 때문이다.

그런데 신학은 어줍지 않게 스스로를 '대답하는 학문'으로 자리매김하려는 경향에 꽤 오래 지배되어 왔다. 마치 물음이 있었던 것처럼, 그리고 그 물음이 누구에게나 같았던 것처럼 말이다. 그래서 물음을 되물을 이유가 없는 것은 물론이지만 그러다보니 그 물음이 무엇이었는지조차 잊어버렸고 더 나아가 알 필요도 없는 듯이 되어버렸다. 이미 대답이 나와 있는데 굳이 물음으로 거슬러 갈 이유가 없다는 것 같다.[25] 말하자면 그 물음은 '이미 대답된 물음'이다. 싱겁기도 하고 구태의연하기도 할 터이니 겸연쩍어서라도 물음이 관심될 까닭이 없다.

그러나 '이미 대답된 물음'이란 사실상 아예 '물음 없는 대답'일 뿐이다. 인문학이 '대답 없는 물음'을 물어왔다면 신학은 '물음 없는 대답'을 붙들고 늘어졌었는지도 모른다. 그러나 '물음 없는 대답'이란 대답도 아니다.

---

24) 아스피린이 무엇인지, 상대성이론이 무엇인지 대다수의 독자들이 이해하든 말든 그 성과는 곧장 현실적으로 적용될 수 있지만 인문학은 읽히고 이해되어야만 하며 이해되는 만큼만 그 현실성과 임상성을 얻을 수 있다.

25) 정진홍은 이를 다음과 같이 표현한다: "신학은 언제나 자신의 물음에 상응하는 물음에 대한 해답만을 발언합니다. 그렇지 않고 자신의 물음과 다른 물음을 만나면 신학은 아예 서둘러 자기의 물음을 가르칩니다. 그리고 마침내 그 가르친 물음을 배워 묻기 시작하면 이미 마련한 해답을 그 물음 주체에게 제시합니다." 정진홍, 『경험과 기억: 종교문화의 틈 읽기』(당대, 2003), 265쪽.

앞서 말한 종교적 주술성과 종교적 파시즘은 덮어둘 수 없는 좋은 증거이다. 따라서 신학은 적어도 이런 굴레에 머물러 있는 한 '대답하는 학문'도 못 된다. '대답하는 학문'이라는 것 자체가 이미 인간의 정신생리에 대한 무지나 인격성에 대한 멸시에 뿌리를 두지 않고서는 생겨날 수 없는 발상이지만[26] 그나마 그것조차도 제대로의 모습을 갖출 수 없다는 말이다. 주술성과 파시즘은 물음을 덮어버리고 억누르기도 하지만 이래서 신학은 물음을 잊어버리고 그러다보니 잃어버리게 되었을 뿐 아니라 바로 그러한 이유로 대답도 할 수 없을 뿐 아니라 대답도 아닌 것을 공연하게도, 또는 억지로, 대답이라고 우겨대는 어리석음에 빠져버렸다. 게다가 빠지는 줄도 모르고 빠지게 되었다. 따라서 신학은 이제 적어도 신의 대답을 대리적으로 한다는 뜻으로서의 '대답하는 학문'이라는 허위의식에서 벗어나야 한다. 그리고 겸손하고도 진솔하게 물음으로 되돌아가야 한다.[27] 물론 대답이 금방 등장하지 않음을 두려워하지 말아야 한다. 기다릴 뿐 아니라 그러한 기다림을 견뎌야 한다. 그러나 이걸 못 기다리고 또한 못 견디다 보니 어느새 스스로 대신 대답한다. 그리고 결국 자기도 모르는 사이에 슬쩍

26) 이러한 작태는 다른 피조물들과 구별되는 인간의 기능의 원천으로서의 하느님의 입김(ruach)에 대한 모독일 수도 있다.

27) 그리고 그 물음이 대체로 인간 자신에게서 비롯되지만 때로는 신으로부터 인간에게로 던져질 가능성에 대해 열려 있어야 한다. 그리고 이 점에서 틸리히보다 함석헌이 한 수 위라고 할 수 있다. 함석헌은 다음과 같이 말한다: "하나님은 말씀 곧 계시하는 하나님, 다시 말해서 묻는 이고, 사람은 그 물음에 대답하는, 대답하지 않을 수 없는 존재입니다"(함석헌, 「종교인은 죽었다」, 『함석헌 전집 3』, 277쪽). 여기서 우리의 특별한 주목을 요하는 것은 하느님이 묻고 사람이 대답한다는 것이다. 소위 현대변증신학의 대표적인 사례로 간주되는 틸리히의 상호관계방법이 설정하는 구도가 '질문하는 인간과 대답하는 신'의 관계로 이루어져있다면, 함석헌은 여기서 그 관계의 역학을 정반대로 뒤집어 '질문하는 신과 대답하는 인간'의 관계를 그리고 있기 때문이다. 이러한 관계의 역전이 지니는 함의는 실로 지대한데, 우선 인간은 해결되어야 할 문제를 신에게 가져가고 신은 이를 해결해 준다는 원초적 종교성의 구도를 근본적으로 뒤엎어버리기 때문이다.

신이 되어 버리는 것이다. 범람하는 종교적 주술들은 그 좋은 증거이다.

각종 신론들을 살펴보라! 신을 잘 모시겠다고 야단들이다. 언뜻 갸륵해 보이기도 한다. 더욱이 '신앙이 독실하다'는 표현은 이런 맥락에 잘 엉겨 붙는다. 그러나 신이 과연 그런 식으로 모셔져야 할, 아니 좀 더 정직하게 말하자면, 행여 부서지고 깨질세라 조심스럽게 보호해 드려야 할 존재이던가? 적어도 '범주의 오류'일 뿐 아니라 나아가 '신성모독'이다. 이런 점에서라도 대답하겠다고 설치는 착각은 멈춰져야 한다. 그냥 소박하고 정직하게 묻자. 그리고 어디서 들려올지도 모르는 대답을 조신하게 기다리자. 기다림의 아름다움에 이르기까지!

물론 나의 죽음이 그 기다림의 마감시간일 수는 없다. 설령 죽음 이전에 대답을 듣지 못한다고 하더라도 신이 계시다면 그러한 나의 삶을 읽으실 터이니 내가 안달할 일은 아니다. 그런데 우리는 나의 죽음 이전에, 아니 나의 시퍼런 두 눈 앞에서 뭔가 확실한 것을 잡거나 결말을 보아야 한다는 욕망을 버리지 못한다. 그러나 신앙을 들먹이지 않더라도 삶의 지혜는 우리에게 작은 물음들이 더욱 큰 물음으로 포함되면서 더 이상 문제가 아니게 됨으로써 자연히 사라지게 된다는 것을 이미 가르쳐 주고 있다. 문제로서의 물음은 아마도 해결(解決)이라기보다는 해소(解消)라는 과정을 거치면서 우리에게 성숙이라는 선물을 가져다주는 것 같다. 그런데 이런 성숙이라는 선물이 거저 주어지는 것은 아니다. 물음들이 점점 커지는 과정이란 단순히 호기심에 따른 지적 유희의 심화과정에만 머무르지 않기 때문이다. 나아가 그리 달갑지 않을뿐더러 때로 죽음과의 씨름에 이를 만큼 절박하기도 하기 때문이다. 그러나 쌈박한 대답으로 시행착오의 고통과 질곡을 건너 뛸 수 있다면 그렇게 하고 싶은 안정욕구가 종교의 뿌리를 이룬다고 할 때, 종교적 인간에게 물음을 요구하는 것은 어쩌면 애당초 무리한 고문인지도 모른다. 그럼에도 불구하고 물음의 필수성을 굳이 강조하는 것은 그렇게 묻지 않으면 대답의 밀의적인 주술성이 우리를 도취시키고 마비시키다가 어느덧 꼭두각시로 전락시킬 것이기 때문이다.

만일 진리가 너희를 평안하게 하리라고 했다면 물음을 이토록 강조할 필요도 없었을 것이다. 그러나 '진리가 너희를 자유하게 하리라'고 했다. 그런데 자유란 생리적으로 불안을 동반한다. 평안과는 반대 방향인 것이다.[28] 그러나 물음을 묻지 않으면 자유란 있을 수 없고 자유가 없으면 진리도 있을 수 없다. 물음을 묻지 않으면 안 되는 이유가 바로 여기에 있다. 그렇게도 소중한 '자유(自由)'라는 것이 '스스로 말미암음'이라면 물음이란 결국 나의 삶으로부터 나의 삶을 향하여 던져져야 하는 것이니 삶이 이미 물음이기 때문이다. 그런데 학문의 가치중립성이라는 어불성설이 자연과학에서도 포기된 지 오래이건만 신학이 유달리 신(神)을 운운하다보니 죽음을 살아가야 하는 삶과는 동떨어진 초시공적 진공이라는 가치중립적 지평을 설정해야 한다는 강박관념에 사로 잡혀 있는 게 아닌가 하는 의구심을 떨칠 길 없다. 말하자면 종교가 이미 삶에서의 욕망으로 점철되어 있음에도 불구하고 신학은 삶으로부터의 오염(?)에 대한 두려움 때문인지 저마다의 물음들을 넘어서 누구에게나 해당하는 대답을 제시해야 할 것 같은 '진리 콤플렉스'를 심각하게 안고 있었다. 그리고 이 때문에 물음이란 시대별로 모양을 달리하였음에도 불구하고 대체로 억눌려져 왔었다. 그리스도교 신학사의 역저들 중 문답형으로 되어 있는 작품들이 좋은 증거인데, 거기서 물음이란 물음으로서의 물음이라기보다는 대답이라는 형식으로 등장하는 논변을 위한 입문일 뿐이었다. 더욱 가관인 것은 아직도 회자되고 있는 교리문답서들인데 이건 또 한술 더 떠서 아예 교리를 대답으로 삼도록 조율되어 있는 물음들로 아귀를 맞추어 놓았으니 물음을 물으려면 그렇게 묻거나 아니면 다른 물음들일랑 아예 꿈도 꾸지 말라는 것 같은 느낌을 떨칠 수 없다.

28) 혹자는 자유와 평안이 함께 간다고 말하고 싶겠지만, 그것은 인류의 희망일지언정 현실은 아직 양자 사이의 모순을 겪을 수밖에 없다. 이상으로 현실을 포장하는 위선을 신앙의 이름으로 더 이상 지속시키지 말자! '하느님의 나라'라는 것이 그냥 거기에 그렇게 있는 것은 아닐지니!!

그렇다면 왜 그런가? 왜 그래왔는가? 왜 물음을 두려워하는가? 그래서 재빨리 물음을 건너뛰어 대답으로 냉큼 들어가려고 해왔는가?

첫째로, 우선 물어서는 안 될 것 같았기 때문이다. 묻는다는 것은, 그것도 신에 대해 묻는다는 것은 회의나 의심을 가리키는 것이고 따라서 불경죄에 해당하는 것으로 보이기 때문이었다. 감히 신에 대해서 묻다니?/! 이건 신 앞에 고개를 쳐들다가 그 자리에서 맞아 죽을 일이었다. 그래서 신 물음은 있을 수도 없고 있어서도 안 되는 것이었다.[29] 그런데 굳이 불트만의 말을 빌리지 않더라도, 자기로부터, 자기에 대한, 자기의 물음이라는 것이 없으면 신 물음이라는 것이 있을 수 없다.[30] 그러나 자기 물음이 없다면 사실상 자기가 없는 것이요, 자기가 없다면 신과 관계가 없는 것이요, 관계가 없다면 신앙도 없는 것이요, 신앙이 없다면 결국 신도 없는 것이다. 말하자면 있음 차원에서 신의 존재 여부를 따지는 유치한 형이상학적 무신론이 아닌 것은 물론이지만 삶에서 겪는 체험적 무신성과도 달리 실제적 무신론이다.

둘째로, 또한 물을 필요도 없이, 아니 묻기도 전에, 이미 저 위에서 계시가 내려 왔다는 것이다. 그러나 그 무엇이 계시인지의 여부는 언제나 내가 보는 바에 달린 것이어서 바로 그 기준과 근거는 또한 자기이다. 물음을

29) 인간의 원초적 종교성의 가장 중요한 공통적 특징인 힘 숭배 사상은 사실상 물음을 허락하지 않는다. 종교적 대중이 물음에 익숙하지도 않지만 물음을 두려워하는 것은 이와 무관하지 않다.

30) 불트만과 그의 동지들 몇 사람이 앞서거니 뒤서거니 하며 읊은 이야기들 중에 "신 물음은 자기물음과 동일하다"라는 말이 있는데 이는 어떻게 받아들여지는가에 따라 천차만별이다. 한편으로는 나 자신에 대한 물음의 궁극적 뿌리로 거슬러가면 신 물음에 이를 수밖에 없다는 뜻으로 새기는가하면, 다른 한편으로는 이미 앞서 물어진 신 물음이 재론의 여지없이 나에게도 물음으로 등장한다, 즉 기존의 신 물음을 내가 그대로 받아들인다는 뜻으로 비쳐지는 것 같기도 하다. 그 동지들이 말하고자 한 것이 후자가 아님은 당연하겠지만, 많은 경우 아직도 후자의 방식으로 신학을 하고 신론을 공부하고 있는 것 같다. 그러나 신론이 공부의 대상인가? 그렇게 해서 공부된 신론 안에서 신은 어디에 있는가? 아니 신-론이 가능하기나 한가? 묻지 않고서도? 자기에게서, 자기로부터?

묻지도 않았던 자기가, 물음에서 등장하지도 않았던 자기가 계시에서는 가장 앞서 자리 잡고 있다. 사실상 '위로부터'가 아님은 물론이지만 '아래로부터'도 아니다. 그저 '자기로부터'이다. 모순이면서도 불가피한 것이요 어느덧 의식도 하지 못할 정도로 당연한 것이다.

그도 그럴 것이 다음과 같은 점을 고려한다면 그동안 꽤 어쩔 수 없었다는 것을 부정하기 어렵다: 불교의 경전들은 '이와 같이 나는 들었다(如是我聞)'는 방식으로 언술된다면, 그리스도교의 성서는 '신이 말씀하신다(Deus dixit)'는 방식으로 언술된다. 들은 바대로 썼다는 불경에서는 사람이 어떻게 들었는가가 중요한 반면에, 말씀을 받아쓴 것으로서의 성서라는 관점은 받아들이고 뜻을 풀어내는 사람의 역할이나 이에 의한 영향에 대해 상대적으로 관심을 덜 가지게 한다. 서구 신학에서 성서 전통의 유구한 역사에도 불구하고 해석학이 뒤늦게야 등장하게 되었던 것에는 이러한 이유도 적지 않게 작용했을 것이다. 사실상 서구문화사에서 사람의 삶에 대해 주목하게 된 것이 우리 시대인 현대에 와서의 일이니 이전에 언제 경전에 대한 해석의 비중을 염두에 두었으리라고 기대할 수 있겠는가?

그럼에도 불구하고 해석학의 출현 이전에도 이미 해석은 있었다. 아니 태초에 해석이 있었다. 다만 그런 일이 일어나고 있는지를 알지 못했었을 뿐이다. 눈을 자신에게 돌려야만 볼 수 있는 엄청난 사건으로서의 해석은 계시와 관련해서도 체험과 해석 사이의 동시적 불가분리성을 여지없이 가리킨다. 이렇게 본다면 '위로부터'라고 하는 것은 있음에서 시작하는 것이 불가능하고 앎에서 시작하는 것이 불가피하다는 것이 삼라만상의 엄연한 이치이며 인간의 자연스러운 생리라는 것을 미처 깨닫지 못하던 고전시대의 언어일 뿐이다. '위로부터'가 그러하다면 '아래로부터'라고 무엇이 다르겠는가? 모두 웃기는 이야기들이다. 그러니 이제는 위고 아래고 모두 집어치우자.

셋째로, 물음을 건너 대답으로 뛰어드는 이유는 신학이 신의 계시에서 시작한다는 것을 빌미로 역사를 넘어서는 보편성을 담보한다고 주장하기 때문이다. 즉, 서로 다를 수 있는 물음들을 넘어서 누구에게나 대답은 이미 같을 것이니 그냥 대답으로 바로 가도 무방하다는 것이다. 그러나 계시를 빌미로 한 보편성 주장은 가능하지도 않을 뿐더러 설령 가능하더라도 아무런 의미도 없는 보편성이기 때문에 역사는 사라지고 진공이라는 지평만 남게 될 뿐이다. 도대체 보편신학이라는 것이 있는가? 아니 설령 있다고 한들 바람직한 것인가? 과연 그 어떠한 신 개념도 '부족(部族)신'을 넘어서 본 적이 있는가? 이 시비를 또 신 자체에 대한 것인 줄 알고 뚜껑이 열린다거나 가슴이 따끈해짐을 경험한다면 앞서 말한 유치한 형이상학적 무신론과 대적하는 유신론에 신을 가두고 있는 작태를 버리지 못했기 때문임을 스스로 자책할 일이다.

간략히 살폈듯이, 무릇 물음은 반성을 수반하게 되는데 반성이란 이성적 사고를 포함하기 때문에 특히 종교 안에서는 물음이라는 것이 적절하지 않다는 지적이 종래에 있어 왔다. 그러나 여기서 물음이란 믿음이 삶에 대해 지니는 뜻을 묻는 것이어서 종래 우려하는 바와 같이 종교나 신 자체를 직접 다룰 수 있다는 착각과는 근본적으로 다르다. 사실상 종교 자체는 오히려 묻지 않고도 대답되는 방식으로 너무나 지나치게 많이 관심되어 왔다. 그리고 이것이 오히려 종교적 물음을 동어반복적 폐쇄성의 굴레로 빠지도록 했다. 그런데 종교 안에서의 나의 물음과는 달리 종교 자체를 설명하고 나아가 선전하기 위한 물음은 앞서 말한 바와 같이 사실상 이미 '대답된 물음'일 만큼 진지하게 물어진 적도 없다. 게다가 이러한 물음이 지니는 가장 심각한 오류는 자기가 속한 종교에 대한 신앙이 부분일 수밖에 없음에도 불구하고 부분인 것으로 인식하지 못함으로써 의도하지 않더라도 전체로 둔갑시킨다는 데에 있다. 부분이 부분으로 인식되지 못하면 전체로 둔갑하는 것은 의도하지 않더라도 벌어질 수밖에 없는 자연스러운 이치이다.

그러므로 먼저 물어야 한다. 그런데 이것도 웃기는 이야기다. 억지로 묻는 것은 물음이 아니기 때문이다. 물어야 하기 때문에 묻는 것은 물음이 아니다. 물을 수밖에 없어서 묻는 것이다. 아니 삶이 이미 물음 그 자체이다. 결국 물음은 삶에서, 곧 삶 안에서, 삶에 대한 반성에서 나온다. 물음이 없다는 것은 삶에 대한 되새김이 없다는 것이며 되새겨지지 않은 삶은 사실상 삶이라고 할 수 없다. 아울러 되돌아보지 않는다는 것은 오만이요 오히려 불신앙이다. 즉, 묻는 것이 불신앙이 아니라 묻지 않는 것이 차라리 불신앙인 것이다.

그럼에도 불구하고 종교 안에서 묻게 되더라도 이미 대답이 정해져 있어 물으나마나 한 것이 아닌가라는 회의가 발동하지 않을 수 없는 것이 또한 종교적 물음의 특성이다. 또 말하게 되지만 종교에서의 물음은 '이미 대답된 물음'일 뿐이지 않은가라는 혐의가 가해질 수밖에 없는 것이다. 따라서 이러한 단순반복에 의한 순환성이라는 한계를 넘어서기 위해서는 물음이 종교에 관한 것이라고 하더라도 그 물음이 종교 안에서 종교로부터가 아니라 그 종교를 벗어나고 넘어서 내 삶의 현실로부터 비롯된 것이어야 한다. 종교적 물음을 교리문답식으로 학습 받다보니 교리적 물음이 내 물음 위에 군림함으로써 어느덧 내 물음이 사라지게 되는 것이 실상이라면 나의 삶에서 비롯된 물음은 새삼스럽지만 종교와 관련해서는 결정적으로 절실한 것이 아닐 수 없다.

그렇다면 이제 종교에 관련하여 나[31]의 물음은 어떻게 제기되어야 하는가? 내가 속해 있고 그래서 나를 이루는 사회와 역사가 나의 물음의 배경이고 근거이다. 그러한 사회와 역사가 남들과 함께 하는 지평임은 물론이다. 그런데 이미 나와 남이 존재론적으로도 자존적 독립체가 아니라 얽힐 수밖

---

31) 이때 '나'라는 것은 그저 천상천하유아독존일 수 없으니 내가 처한 사회와 역사가 곧 나를 이루는 것이라는 점을 외면할 수 없다. 그럼에도 불구하고 오늘날 지식은 고사하고 진리라는 것마저도 정보로 단편화시키는 판이니 역사적 맥락과 사회적 지평에 대한 물음이 잘 띄지 않는다. 정보화라는 시대의 마법은 지식의 파편화도 불사하는데 이것은 마침 한 장면을 3초 이상 지속해서는 안 되는 영상문화와 영락없이 한 짝이다. 영상이 역사를 어느 모로 담을 수 있을지는 모르지만 적어도 영상감각은 매우 탈역사적인 것으로 보인다.

에 없는 관계적이고 의존적인 것이라면 그러한 나를 이루는 사회와 역사는 내가 속하여 고백하는 종교를 거부하는 반종교적 입장뿐 아니라 나의 종교를 포함하여 종교 일반에 대해 그 가치를 인정하지 않는 비종교적 태도, 그리고 나의 종교와 다르지만 여전히 종교로 자리하는 많은 다른 종교들과의 공존 상태인 다종교 현상까지 포함하고 있다는 점을 주목하지 않으면 안 될 것이다. 말하자면 종교적 물음, 아니 신 물음이 진정으로 나의 물음이기 위해서는 나를 이루고 있는 사회와 역사라는 지평 안에서 나의 바깥을 살펴야 한다. 그것은 나를 이루는 데 한 몫하고 있는 남을 앎으로써 나를 알게 되는 것에 견주어진다. 그래서 종교적 물음은 비종교적·반종교적·다종교적 차원을 아우르지 않으면 안 된다. 앞서 누차 강조한 '종교의 일상성', '신학의 일상화', '탈종교화' 등은 모두 이를 일컫는 것들이다. 그러므로 이제는 '종교의 대답'에서 '탈종교적 물음'으로 되돌아가야 한다.

이러한 점은 이미 믿는 사람들에게 그 믿음의 내용을 다듬으려는 목적으로 전개된 종래의 신학이 교회 밖의 사람들 뿐 아니라 교회 안에 아직도(?) 여전히(!) 머물러 있는 사람들에게도 더 이상 설득력을 지니기 어렵다는 사실에 의해서도 확인된다. 종교의 의미와 가치가 삶의 궁극성과 무관할 수 없을진대 특정한 종교 안에서의 순환논리적인 동어반복의 주술에만 머물러서는 이 시대에 아무런 의미도 지니지 못할 뿐더러 정신적 파행의 반사회적·몰역사적 게토집단을 생산해낼 뿐이라는 점을 염두에 두어야 할 것이다. 그러므로 반종교·비종교·다종교적 상황에서 종교에 관한 나의 물음이 어떻게 던져져야 하고 어떤 뜻을 지닐 수 있는가를 고민하는 것이 이 시대 우리 자리에서 신-학하기를 위한 방법적 성찰의 첫 단계가 되어야 하지 않을까 한다. 말하자면 종교 안에서 종교가 읊어주는 것을 대답으로 받고 말 일이 아니라 종교 밖에서 탈종교적으로, 즉 일상의 삶에서 종교를 향해, 신을 향해 내가 물음을 던져야 하는 것이다.

2) 신-학의 형성과정도 먼저 물어야 함을 역설한다

'신학'이란 '신'과 '학'의 결합 사건이요 행위이다. 좀 더 구체적으로 말한다면 '신과 인간의 만남' 체험에 대한 학문적 성찰로서의 신학은 바로 그 만남이 사건이고 행위이기 때문에 이에 대한 학문적 성찰도 여전히 그러한 것이다. 그런데 이것이 사건인 것은 이미 그렇게 벌어지고 있기 때문이요 또한 그것이 행위인 것은 애써 해야 할 것이기 때문이다. 그러나 다른 한편, '신'은 '학'의 전유물이 아니다. '신'과 '학'이 만나게 되기까지에는 불가피할 정도로 복잡다단한 과정을 거쳐야만 했었다는 사실이 이를 여실하게 입증한다. 우선 인간이 신 또는 그에 필적할 만한 저편의 그 무엇을 만나고 겪게 된 원초적인 계기는 아무래도 죽음에서 절정에 이르는 인간의 한계를 어찌 해보려는 몸부림에서 찾을 수 있지 않을까 한다. 그런데 저편의 그 무엇과의 만남은 한편으로는 '끌어당기는 매력'으로 다가오지만 다른 한편으로는 '멀리하고 싶은 공포'의 양면을 동시에 지닌 '거룩함(聖)' 체험이 아닐까 싶다. 말하자면 이끌림과 두려움이 한데 얽혀진 거룩함이 신이 인간을 만나는, 또한 인간이 신을 겪는 첫 체험의 모습일 것이며 원초적이고 시원적인 의미에서의 종교가 바로 이것을 가리킬 터이다. 다시 말하면, 사람은 죽음이 아니었다면 굳이 추구할 이유가 없었을지도 모르는 그 너머의 가치를 향해 거룩함의 외경을 갖게 되었고 이것이 바로 종교라는 형태로 나타났다고 하겠다. 원시사회나 현대사회 어디를 막론하고 비록 모습을 달리할지언정 종교가 예외 없이 정신문화의 원초적 차원으로 자리잡고 있다는 사실은 바로 이를 입증한다.

그런데 죽음을 겪으면서 체험하게 된 거룩함이라는 것이 일상적일 수 없었으니 그 비일상성이 포함하는 예측불가성은 한편으로는 이끌림을 더욱 진하게 해주는 신선함으로 다가오지만 다른 한편으로는 두려움을 증폭시키는 불안으로 나타날 수밖에 없었다. 따라서 거룩함에 대한 예측을 가능하게 함으로써 두려움을 넘어설 뿐 아니라 나아가 그러한 거룩함이 주는 황홀함을 일상에서 수시로 일으키고자 '아름다움(美)'이라는 가치로 거룩함을 향한 상승을 도모하게 되었다. 그리고 여기서 예술이 나타난다. 따라서 음악이나 미술 등 아름다움이라는 가치를 추구하는 예술은 결국 거룩함의 일상화를 위하여 비가시적인 것을 가시화하는 수단적인 의미를 지니고 시작되었다고 해도 무리가 아니다. 그런데 음악이나 미술과 같은 예술 형식은 아름다움을 향한 상징적인 표현에 의존했는데 상징은 때와 곳에 따라 전혀 달리 받아들여지고 새겨지는 협소성과 모호성을 지닐 수밖에 없어 좀 더 넓은 공감대를 이루기 위해 이를 정착시킬 언어에 대한 요구가 분출하게 되었다. 여기서 이제 예술적 상징은 언어적 표현으로 엮어졌으니 그것이 바로 신화였다. 물론 고금동서를 막론하고 신화라는 것이 신의 의인화인가 인간의 신격화인가라는 논란의 여지를 지니고 있지만 권선징악이라는 도덕적인 방식으로, 즉 '착함(善)'으로 아름다움의 궤적을 거쳐 거룩함을 향하려는 노력들을 공통적으로 지니고 있음은 부정할 수 없다. 그러나 기왕 언어화의 요구가 터져 나왔다면 아직도 상징적 모호성의 흔적을 떨치지 못한 신화에만 머무르고 만족할 수는 없는 일이었으니, 명료성을 향한 개념화의 노력이 드디어 '참됨(眞)'을 추구하는 학문으로, 그리고 역사상 구체적으로는 철학이라는 형태로 결집되었던 것이다.

그런데 이를 그리스도교의 경우에 대해 종교로부터 신학에 이르는 과정에 초점을 맞추고 다시 읽는다면, 거룩함에 대한 외경을 핵심으로 하는 원그리스도교에서 시작하여 아름다움을 동경하는 예술은 구체적으로 예전으로 엮어졌으며 이어 착함을 존경하는 신화의 단계에서 비로소 경전이 형성되었고 참됨을 추구하는 학문의 영역에서 '신'과 '학'이 드디어 얽힘으로써 신학이라는 학문이 조성되었다고 볼 수 있다. 따라서 신학이라는 것이 '신과 학의 결합'이라고 하는 것은 그저 단순한 말장난이 아니라 신학이라는 학문에 이르는 과정을 그 기원에서부터 더듬은 역사적 통찰에 의한 것이다. 그리고 바로 그러하기에 오늘날 우리 자리에서 신-학하기를 위해서도 '신과 인간의 만남'의 계보적 전개과정의 끝자락에 해당하는 '신과학의 결합이라는 사건'의 가능성과 타당성을 다시 되물어야 한다. 결국 신-학하기는 이리저리 온통 묻는 것으로 시작해야 한다.

신-학에 이르기까지의 계보적 과정에 연관하여 묻기로 말하자면 적어도 다음과 같은 몇 가지 물음을 던질 수 있겠다. 첫째로, 계보적 진화의 성격을 지니고 있는 것으로 보이는 '성－미－선－진'의 전개과정의 추이에 대한 것이다. 이 과정은 한편으로 개념적인 차원에서는 특수로부터 보편으로의 확대라고 할 수 있다. 그야말로 문자 그대로 학문적 보편성에로의 진전이기 때문이다. 여기에서는 결국 진의 법정에서 선과 미가 평가되고 음미되며 결국 성에 대해서도 그러한 시도가 펼쳐진다. 그러나 다른 한편으로 현실적인 차원에서는 거룩함에 대한 무수히 많은 저마다의 특수한 체험들이 아름다움을 구가하는 예술의 공감하는 양식들로 추려지고 나아가 착함을 추구하는 신화의 영역에서는 적용범위가 확대됨으로써 도덕과 윤리의 몇 가닥으로 정리되며 결국 학문적 보편성이라는 이름으로 '성－미－선'에 공히 적용되고 해당되는 '진'이라는 공분모의 자리로 짜임새를 엮을 수도 있겠다. 말하자면 성－미－선－진의 전개과정은 확대적이면서 동시에 축소적인 흐름이라고 할 수 있는 것이다. 그러나 어떤 경우이든 신-학이란 이제는 단순히 신을 만나는 방식으로서의 참됨에만 머무를 것이 아니라 신과 학 사이의 그만한 거리가 가리키는 간격의 공간 안에 착함과 아름다움도 싸안을 수 있는 구도를 엮어냄으로써 거룩함의 시원적 경지에 그만큼 다가갈 수 있도록 해야 할 것이다.

둘째로, 성·미·선·진이라는 신 만남 체험 요소들 사이의 관계이다. 이들은 계보적인 얽힘을 떠나서 각 요소들이 지니는 관계 또한 주목할 가치를 지닐 뿐 아니라 신-학하는 방법을 위해 시사하는 바가 적지 않을 것이다. 우리에게 익숙한 순서를 따라 먼저 진과 선의 관계를 보더라도 합리성과 도덕성 사이의 긴장이 신-학형성의 궤적에서 어떠한 기능을 했으며 따라서 신-학하기를 위해 어떤 의미를 지닐 것인가를 물어야 할 것이다. 진과 미의 관계는 이성과 감정 사이의 영원한 평행선이면서 동시에 선을 담보하는 의지가 향하는 자유를 불허한다는 공통성을 지니는 만큼 이 둘의 관계에 대한 검토도 빼놓을 수 없다. 그렇다면 선과 미의 관계는 어떠한가? '꽃뱀'이라는 것도 있듯이 선과 미가 반드시 함께 가리라고 생각한다면 그것은 큰 오해요 인생을 망칠 착각이다. 이렇듯이 각 요소들 사이의 관계가 지니는 긴장성에 주목한다면 이로부터 드러나는 시사점이 신-학하는 방법을 위해 큰 통찰을 줄 것이다. 그리고 이를 위해 주목해야 할 마땅한 것으로 성-미-선-진이라는 가치, 즉 인간이 신을 만나는 방식이 인간의 정신을 이루는 각 요소에 바탕하고 있다는 점이다. 즉, 참됨의 가치가 지성(知性)이라는 요소에, 착함의 가치가 의지(意志)라는 요소에, 아름다움이라는 가치가 감정(感情) 또는 감성이라는 요소에 바탕하고 있다면, 원초적 체험으로서의 거룩함은 지-의-정 삼각구도를 통칭하는 전인적 인격으로서의 뜻을 담은 영성(靈性)에 바탕하는 것으로 읽을 수 있다.

셋째로, 이미 기존에 전개되고 있는 주제적인 신학들을 이러한 성-미-선-진의 요소론적 구도로 살피는 것이다. 과연 이 요소들은 계보적 진화과정의 구성요소이면서 동시에 동시다발적 요소로서의 기능을 지니기 때문이다. 아니 계보적 진화로부터 요소론적 구도를 이끌어내는 것이 우리의 과제가 아닐까 싶다. 말하자면 통시성이 공시성을 이루어내는 방식으로 각 요소들이 다차원을 엮어내고 있다. 예를 들면, 민중신학은 학문인 한에 있어 진이 기본구도이나 선을 추구하는 것으로 볼 수 있다. 물론 민중신학에 대해 학문적 엄격성과 방법론적 체계성의 차원에서 시비를 받을 만큼 진에 대해 소홀하지 않은가라는 비판이 있지만 이런 점에서 해방신학은 다소 긍정적인 평가를 받고 있는 것으로 보인다. 여성신학은 진의 터 위에서 선과 미를 아우르려는 시도로 읽힐 수 있다. 여성해방을 통한 성 평등사회를 지향한다는 점에서 선의 가치를 위한 담론이면서 또한 욕망에 대한 긍정적 평가를 통해 부상하는 몸의 아름다움에 대한 예찬론은 미의 가치를 위한 논의라고 할 수 있겠기 때문이다. 그런가하면 생태신학은 학문적인 진의 구도에서 환경론적인 선과 자연적인 미는 물론이거니와 자연 자체의 신비성을 새삼스레 회복시키려는 방식으로 종교적인 성의 경지까지 감히 넘보려는 시도의 분위기가 조금은 있지 않나 싶다. 이런 식으로 기존의 주제적인 신학들을 분석하고 이를 토대로 우리의 삶에서 인간해방을 향해 주제가 되어야 할 것들을 발굴해 내는 일이 우리 자리에서 맞갖게 신-학하는 방법을 위한 출발이 아닐까 싶다. 그리고 이렇게 우리는 우리 삶에서 우리 삶을 위하여 우리의 삶을 물어야 한다는 당위에 이르게 된다. 이쯤해서는 이제 '대답하는 신학'이기에 앞서 '묻는 신학'이어야 할 이유는 더 이상의 논거를 필요로 하지 않을 터이니 이 이야기는 여기서 일단락을 맺어도 좋으리라.

이 대목에서 '신'과 '학'이 결합하여 엮어낸 신-학이 개진된 역사가 이에 이르기까지의 계보적 과정을 오히려 역추적하는 방식으로 전개되어 오고 있다는 사실에 주목하는 것은 매우 중요하고도 흥미로운 일이다. '힘-즉-신-즉-참'을 향한 물음이 '무엇'을 중심으로 하던 고전시대의 신학이 지성에 근거한 교리적 신관을 뼈대로 했다면, '어떻게'라는 물음으로서의 전환에 힘입은 종교개혁을 필두로 한 근세의 신학에서는 과연 인간의 이성과 자율성의 근거가 되는 의지라는 요소에 근거한 고백적 신관이 지배적이었다. 급기야 '왜'라는 물음으로의 폭발이 일으켜낸 현대신학은 현대성 담론의 핵심인 감정과 이로부터 비롯되는 몸 이야기가 읊어내는 체험적 신관의 다양한 갈래로 이루어져가고 있다고 할 때 이것이 오묘하고도 당연하게도 '신'과 '학'의 결합에 이르기까지의 계보적 과정을 거꾸로 되짚어가는 방식이라고 할 수 있기 때문이다. 우선 이것이 오묘한 것은 고전시대의 지성이 바로 '신'과 '학'의 결합이 엮어낸 '참됨'이라는 가치에 집중했었다면, 근세의 의지는 그러한 '참됨' 이전의 '착함'에 연관된 것이라 하겠고 현대의 감정과 몸 담론들은 '아름다움'이라는 가치로까지 거슬러가는 것이었으며 급기야 지성-의지-감정과 같은 요소들의 환원주의를 넘어서려는 우리 시대의 영성이 원초적이고 시원적인 '거룩함'에 거슬러가려는 시도로 읽힐 수 있기 때문이다.

아울러 이것이 당연한 것은 진을 추구하는 학문이라는 것이 하늘에서 떨어진 것도 아니고 땅에서 솟은 것도 아니며 엄연히 유구한 과정을 거친 것이로되 진 안에는 이미 선, 미, 그리고 결국 성의 궤적을 나이테와 같은 흔적과 역사로 지니고 있기 때문이다. 즉, 진이 진실로 진이기 위해서도 앞서 이를 태동시킨 선·미·성에 대해 마땅히 품어내고 읊어내는 일이 요구될 것이기 때문이다. 그렇지 않고, 선·미·성을 외면하고 배제했던 진이 어떤 운명에 던져질 수밖에 없었는지는 과거의 역사가 여실히 입증하고 있으니 역사를 애써 훑어야 할 이유를 여기에서도 발견하게 된다. 예를 들면, 고전 시대의 교리적(지성적) 신관이 신정론이나 수난불가론으로 직결될 수밖에 없었던 것은 선과 미의 가치를 망각한 진의 자기전개 때문이라고 할 것이며, 근세의 의지적·고백적 신관에서 선에 대한 과도한 집중이 종교개혁의 독선과 파행으로 이어졌던 역사도 좋은 증거라고 하지 않을 수 없다. 따라서 '신'과 '학'의 만남이라는 사건/행위로서의 신-학이 바로 이에 이르기까지의 형성 과정을 역추적하는 방식으로 전개되고 있다고 할 때, 그 과정에서의 성·미·선·진은 각각 그리고 서로가 서로를 물음으로써 통시적 과정을 공시적 구조로 엮어낼 것을 요구하는 것으로 보아야 할 것이다. 말하자면 신-학의 형성과정이 그 자체로서 신-학의 전개에 대해 물음의 과제를 부여한다고 하겠다.

3) 물음은 일방성에서 상호성으로 전환시킨다

이처럼 물음을 묻는다는 것은 신-학하기에 있어 시작하는 출발점 뿐 아니라 거슬러 신-학을 형성시켜 온 배경에 대한 되묻기를 통해 앞으로 나아갈 바를 가늠하는 결정적인 뜻을 지닌다. 그러나 물음의 뜻이 여기에만 머무르는 것은 아니다. 물음을 묻는다는 것은 타자를 향해 자기를 열어간다는 것을 포함하기 때문이다. 이것은 물음이란 본디 앎과 모름의 버무림이라는 점에 의해서도 확인된다. 즉, 물음이란 무엇을 모르기 때문에 묻는 것이지만 무엇을 모르는지조차 모른다면 아예 물음이라는 것이 나올 수 없으니 최소한 무엇을 모르는지는 알아야 비로소 물음이 가능하기 때문이다. 여기서 앎과 모름의 관계를 자기와 타자의 그것에 잇댈 수 있다면 물음은 다름에 대한 열림을 뜻한다. 바로 이런 이유로 '대답된 물음'은 모른다는 것을 알고 깨달을 기회를 박탈함으로써 의도하지 않더라도 겸손을 실종시키고 오만을 부추길 수밖에 없다. 그것도 무식한 오만 말이다. 신앙을 들먹이면서 거드름 피우는 작태가 모순적이지만 그럴 수밖에 없는 이유가 여기에 있다. 이럴 만큼 물음은 다름에 대한 열림이요 나아가 받아들임이어서 최소한 우리를 겸손으로 이끌어간다.

그러나 바로 이러한 특성으로 인해 물음과 대답의 관계는 언제나 긴장스러울 수밖에 없다. 그리고 바로 이런 이유로 종래 '대답된 물음', 즉 '물음 없는 대답'이 일방적으로 내리깔려지는 방식으로 전개되던 신학은 거부되어야 한다. 대표적인 예로 '이해를 추구하는 신앙(credo ut intelligam)'이라는 안셀무스의 공식을 들 수 있는데 여기서 추구(seeking)란 아무래도 이쪽에서 저쪽으로의 일방통행일 수밖에 없었다. 이 공식을 정확히 뒤집은 것으로 보이는 토마스 아퀴나스의 '신앙을 추구하는 이해(intelligo ut credam)'도 일방적이기는 매한가지이니 고전적인 방식에서는 어쩔 수가 없었던 모양이다. 그도 그럴 것이 추구가 향하는 것이 '이미 대답된 물음', 즉 '물음 없는 대답'이니 그 대답이 무엇이든지간에 일방적일 수밖에 없지 않았겠는가?

그러나 '대답 없는 물음'일지언정 물음의 필수성을 존재의 근거와 이유로 삼는 현대인들에게 물음과 대답 사이의 거리와 이 거리가 가리키는 다름은 너무나 당연하게도 상호성의 구도와 논리를 요구한다. 다름은 어느 일방으로의 흡수를 거부하고 서로 다른 것들 사이의 긴장을 받아들이기 때문이다. 이래서 이제 신-학은 일방적 추구라는 고전적인 방식을 넘어 '종교와 문화 사이의 상호적 매개'라는 쌍방교통의 현대적 방식을 모색할 것이 요구된다. 현대신학이 저마다 모양새는 달리해도 대체로 이 상호성과 관계성에 주목하는 것은 바로 이러한 요구의 반영이라고 하겠다.

그렇다면 구체적으로 물음을 어떻게 묻는가? 물음을 이루는 의문사들을 살펴보자. 누가, 언제, 어디서, 무엇, 어떻게, 왜라는 6하 원칙으로 정리할 수 있다. 그런데 이러한 여섯 개의 의문사는 그저 일직선 상에 병렬적으로 나열되는 무작위적인 관계에 있지 않다. 그렇게 하필이면 여섯 개로 정리되는 의문사란 인간이 살아가는 세계와 관계를 맺는 방식이고 내용이다. 우리가 방법을 고민하면서 의문사에 주목해야 할 이유는 바로 여기에 있다. 그러한 의문사들은 인간이 살아가는 터전인 세계와 지니는 유기적이고 입체적인 관계를 가리킨다고 할 때 각 의문사의 역할과 기능, 그리고 생리가 저마다일 것은 당연한 이치이다. 그렇다면 여섯 개의 의문사들 중에서 굳이 순서, 그것도 논의를 위한 순서를 정하자면 '무엇'이 가장 우선적이다. 왜냐하면 '무엇'이야말로 정체를 향한 물음이어서 일단 이 정체가 어떤 식으로든지 설정되고 전제되어야 다른 의문사에 해당하는 요소들이 이와 연관되어 비로소 인간과 세계의 유기적인 관계를 이루게 될 것이기 때문이다.

그런데 '무엇'이라는 물음은 이처럼 모든 물음에 앞서는 시작 물음인 것은 틀림없겠지만 그러나 배부르고 등 따뜻한 상아탑에서의 한가로운 물음은 결코 아니다. 그것은 어린 아이가 주위 세계와 구별되는 자신에 대한 자의식이 태동된 이후 주위세계가 낯선 것으로 다가올 때 바로 그 낯선 다름에 대한 긴장과 불안을 넘어서기 위해 그 '낯선 다름'을 '익숙한 같음'으로 끌어들이려는 자기보존본능에 의해서 던져지는 절박한 물음인 것이다. 그렇기 때문에 '무엇'이라는 물음은 가히 타자의 정체(identity)를 향하지만 그러한 타자의 자기화라는 방식의 동일화(identification)를 기본생리로 하게 되고 이로써 동일성(identity)의 논리를 추구하게 된다. 신 물음이 '무엇'으로 시작하는 것은 그래서 우연한 선택이 아니라 이처럼 '무엇' 자체의 불가피한 생리에서 비롯된 것이다. 따라서 이제 '무엇' 물음은 물음이 향하는 것의 다름에 대한 긴장과 불안을 극복하기 위하여 동일화의 방식으로 동일성을 추구하고 이로써 안정의 욕구에 이바지하는 뜻까지 지니게 된다.

그럼에도 불구하고 '무엇' 물음은 바로 그러한 동일성 논리 때문에 해소될 수 없는 모순관계를 이루는 대조적인 대답인 같음과 다름의 갈래에 머무르고 만다. 여기서 같음이란 이미 그렇게 있는 것과의 같음을 가리킴으로써 곧 있음으로 읽혔다면 이와의 다름이란 곧 없음을 가리켰다. 그런데 '무엇'이 향하는 동일성이란 엄연한 다름을 말살하기를 불사하지만 그럼에도 불구하고 그렇게 말살되는 다름이란 사실상 동일성을 이루는 같음 안에 이미 들어 있을 뿐 아니라 더욱이 같음을 이루기도 하는 것이었다. 다시 말하면 자기라는 것이 온전히 같음으로만 이루어진 것이 아니라 무수한 다름들로 이루어져 있다는 현실을 부정할 수 없다면 동일성의 논리에 의한 타자성 말살은 사실상 그러한 타자성으로 이루어진 자기를 말살하는 자기모순으로 치달을 수밖에 없다. 따라서 '무엇' 물음은 그야말로 첫 물음으로서 절실한 뜻을 지닐 만큼 필요하기는 하지만 그 물음만으로는 충분하지 않다. 그래서 우리는 이 물음을 보완하기 위해 다음 물음으로 옮겨가야 하는데 그것은 바로 '무엇' 물음이 향하는 정체가 드러나고 자리 잡는 방법에 관한 것이 되어야 하니 이것이 곧 '어떻게'라는 것이다. 그런데 정체와 방법의 관계는 곧 목적과 수단의 관계이니 '어떻게'는 '무엇'에 대한 보완적 조치로서의 의미를 지니게 됨도 당연한 일이다.

그렇다면 '어떻게'라는 물음이 방법을 가리킨다고 할 때 방법이란 도대체 무엇인가? 정체가 달에 비견된다면 방법이란 바로 그 달을 가리키는 손가락에 해당한다고 하겠다. 좀 더 엄밀히 말한다면 달은 손가락이 없어도 여전히 달이기는 한 것이어서 정체를 이루는 최소구성수는 '하나'인 반면에 손가락은 달과 손가락의 주체를 이어주는 방법으로서 이의 성립을 위한 최소구성수는 '둘'이다. 즉, 정체란 '물음이 가리키는 것' 자체라면 방법이란 '물음을 묻는 자'와 '물음이 가리키는 것' 사이를 잇는 틀이라고 하겠다.[32] 그런데 바로 여기서 '어떻게'의 생리가 드러난다. 즉, '물음이 가리키는 것'이 '무엇'이라면 '물음을 묻는 자'는 '누가'에 해당한다고 할 때 '어떻게'란 '무엇'과 '누가'를 이어주는 사건이고 행위인 것이다. '무엇' 만을 물었을 때에는 '누가'란 등장하지도 않을 뿐더러 그래서도 안 된다. '무엇'의 동일성을 만족시키기 위해서는 '누가'란 없을수록 좋은 것이요 없어야 하는 것이기 때문이다. 그러나 이제 그 '누가'라는 것이 그렇게 없지 않고 엄연히 있다는 것이, 그래서 '무엇'과 관계하고 있다는 것이 부정될 수 없을 뿐 아니라 바로 그 관계 때문에 '무엇'은 동일성에의 요구에도 불구하고 무수히 많았고 또한 서로 부딪치기까지 했던 점을 고려한다면 '무엇'과 '누가'의 관계는 애당초 주목되었어야 했으되 '어떻게'가 바로 이 점에서 역할을 하고 있는 것이다.

그런데 '어떻게'는 '무엇'과 '누가'를 이어주는 관계 행위로서 양자를 연관하려는 의도 또는 의지가 곧 그 생리이다.[33] 물론 이때의 관계란 '물음을 묻는 자'와 '물음이 가리키는 것' 사이에서 한 쪽으로부터 다른 쪽으로의 이어짐을 뜻하지만 그러한 관계의 주도권이 어느 쪽에 주어지는가에 따라 입장이 추려지는 일방성의 구도에 머무르는 것이었다. 그러나 주도권의 향배가 어느 쪽에 속하더라도 여전히 '자'와 '것'을 잇는 데에 있어 의도 또는 의지라는 것이 작용하고 있음은 부정할 수 없다. 그리고 다시 말하지만 이것이 '어떻게'의 생리이다. 그런데 '물음을 묻는 자'가 '물음이 가리키는 것'에 대해 발동하게 되는 의지는 가장 우선적으로는 앎이라는 행위로 나타난다. 이것은 낯선 다름을 어떻게든지 자기에게 익숙한 같음으

32) '어떻게'라는 물음에서 비로소 관계라는 개념이 본격적으로 등장하게 되는 것도 방법의 이러한 역할과 불가분리의 관계에 있는 것이다. 다만 어떻게는 그 관계의 주도권의 향배를 '물음을 묻는 자'와 '그 물음이 향하는 것' 중 어느 한 쪽으로 귀속시켜야만 직성이 풀리는 일방적인 구도에 머물러 있는데 그것은 '어떻게'라는 물음이 이미 동일성의 논리를 구축하는 '무엇' 물음에 대한 보완책으로서의 기능으로 자리 매김하고 있기 때문이다.

33) 현대 철학 중 현상학이 말하는 지향성이라는 것도 바로 이러한 맥락에서 읽을 수 있을 것이다.

로 끌어들이려는 '무엇'의 생리적 요구에 부응하는 보완책으로서의 '어떻게'라는 물음에 있어서는 아주 당연한 것이다.

그러나 나아가 '어떻게'라는 물음은 앎, 그리고 그 앎이라는 것이 물음을 묻는 자와 그 물음이 가리키는 것 사이에 엮이어 마땅한 관계의 모든 것을 다 싸잡을 수 없을 때, 또한 설령 그것이 가능하더라도 결코 바람직하지 않다고 할 때 부득이 앎의 바깥에 놓인 모름도 함께 아우르지 않을 수 없게 된다. 그런데 이제 앎과 모름의 관계는 그리 간단하지 않다. 논리적으로는 앎과 모름의 관계가 반비례적일 수 있겠지만 현실적으로는 승수제곱 비례일 수도 있겠기 때문이다. 이래서 앎과 모름의 모호한 관계는 '어떻게'라는 물음의 '무엇'에 대한 보완책으로서의 기능을 다시금 되묻게 한다. 그리고 여기서 목적과 수단의 관계로서, 또한 정체와 방법을 이르는 '무엇'과 '어떻게'를 함께 묶어 '무엇-어떻게'를 묻게 한다. 이 물음에 대한 대답의 가능한 경우의 수로서 있음과 없음, 앎과 모름을 교차적으로 엮는다면 있음-앎, 있음-모름, 없음-앎, 없음-모름이라는 네 가지 이론적인 경우를 열거할 수 있지만, 과연 물음 자체의 의미를 위해서, 즉 그 물음에 걸맞는 대답을 위해서 있음과 앎이 같게 될 것이 요구된다. 이른바 '있음과 앎의 같음으로서의 참'이다.

그럼에도 불구하고 '있음과 앎의 같음으로서의 참'이 신의 신됨이라는 조건을 충족시키는가, 즉 궁극적 힘의 지위를 온전히 가리키고 드러내는가라는 물음이 제기되지 않을 수 없었다. 왜냐하면 '힘-즉-신-즉-참'이기 위한 기준으로서의 '있음과 앎의 같음'이 없음과 모름 및 이들의 뿌리인 죽음을 몰아냄으로써 오히려 그러한 죽음을 살아가야 하는 현실로부터 벗어나기 때문이다. 여기서 여태껏 숨죽이고 있었던 없음-모름의 뿌리인 죽음 및 그 죽음과 얽힌 삶은 '왜'라는 물음을 던지면서 '힘-즉-신-즉-참' 이야기의 전면에 등장하게 된다. 그런데 이 '왜' 물음이 삶과 죽음의 오묘한 얽힘에서 비롯된 것이라면 '왜' 물음은 바로 그러한 이유로 '누가-언제/어디서'를 한 묶음으로 엮어낸다. 그리고 '언제'와 '어디서'가 그저 부대상황이 아니라 바로 그 '누가'를 이루는 요소들이라면 '왜'와 이 물음이 터뜨려내는 '누가-언제/어디서'는 앞서 말한 바 자기의 같음을 이루는 무수한 삶의 다름을 가리킨다.

여기서 우리는 방법론적 차원에서 적어도 다음과 같은 점에 특별하게 주목할 필요가 있다. 즉, '무엇'은 있음과 없음 사이의 양자택일적 모순에 이를 수밖에 없지만 '어떻게'를 거쳐 '왜'에 이르게 된 우리의 시대인 현대에서는 논리적 모순에서 현실적 역설로의 전환을 요구한다. 아울러 '있음과 앎의 같음'은 다름을 지배하는 일방성의 논리를 구축한다면 '삶의 다름'은 다름들 사이의 긴장에 주목하는 상호성의 논리를 추구한다. 즉, 같음은 일방적 지배의 논리라면 다름은 상호긴장의 논리이다. 따라서 물음들의 유기적 얽힘은 곧 일방성으로부터 상호성으로의 전환을 우리에게 요구한다.

그러나 묻자고 해서 억지로 하자는 것은 아니다. 그럴 수도 없거니와 설령 그렇게 작위적으로 물음을 만들게 되면 어쩔 수 없이 부분적이고 파편적이게 되기 때문이다. 따라서 우리는 우리 자신이 살아가는 모습을 새삼스럽고 진솔하게 되살핌으로써 물음의 구체적인 모습을 엮어내어야 한다. 물론 대답이 없을 수도 있다는 것을 각오해야 한다. 그런데 대답 없음을 각오하는 물음이란 이제 한가한 지적 유희일 수 없다. '이름 짓기(naming)'를 구실로 같음으로 싸잡으려는 횡포에 시달렸던 것이 그간 우리 삶의 현실이었다면 이제는 '대답 없음'처럼 '이름 없음'도 견디어야 한다.[34] 굳이, 애써 이름을 지으려는 것이나 또는 이름을 붙여야만 직성이 풀린다면 자기보존본능에 뿌리를 둔 우상화의 습성일 뿐이라는 점을 직시

34) 일본 교토학파의 니시타니도 이러한 통찰을 공유한다: "사람은 물체에 이름을 붙인다. 그래서 이름을 알면 그것을 안 것처럼 생각한다. …… 그러나 모든 것은 원래 본질적으로 이름 없는 것, 이름 붙일 수 없는 것이며 또 보아서 알 수 없는 것이다." 니시타니 게이이치, 『종교란 무엇인가: 종교와 절대 무』, 정병조 옮김(대원정사, 1993), 156~157쪽.

해야 한다.[35] 김승철의 말을 빌리자면, 그리스도교가 터하고 있는 그리스도 자체가 오히려 커다란 물음이요, 신과 세계와 인간을 온통 의문으로 몰고 가는 빛이기 때문이다:

> 신은 인간을 향해서 끊임없이 물음을 던지고 있다. 그 분은 스스로 물음이 되어서 자신을 비워서 인간에게로 내려오신 것이다. 그리스도는 인간에게 던져진 절대절명의 물음이다. 그 그리스도라는 빛에 의해서 인간과 세계 일체는 커다란 의문부호가 된다. 그러나 그리스도는 신의 인간에 대한 물음임과 동시에 신에 대한 인간의 물음이기도 하다. 그리스도를 통하여 인간은 신을 커다란 의문부호로 만들어버린다. 그의 십자가와 부활의 신비는 지금까지 우리가 가지고 있었던 신을 의문부호화하는 물음인 것이다.[36]

그러므로 이제는 이름 없음을 견디자. 대답 없음을 받아들이자. 앞서 서구신학자들이 목청 돋우어 외치는 우상파괴라는 과제는 우리의 일상에서 이렇게 '대답 없음'과 '이름 없음'을 받아들이는 데에서 시작한다. 달리 둘러 볼 것도 없이 삶이 곧 물음이기 때문이다. 말하자면 물음이 곧 삶을 삶이게, 나아가 삶되게 하기 때문이다. 그리고 이것이 곧 믿음이 삶에서 향해 마땅한 본래의 뜻이기 때문이다. 따라서 믿음과 삶 사이의 거리가 괴리로 벌어지지 않도록 하기 위해서라도 우리는 삶이 우리에게 던지는 물음에 먼저 진솔하게 귀를 기울여야 한다. 그리고 우리의 신-학하기는 바로 여기서 시작해야 한다.

---

35) 상징은 실재에 대하여 자기부정성을 그 본성으로 하는 바 상징이 그 껍질을 스스로 벗어냄으로써 실재를 가리키는 데에서 그 소임을 다하는 것이다. 그런데 상징은 그러한 자기부정성에도 불구하고 상징 자체의 본질적 모호성을 견디는 성숙이 결여된 경우에는 자기부정성을 거부하거나 망각하는 경향으로 치닫게 된다. 우상화가 일어나는 지점이 바로 여기임은 물론이다.

36) 김승철, 『대지와 바람』(다산글방, 1994), 49쪽.

3. 신-학하기의 길: 죽음으로부터 삶으로

1) 왜 신-학해야 하는가?

신-학하는 길을 살피기 위해서는 무엇보다도 먼저 '도대체 왜 신-학하는가?'라고 물어야 할 것이다. 이유가 분명하고 또한 타당하지 않고서는 신-학하는 방법을 가다듬을 수도 없기 때문이다. 그렇다면 도대체 왜 신-학하는가? 막연할 수도 있는 물음에 대한 대답의 실마리를 위해 많은 신학개론들에서 흔히 읊조리고 있는 명제에 대해 시비하는 것으로 시작해도 좋겠다. 그리고 그중의 하나가 바로 '신학은 교회를 위한 학문이다'라는 것이다. 그러나 과연 신학은 교회를 위한 학문인가? 아니 그래야 마땅한가?

흔히들 신학은 교회를 위한 학문이라고, 또는 그래야 한다고 한다. 물론 기본적으로는 옳은 말이다. 이러한 주장은 신학의 고유한 특성, 즉 한갓 상아탑의 학문으로만 유폐되기보다는 구체적인 목적을 지닌 현실적·실천적 과제라는 것을 뜻하고자 함이겠다. 그러나 그러한 주장은 의도하지 않은 가운데, 또는 때때로 노골적으로, 교회중심주의적 사고를 부추기고 있다. 그리고 이러한 경향은 신학을 교회경영학이나 목회행정학 정도로 축소시키고, 교회 밖에 대해서는 아무런 뜻도 지니지 않을 뿐 아니라 나아가 우스꽝스러우며 더 나아가 때로 교회밖에 대하여 공격적이면서 방어적이니 사회적 해악을 끼치기도 한다.

그렇다면 이제 신학이 교회를 위한 학문이라고 할 때 도대체 교회의 무엇을 위한 학문인가를 되물어야 한다. 교회의 성장이라는 오늘날의 천박한 이데올로기가 교회 내부 관리에 초점을 맞춘 것이라면 이것은 목적과 수단의 도치라는 오류에 빠지는 것이다. 교회는 수단일 뿐이기 때문이다. 그런데 이것이 그 자체로서 목적이 된다면, 그리고 이런 의미에서 신학은 교회를 위한 학문이어야 한다고 주장한다면 이제는 이런 따위의 망언을 그만 둘 때다. 만일 교회가 잘되고 번창하는 것을 위한다면 시중의 인사관리, 경영, 행정, 재정, 산업공학 등에서 배우는 것이 더욱 빠르고 효과적일 것이다. 물론 이런 것들이 결코 의미 없는 것은 아니다. 그러나 신-학이 이러한 영역들과 관계를 지닐 수는 있더라도 그러한 영역들로 치환될 수는 없다. 그렇다면 여전히 신학이 위하도록 요구받고 있는 교회는 교회의 무엇인가? 그것은 모름지기 교회 밖을 향한 교회의 사명이 아닐까 한다. 이와는 달리 교회 성장이란 교회 밖을 교회 안으로 끌어들여 결국 교회 밖이라는 것을 이 세상에서 없애버리는 것이 지상목표인 것처럼 보인다. 그러나 '땅 끝까지 이르러 내 증인이 되라'는 것이 이런 방식을 염두에 둔 명령이 아님은 재론의 여지가 없겠다. 즉, 이것은 불가능할 뿐 아니라 설령 가능하더라도 바람직하지 않다. 그런데 교회 성장이라는 것이 이런 방식을 암암리에 꿈꾸고 있으니 교회 밖을 향한, 교회 밖을 위한, 배려의 여지가 있을 리가 만무하다.

그렇다면 이제 신-학은 그 영역을 교회 밖으로 넓혀야 한다. 물론 초기 고전적인 호교론이 시대를 넘어 옹호될 수는 없겠지만 신학의 시작이 대외적인 호교론이었다는 것은 시사하는 바가 크다. 교회 밖을 향한 대외적 변증론에서 신학이 시작되었다는 것은 신-학의 원초적 목적과 본래적 방향을 가리키기 때문이다. 그런데 이게 종교의 제도화과정에서 교회 체제 관리를 위한 교부학으로 전환하면서 신학은 체제내적 언어로 유폐되기 시작했다. 각종 교리 및 이를 둘러싼 논쟁들은 숨길 수 없이 좋은 증거들이다. '저쪽에도 말 되도록 하겠다'고 시작한 변증론이 '끼리끼리만 알아먹는 이야기'인 교리를 중심으로 한 교부학으로 변하더니 한량한 논쟁들을 거치면서 어느새 '끼리끼리도 알아들을 수 없는 이야기'인 독단적인 교리가 되어 버렸다. 대외적 변증론의 운명이 이러하였다면 이제 우리는 역사로부터 교훈을 얻는 지혜를 구할 일이다. 물론 오늘날 그러한 고전적 방식이 적절하지는 않겠지만 어쨌든 대외적인 자세 만큼은 잊지 말아야 할 것이라는 말이다. 아울러 체재 내적 언어의 주술화를 넘어서기 위해서도 틸리히가 설파한 것처럼 복음과 상황의 상호적인 관계에서 시작하고, 카우프만이 역설하는 바와 같이 세계 개념과의 순환적 구도에서 신 개념을 발전시키며, 아울러 맥페이그가 갈파한 그러한 신 개념을 위해 동원되는 언어와 신 없이 살아가는 현실 사이의 긴장을 진솔하게 새기는 우상파괴의 논리를 현실에서 실천하도록 해야 할 것이다. 더 나아가 일찍이 우리 현대사에서 이러한 우상파괴를 선구적으로 통찰한 다석 유영모가 갈파하는 '없이 계신 하느님'이나 함석헌이 역설하는 '이름 없는 하느님' 등의 지론이 가르치는 지혜를 갈고 닦을 일이다. '왜 신-학하는가?'라는 물음은 그래서 우리를 처음 마음으로 되돌리는 자기반성의 경종으로서의 뜻을 지닌다고 하겠다.

2) 무엇으로부터 무엇을 향하여 신-학해야 하는가?

그렇다면 신-학은 무엇으로부터 시작해야 하는가? 신-학은 인간에서 시작해야 한다.[37] 말하자면 인간 스스로의 주제파악에서 시작해야 한다. 좀 더 엄밀하게 말한다면 자기반성에서 시작해야 한다. 그리고 이를 드러내는 것이 바로 묻는 것이다. 앞서 말한 바 물음으로 되돌아가 물음에서 시작해야 한다는 것은 바로 이것을 가리킨다. 그렇지 않으면 대답이라는 이름의 주술 몇 쪼가리를 가지고 신이 되는 줄도 모르고 어느새 신이 되어버린다. 실제적 무신론으로 빠지는 것이다. 신학과 교회의 역사는 이것을 너무도 여실히 증명한다.

신-학이 인간에서 시작해야 한다는 것은 종래 '위로부터'와 '아래로부터' 사이의 대립에서 후자를 택하는 것을 가리키지는 않는다. 신-학이 인간에서 시작해야 한다는 것은 그러한 대립 자체가 어불성설이라는 통찰을 안고 있다. '위로부터'라니? 신학은 분명하게 사람이 하는 일일진대 사람이

---

37) '신학은 인간학이다'라는 명제가 '신은 인간이다'라는 것을 말하는 것이 전혀 아님을 애써 강조해야 하는 상황은 유감스럽다. 그런데 '신학은 인간에서 시작해야 한다'는 말도 '신은 인간에서 시작한다'는 것을 뜻하는 것이 아님도 새삼스레 짚어야만 할 것 같다.

사람의 자리가 아니고 그 위 어디로부터 시작한다는 것인가? 이래서 자기가 마치 하느님의 아우나 되는 것처럼 '위로부터'를 운운하니 차라리 가련할 따름이다. '위로부터'에 대한 향수의 근거로 혹 계시를 말할 수도 있다. 그러나 저쪽으로부터의 계시라는 것도 이쪽에서 받아야 하며, 또한 그것도 계시로 해석됨으로써 비로소 계시인 것이다. 실로 얼마나 무수한 계시들이 이 우주 안으로, 지구 위로 쏟아져 들어오겠는가? 이를 범신론적이라고 시비한다면 그러한 시비는 반자연적인 인간중심주의에 의한 발악일 뿐이다. 오히려 인간이 계시로서 받는 것은 인간이라는 그릇에 인간적인 방식으로 담기는 범위 안에서일 뿐이다.[38] 있음의 질서를 따르는 것이 불가능하고 앎의 순서를 따르는 것이 불가피하다는 것이 그냥 하는 말이 아니며, 선험적 범주라는 것조차도 공연한 현학적 수사가 아니다.

그렇다면 신-학의 출발점으로서의 인간이란 무엇을 말하는가? 그것은 곧 그의 삶을 가리킨다. 물론 삶이란 죽음과 뗄 수 없이 얽혀있다. 따라서 신-학의 출발점은 인간, 즉 인간의 삶이며 곧 인간의 죽음이다. 즉, 죽음을 바라보면서 죽음으로부터 되돌아보는 삶이 신-학의 마땅한 터전이며 출발점인 것이다. 그러기에 신-학의 출발은 단적으로 인간의 죽음이다! 그것은 종교의 출발이 인간의 죽음인 것과 궤를 같이 한다. 그런데 죽음은 잃어버리고 싶어도 잃어버릴 수 없으나, 잊어버려서는 안 될 터인데 쉽게 잊어버린다. 그러나 종교가 이미 죽음에서 촉발된 것이듯이 신학도 그러하며 새삼스럽게도 이에 대해 정직해질 필요가 있다. 그런데 죽음에 대해 잊어버리다보니 신-학하는 방법들이 부분적이고 단편적이고 지엽적이고 심지어 파편적이게 되는 것이다. 요즘 저마다 아우성치는 통전적인 접근이란 비록

38) 초월주의 또는 초절주의라는 오도된 번역이 우리를 헷갈리게 했었지만 선험주의(transcendentalism)로 분류되는 신학방법을 말하는 현대 가톨릭 신학자 칼 라너(Karl Rahner)도 하느님에 대해 열려 있는 인간성의 핵심을 간파함으로써 인간 안에 드리워지는 하느님을 더듬어가는 것이 인간이 그나마 시도할 수 있는 신학의 길이라는 것을 역설한다. 칼 라너, 『그리스도교 신앙 입문』(분도출판사, 1994), 1~4장 참조.

의식되지 못했을지라도 기실 죽음에 대한 조망에서 인간 전체를 아우르고자 하는 시도라고 하겠다. 만일 그렇지 않다면 통전적이라고 할 수도 없고 해서도 안 될 일이다.

그러나 인간에게 죽음은 그저 마지막 순간에 일어나는 하나의 사건이 아니다. 또한 혹 어떤 계기나 상황에 의해 결단하게 되었다고 해도 그저 끝에 자리 잡은 행위가 아니다. 죽음은 인간 존재 전체를 아우른다. '죽음을 향한 존재(Sein-zum-Tode)'라는 것도 이것을 가리킨다. 따라서 인간이 신과 맺는 관계에 대한 접근으로서의 신-학도 마땅히 인간 존재 전체를 아우르는 죽음의 견지에서 추구되어야 한다. 그러기에 '죽음이 두려워 종교를 만들었다'는 명제로만 축소시킬 일이 아니며, 그보다도 훨씬 더 큰 뜻을 지닌다. 만일 죽음이 그저 마지막 순간의 사건이었다면, 그래서 이전의 삶과 별로 깊은 관련이 없었다면 인간에게 종교라는 것이, 또한 신이라는 것이 떠올려지지 않았을지도 모른다. 혹 떠올려졌었더라도 그리 큰 관심거리는 아니었었을 것이다. 그러나 과연 죽음은 인간의 존재 전체를 신과 연관 짓는 기제요 계기이다. 혹 현대인들에게 죽음이 그리 크게 자리 잡고 있지 않다는 반론이 있을 수 있다. 그러나 현대인들에게 죽음은 여전히 망각이지 초월은 아니다. 한계를 넘어서게 하는 경험들이 죽음을 초월하는 데로 이끄는 것이 아니라 그저 잠시 잊게 만들 뿐이다. 그러나 그렇다고 해서 피할 수 있는 것도 아니다. 그러므로 신학은 '죽음의 신학(theology of death)'처럼 인간의 죽음을 여러 소재 중의 하나로서가 아니라 '죽음으로부터 성찰하는 신학(theology from death)'이어야 할 것이다. 이것이 바로 '무엇으로부터 신학을 시작하는가?'라는 물음에 대한 우리의 대답이다.

그렇다면 이제 신학은 무엇을 향해야 하는가? 죽음으로부터 되돌아본다는 것은 결국 삶을 향한다는 것이다. 말하자면 종교를 필요하게 한 죽음으로부터 시작하여 탈종교적 일상으로서의 삶으로 나아가는 것이다. 그런데 믿음의 이유이며 터전이어야 하는 삶은 우리로 하여금 그저 주술적 감상에 몽롱하게 머무르기를 허락하지 않는다. 삶이 그렇고 삶과 얽힌 죽음이 그렇기 때문이다. 말하자면 주술의 몽롱함이 현실의 불안과 억압으로부터의 해방이라는 착각을 잠시 일으킬 수는 있어도 죽음이라는 삶의 구조적 한계는 그렇게 몽롱한 착각이 오히려 우리를 종속시키고 억압한다는 것을 드러내기 때문이다. 몸도 머리도 커진 현대인들에게, 죽음과 얽힌 삶으로 스스로를 다시 보고자 하는 현대인들에게, 재래적 종교가 설득력을 지니지 못하는 이유도 여기서 찾을 수 있을 것이다. 그러니 종교라 하여 믿음만 운운할 일이 아니라 먼저 조신하게 삶을 살피고 결국 죽음을 새겨야 할 일이다. 말하자면 삶 위에 믿음을 군림시키고자 했던 종래의 종교를 벗어나 삶에 닿을 수 있는, 그래서 삶에 깔릴 수 있는 믿음의 가능성과 의미를 더듬어야 할 일이다. 물론 근세의 선험적 자아로 표상되는, 죽음을 잊어버린 유아론적인 주체가 아니라, 구역질날지도 모르는 타자들 사이가 삶의 터일 수밖에 없는 현대의 주체이니 관계나 체험이 관건이 된다. 아울러 죽음에 대해 조금은 용기 있는 성찰이 현대를 열게 했다면 삶을 이루는 시간과 역사가 새삼스러운 무게를 지니게 되는 것도 당연한 일이다. 따라서 앞서 제1부에서 귀결시켰던 우리의 신-학하기가 '죽음과 하나인 삶'에서 '없음과 하나인 있음'과 '모름과 하나인 앎'의 얽힘을 추구해야 한다면 죽음에서 시작하여 삶을 향하는 우리의 향방은 마땅하고 옳은 일이다.

이처럼 신-학이 인간의 죽음과의 대면으로부터 시작하여 삶을 성찰하는 데로 나아가야 한다면 이것이 신-학하기의 방향을 위해 시사하는 바는 실로 지대하다. 많은 이야기들을 거론할 수 있겠지만 적어도 다음과 같이 몇 가지로 추릴 수는 있을 것이다:

(1) 모순으로부터 역설로

죽음은 모든 모순적인 대립들을 역설적인 연합으로 승화시키는 유한적 초월의 지평이다. 죽음이라는 것이 이미 유한성의 극점이면서 동시에 바로 그 극점은 초월성이 일어나는 터전이기 때문이다. 말하자면 죽음은 죽음 자체의 바로 이러한 생리 덕분에 삶과 역설적으로 얽힐 것을 요구한다.

그런데 삶과 죽음의 얽힘이라는 것은 곧 죽음을 없는 것으로 여기거나 잊어버린 삶에서 '모순'으로 읽혀졌던 것들이 죽음이 가리키는 없음과 모름을 아우르는 '역설'로 전환되어야 한다는 것을 가리킨다. 이러한 역설적 구도가 인간에 대해서는 물론 신에 대해서도 적용됨으로써 신-인 관계가 그렇게 입체적이고 역설적으로 엮이는 것으로 그려져야 한다. 말하자면 어느 각도나 접근에서의 일의적인 정의에 의한 횡포가 더 이상 허락될 수 없음을 분명히 해야 한다.

(2) 우상주의 타파와 권위주의 타도

죽음은 바로 그 죽음으로부터 되돌아보지 않은 삶에서 그려진 궁극성에 대한 모든 상징들이 허상이고 따라서 환상이며 결국 우상이라는 것을 드러낸다. 죽음은 삶에서 무엇이든지, 그리고 어떤 방식으로든지 절대화되는 것을 허락하지 않기 때문이다. 말하자면 죽음은 우리에게 우상을 파괴할 것을 실재적이고도 상징적으로 요구한다. 어떤 형태의 우상화도 죽음을 은폐하거나 망각한 삶의 영속성에 대한 착각에 의한 욕망에서 일어나는 것일 뿐이기 때문이다. 그러한 우상화가 삶을 억압할 수밖에 없다면 오히려 죽음이 우상으로부터 억압을 받고 있는 삶을 해방시킨다고 해야 할 터이니 죽음으로부터의 성찰이 신-학하기에 대해 요구하는 우상파괴의 뜻은 실로 지대하다고 하지 않을 수 없다.[39] 그런데 무의식의 차원에서 본능

39) 데카르트와 파스칼의 입장에 따르면 나는 신 앞에서 나의 유한성을 깨닫지 못할 때 아직도 나의 참된 실존의 뿌리에 도달하지 못한다. 인간은 유한한 존재로서 절대적 존재에 의해 한정된다. 그러나 우리가 신이나 절대자가 아니라 바로 내 곁의 너에 의해 한정되고 제한된다는 것을 깨닫지 못할 때 절대자에 의한 주체성의 한정이란 주체의 절대화를 향한 첫걸음에 지나지 않는다. 데카르트로부터 헤겔에 이르는 근대 의식철학의 역사가 이것을 보여준다. 김상봉, 「자유와 타자: 한국문화의 지역성과 세계성에 대한 한 가지 반성」, 박완규 엮음, 『이 땅의 철학자 무엇을 생각하는가』, (철학과 현실사, 2005), 81쪽. 절대자에 의한 주체성의 한정이 우상화에 해당한다면 주체의 절대화는 곧 자기절대화와 상응하는 것이니 우상화와 자기절대화는 동전의

적 욕망으로 깔려 있는 이러한 우상주의가 의식적 차원의 현실에서는 권위주의라는 방식으로 나타날 뿐 아니라 이를 통해 더욱 부추겨지기까지 한다는 점을 주목한다면 이 둘을 따로 떼놓고 다룰 수는 없는 노릇이다. 교회 안에서 벌어지는 우상주의의 구체적 현시로서의 권위주의적 작태들이 좋은 사례에 해당할 터인즉, 우리 자리에 마땅하고 맞갖은 신-학하기의 길이 그리 멀리 있는 것이 아니다.

(3) 자기중심주의와 집단주의를 넘어서는 자기 비움

죽음을 바라보고 죽음으로부터 되돌아보는 삶에 대한 성찰에서 나오는 결론은 자기 비움이다. 말하자면 신-학하기가 향해가야 할 것은 다름 아닌 자기 비움의 가능성과 현실성에 대한 숙고가 아닐까 한다. 원초적 종교성으로 포장되는 우상화의 본능에 자기중심주의라는 욕망이 깔려 있다면, 자기 비움이란 우상 파괴의 근거이면서 완성이다. 구체적으로, 자기 비움은 신-학하기에 있어 신앙에 대한 성찰이 출발이요 목적이 되어야 한다는 것을 뜻한다.

이런 점에 비추어 볼 때, 신에 대해 너무 관심이 많을 뿐 아니라 그러다보니 신을 어떻게 해 드려야 되는 것인 양 어울리지 않는 사명감(소명이라고도 하지만)을 갖게 되었고 더 나아가 인간이 신을 어찌 돌볼 수도 있다는 착각을 거쳐 급기야 신의 자리로 슬며시 올라앉기도 했던 것이 그간 신학의 꼴들이 아니었는가 싶다. 그러나 이런 작태야말로 신에 대해 노심초사(勞心焦思)하는 것일 뿐이다. 더욱이 그렇게 염려하고 배려하지 않으면 어디론지 사라져버릴지도 모르고 심지어 없어질지도 모른다는 불안 때문인지 온갖 무장을 동원하여 보호하려고 목숨도 바쳐왔다. 그리고 때로는 이게 순교라는 이름으로 예찬되기도 하였다. 게다가 이것이 자기중심주의와 오묘한 짝을 이루는 집단주의와 얽히게 되면 일은 더욱 커진다. 그러나 그 숭고함

앞뒤면 관계라는 통찰에 대한 입증적인 논의가 될 것이다.

에도 불구하고 순교에 포함되는 신에 대한 노심초사는 대단히 안타깝게도 '실제적 무신론' 이외에 다른 것이 아니다.[40] 그러므로 자기중심주의와 이를 뿌리로 하는 집단주의 및 이로 인한 종교적 폐해들을 극복하기 위해서라도 인간에 대해, 그래서 신앙에 대해 먼저 되짚어보아야 한다. 이제 신-학은 신에 대한 관심으로 지나치게 골몰하기보다는 스스로의 주제를 파악하면서 인간의 신앙에 대해 먼저 반성하는 것이 마땅하고 옳은 일이다. 즉, 신학(神學; theologia)은 신학(信學: Glaubenslehre)이어야 하고 그래서 인간학일 수밖에 없고 또한 기꺼이 인간학이어야 한다. 말하자면 자기 비움이 신앙의 길이라면 또한 곧 신학의 길이기도 한 것이다.

간단히 말해서, 죽음은 삶과의 역설적 얽힘을 통해 우리로 하여금 개념화와 대상화를 거부하도록 함으로써 정태적 형상으로서의 우상(idol)을 파괴하는 근거와 원동력이 될 것이다.[41] 아울러 죽음은 범주의 오류일 수밖에 없는 권위주의가 얼마나 가증스러운 것인지를 여실히 드러내준다. 그러기에 이제는 신론을 만들고 세우는 것이 아니라 그러한 신론들이 '끊임없이 우상을 만들어내는 공장'에서 나온 생산품이라는 사실을 정직하게 시인함으로써 그런 신론들을 끊임없이 깨부수어야 한다. 그리고 이제 우상 파

40) 그리스도교 역사에서 일어났던 무수한 순교의 가치를 폄하하려는 것은 결코 아니다. 다만 그 정황을 지배하고 있던 사유방식에 대해 되돌아볼 것이 없지 않으리라는 것을 말하고자 할 따름이다. 그리고 인류의 역사는 사실상 이러한 성찰을 거쳐 순교와 배교라는 희극적인 비극의 역사를 극복해가고 있는 과정이라고 할 수 있다.

41) 이에 관한 최근의 논의들이 많으나 특히 Jean-Luc Marion, *God without Being*, trans. Thomas A. Carlson(Chicago: The University of Chicago Press, 1995) 1장을 참조하라. 사실상 서구에서도 그간의 우상주의 역사에 대한 비판적 자성이 강하게 일어나고 있는 상황인 마당에 우리가 그들이 깨부수고 버리는 우상 쓰레기들을 주어모아 금과옥조로 모시는 어리석음을 계속해서는 안 될 일이다. 또 연관된 몇 연구들로서는 다음을 참조하라. Ken Wilber, *A Sociable God: Toward a New Understanding of Religion* (London: Shambhala, 2005); Emmanuel Levinas, *Of God Who Comes to Mind*, trans. Bettina Bergo(Stanford: Stanford University: 1998).

괴와 권위 타도라는 신학의 이론적 작업은 곧 동전의 양면과 같은 자기중심주의와 집단주의의 폐해를 넘어서 인간의 자기 비움이라는 실천적 과제로 직결된다. 우상 파괴(iconoclasm)는 곧 자기 비허(kenosis)이기 때문이다. 그러므로 이제 신학은 역설이라는 초논리적 구도에서 우상/권위 파괴라는 이론적 작업과 자기 비허라는 실천적 과제를 긴밀하게 엮어냄으로써만 이 시대에도 여전히 최소한의 의미를 지닐 수 있을 것이다. 특히나 지금 이 땅에서는 이러한 과제와 그 의미가 더더욱 절실하다.

3) 어떻게 신-학해야 하는가?

무릇 모든 학문은 진리를 추구한다고 할 때 그러한 진리는 단순히 이론에만 머무르는 것이 아님은 두말할 나위도 없다. 마땅히 현실적인 의미를 지녀야 하는데 이를 실천이라 한다면 이론과 실천의 관계는 타협의 여지없이 중요하다. 더욱이 당위로 표현될 가치의 문제를 다루는 신-학을 포함한 인문학에서 이론과 실천의 관계는 곧 당위와 현실의 관계라고 하겠다. 그런데 어떠한 당위도 현실에서의 착지가능성을 지니지 못한다면 당위로서의 의미조차 지니지 못할 터이니 이는 취사선택의 문제가 아니다.

그렇다면 신-학에서 당위와 현실, 즉 이론과 실천의 관계는 어떠한가? 이 점에서 다른 학문들보다 신-학이 모범(?)이 되어야 할 이유가 있는데 신-학은 신앙이라는 것과 어떤 식으로든지 얽혀 있기 때문이다. 그러나 유감스럽고도 안타깝게도 실제적인 모습은 별로 그렇지 않은 것 같다. 신학에서 당위를 논하는 이론적인 차원이 신의 자리에서나 가능할 것 같은 분위기로 전개되어 왔기 때문이다. 기초신학이 겸손하게 인간에서 시작하는 것과는 달리 조직신학이 아직도 신론에서 시작하는 구습을 버리지 못하는 것은 그 좋은 증거이다. 그러나 신론을 어떻게든지 추려놓아야 다음 이야기가 된다 싶은 뿌리 깊은 관념은 신이 아닌 인간이 신인 체하는 꼴에 다름 아니다. 그러니 현실에서의 실천은 거리가 멀 수밖에 없다. 그야말로 누구의 말처럼 '하느님은 하늘에 계시고 인간은 땅 위에 있기' 때문에 그러한 만큼이나 이론과 실천 사이의 거리는 멀 수밖에 없고 이것조차 느끼지 못하게 되는 것 같다.

그러나 이론과 실천 사이, 또는 당위와 현실 사이의 거리는 신학에서는 극복해야 할 최대의 과제이다. 만일 이를 극복하지 못한다면 어떠한 구실로도 정당화될 수 없을 뿐 아니라 학문으로서의 자격조차도 갖출 수 없다. 그러나 학문이 아니면 어떤가? 문제는 더욱 심각한 데 있으니 이론과 실천 사이의 거리를 극복하지 못하면 그 거리는 곧 괴리가 되면서 신학을 하나의 '사기극'으로 전락시키고 말 것이기 때문이다. 앞서 주장한 바 신-학의 출발점이 인간이로되 이때 인간이라 함은 곧 그의 삶을 가리키고 그 삶은 죽음과 얽혀 있으며, 죽음으로부터 삶을 성찰함으로써 신-학하기를 시도해야 한다는 것은 신-학에서의 이론과 실천 사이의 거리를 해소하고 괴리를 극복하려는 뜻도 포함하고 있다.

그렇다면 구체적으로 어떻게 해야 하는가? 한 마디로 말하자면, 망치로 신-학해야 한다. 그런데 망치로 신-학하려면 우선 신학부터 망치로 깨부수어야 한다. 신학이 학문으로서 올곧게 서려면 오히려 그 스스로를 깨부수어야 한다. '신'과 '학' 사이의 거리를 숨기고 덮으려는 음모부터 깨부수고 엄연한 거리를 솔직하게 드러내야 한다. 그럴 때에만 학문으로서의 신-학이 이론과 실천을 아우르는 현실에서 어떠한 뜻이라도 지닐 수 있을 것이기 때문이다.

구체적으로, 신을 가장 앞서 모시고 말해야 한다는 오류의 강박을 깨부수어야 한다. 그래서 신을 향한 첫 물음인 '무엇'만으로 신 이야기를 마무리하려는 동일성의 우상을 깨고 그야말로 서로 얽혀 있는 물음들 사이의 긴장과 충돌을 싸안으면서 물어야 한다. 아울러 묻고 나서 대답 없음을 불안으로 여겼던 종래의 관념도 깨부수어야 한다. '신 부재 체험', 또는 '무신성 신앙'이라는 것이 공연한 현학적 수사가 아니라 우리의 엄연한 현실임을 꿰뚫어보고 대답 없는 삶을 믿음의 뜻으로 새겨내는 '망치의 신학'을 일구어내어야 한다.

그리고는 이제 이 '망치의 신학'을 가지고 현장으로 나아가 교회를 깨부수어야 한다. 본디 교회라는 것이 '하느님 나라의 전위대'로서 잠정적이고 한시적인 것이거늘 지상의 영원한 왕국 건설을 꿈꾸고 있기 때문이다. 교회의 문과 담을 깨부수어 교회 안과 밖의 경계를 허물어야 한다. 세상이야 어떻게 돌아가든 교회 담을 높이 쌓고 문을 걸어 잠그고 그 안에서 하느님 나라를 끼리끼리만 맛본다는 듯 '천국잔치'를 벌이고 있으니 그야말로 '그들이 받을 상은 이미 다 받았다'는 것이 바로 이를 두고 하는 말이 아닐 수 없다.

아울러 작은 사례지만, 성경암송대회도 깨부수어야 한다. 암송(暗誦)이라는 것이 무엇이던가? 덮어놓고 외우는 것이다. 성경책에 온갖 색깔의 줄을 쳐가면서 아무 생각 없이 외우다보니 성경구절이 입에서 줄줄 나온다. 그리고 이것이 마치 신앙의 척도인 것처럼 되어버린 동네들이 적지 않다. 그런데 이렇게 되다보니 성서연구는 마귀의 짓이 된다. 분석과 성찰은 어림도 없다. 주문(呪文) 정도가 아니라 법조문이 되어버린다. 종교와 경전을 가지고 사람을 자유하게 하기보다는 오히려 억누르고, 살리기보다는 오히려 죽이는 비극이 벌어질 수밖에 없는 이유가 여기에 있다면 이제 그러한 주술적 암송을 예찬하는 분위기도 깨부수어야 한다. 기왕 말이 나온 김에, '주기도문'도 외우지 말아야 한다. 기도는 외우는 것이 아니니 만일 주기도문을 외운다면 이미 기도가 아니기 때문이다. 그런데 '주기도문'이 기도가 아니게 되면 남는 것은 '주문'일 뿐이다. 그러나 잘 외울수록 그 주문은 생명력을 잃어가게 된다. '처음처럼' 떨리면서 설레는 마음은 점차로 사라질 수밖에 없다. 이렇게 보면 교회는 온갖 주술과 주문으로 그득하다. 그래서 주술에서 깨어나야 하고 주문을 깨부수어야 한다.

앞서 말한 우상파괴라는 것도 바로 이를 두고 하는 말이다. 그 누가 그 무엇을 '우상'이라고 생각하고 경배하겠는가? 그 무엇인가를 우리가 막강하고 영원한 것인 양 붙잡으려고 하는 순간 그것이 무엇이든지 우상이

되고 마는 것이니 결국 우상파괴란 그 무엇인가를 붙잡으려는 우리 자신의 욕망을 깨부수는 것을 가리킨다. 말하자면 우리는 자기를, 자기중심성을 깨부수어야 한다. 앞서 우상파괴는 곧 자기 비움이라고 한 것도 바로 이를 말하는 것이다. 결국 '망치로 신-학하기'는 우리 자신을 깨부수는 데에까지 이르러야 한다.

그렇다면 다 깨부수고 어떻게 할 것인가? 혹자는 이러한 물음으로 '망치'에 대해 시비할 수도 있을 것이다. 그러나 참으로 다 깨부수어 버린다면, 그제야말로 그 분이 무엇인가를 하실 것이다. 우리가 노심초사할 일이 아니다. 그러는 순간 우리는 신이 되는 것이요, 신은 할 일이 없어지기 때문이다. 그런데 이걸 못 미더워하다 보니 깨부수기를 꺼려하게 되고, 혹 깨부수더라도 다시 세우고 싶어한다. 아니 세워야 한다는 강박으로 되돌아간다. 우상숭배가 인간의 본능이라는 종교학적 통찰이 바로 이를 가리킨다면 이제 신-학은 이에 귀 기울일 일이다. 앞서 말한 '실제적 무신론'이라는 것도 이걸 일컫는 것이니 새삼스러운 이야기는 아니다. 결국 우리가 할 일은 망치로 깨부수는 것뿐이다. 그 뒤에는 그 분이 하실 것이다. 그러므로 이제는 그 분이 무언가 하시도록 그의 일을 되돌려 드리자. 굳이 말하자면, 이것이 '망치로 신-학하기'의 결론이다.

이제 본 연구를 마무리하는 이 대목에서 '망치로 신-학하기'뿐 아니라 '망치로 신-학살기'를 제안한다. 삶을 학문으로 압축시키는 학문주의가 아니라 도리어 학문이 삶으로 풀어져야 한다는 뜻에서 말이다. 그렇다면 이것은 어떻게 할 것인가? 그런데 이것이야말로 이제 독자들과 함께 씨름해야 할 과제가 아닐까 한다. 누구 혼자의 제안만으로는 어림도 없을 것이기 때문이다. 그래서 더불어 더듬고 다듬어야 한다. 앞서 읊조렸던 모든 이야기들은 오로지 이를 위한 예비적인 것이니 곧 '죽음으로부터의 신-학'이요 '삶의 신-학'이며 그래서 '망치로 하는 신-학'인 것이다. 그리고 바로 이 길이 이 땅에서 '말씀'이 말이 되게 하는 신-학하기를 위한 최소한의 가늠자리가 될 것이다.

그냥 나오면서: 신-학하기의 길 없는 길

I

대부분의 사람들이 바라보는 세계는
실재의 세계가 아니라
그들의 머리가 만들어내는 세계라고
스승은 주장했다.

학자 손님이 이 점을 두고 따지자
스승은 막대기 둘을 마룻바닥에
T자 모양으로 놓고는 물었다.

"여기 무엇이 보입니까?"
"T자로군요."

"그러실 줄 알았습니다.
T자 같은 그런 물건은 없습니다.
그건 머릿속에 있는 한 상징이지요.
여기 있는 건
막대기꼴로 된 부러진 가지들입니다."[1]

---

1) 앤소니 드 멜로, 『일분 헛소리: 스승 이야기 삼백 마흔 자리』, 정한교 옮김(분도출판사, 1997), 28쪽.

Ⅱ

전국에 이름난 잡지에서
스승의 가르침을 비아냥거린 것을 보고는
제자들이 속상했다.

스승은 태연했다.

"아무도 비웃는 사람이 없는 그런 말이라면
그게 어디 정작 참말일 수 있을까?"[2)]

Ⅲ

자기가 좋아하는 신조들을
걸핏하면 모조리 때려눕혀 버리신다며
제자가 불평을 털어놓자
스승이 말했다.

"난 자네 신조들의 성전에다 불을 지른다네.
그 성전이 타서 허물어지면
끝난 데 없이 넓디넓은 하늘이
막힌 데 없이 시원하게 보일 걸세."[3)]

---

2) 같은 책, 40쪽.
3) 같은 책, 192쪽.

지은이

정재현

연세대학교 철학과, 문학사

Emory University 신과대학원, MTS.

Emory University 일반대학원 종교학부, Ph.D.

현재 연세대학교 연합신학대학원 종교철학 전공주임교수

연세대학교 미래융합연구원 종교와사회연구소 소장

연세대학교 신과대학 부설 한국기독교문화연구소 소장

한국종교학회 종교철학분과위원장, 한국종교철학회 회장

저서

『티끌만도 못한 주제에』

『신학은 인간학이다』(한국연구재단 지원 우수연구도서)

『자유가 너희를 진리하게 하리라』(문화관광부 선정 우수교양도서)

『망치로 신-학하기』(대한민국학술원 선정 우수학술도서)

『묻지마 믿음 그리고 물음』

『종교신학 강의』

『우상과 신앙』(세종도서 학술부문 선정)

『미워할 수 없는 신은 신이 아니다』

역서

디오게네스 알렌, 『신학을 이해하기 위한 철학』

오웬 토마스, 『요점조직신학』(공역)

닐 오메로드, 『오늘의 신학과 신학자들』

마저리 수하키, 『신성과 다양성』

공저

『언어철학연구 2』

『믿고 알고 알고 믿고』

『기독교의 즐거움』

『대화를 넘어 서로 배움으로』

『공공성의 윤리와 평화』

『나는 어떻게 죽을 것인가』

한울아카데미 892

망치로 신-학하기

'말씀'이 말이 되게 하기 위하여

지은이 **정재현** | 펴낸이 **김종수** | 펴낸곳 **한울엠플러스(주)**

초판 1쇄 발행 **2006년 9월 30일**
초판 3쇄 발행 **2019년 12월 20일**

주소 **10881 경기도 파주시 광인사길 153 한울시소빌딩 3층**
전화 **031-955-0655** | 팩스 **031-955-0656** | 홈페이지 **www.hanulmplus.kr**
등록 **제406-2015-000143호**

Printed in Korea.
ISBN **978-89-460-6842-1 93230**

* 가격은 겉표지에 표시되어 있습니다.